广视角 · 全方位 · 多品种

权威 · 前沿 · 原创

皮书系列为
“十二五”国家重点图书出版规划项目

U0832486

餐饮产业蓝皮书

BLUE BOOK OF CATERING INDUSTRY

中国餐饮产业发展报告（2013）

ANNUAL REPORT ON CATERING INDUSTRY DEVELOPMENT OF CHINA (2013)

主　　编／杨　柳
执行主编／荆林波

社会科学文献出版社
SOCIAL SCIENCES ACADEMIC PRESS (CHINA)

图书在版编目（CIP）数据

中国餐饮产业发展报告. 2013/杨柳主编. —北京：社会科学文献出版社，2013. 5
（餐饮产业蓝皮书）
ISBN 978 -7 -5097 -4576 -2

Ⅰ. ①中… Ⅱ. ①杨… Ⅲ. ①饮食业 - 经济发展 - 研究报告 - 中国 - 2013 Ⅳ. ①F719. 3

中国版本图书馆 CIP 数据核字（2013）第 086922 号

餐饮产业蓝皮书
中国餐饮产业发展报告（2013）

主　　编 / 杨　柳
执行主编 / 荆林波

出 版 人 / 谢寿光
出 版 者 / 社会科学文献出版社
地　　址 / 北京市西城区北三环中路甲 29 号院 3 号楼华龙大厦
邮政编码 / 100029

责任部门 / 经济与管理出版中心（010）59367226
电子信箱 / caijingbu@ ssap. cn
项目统筹 / 恽　薇
责任编辑 / 王玉山
责任校对 / 陈　磊
责任印制 / 岳　阳
经　　销 / 社会科学文献出版社市场营销中心（010）59367081　59367089
读者服务 / 读者服务中心（010）59367028

印　　装 / 北京季蜂印刷有限公司
开　　本 / 787mm×1092mm　1/16
印　　张 / 16. 5
版　　次 / 2013 年 5 月第 1 版
字　　数 / 265 千字
印　　次 / 2013 年 5 月第 1 次印刷
书　　号 / ISBN 978 -7 -5097 -4576 -2
定　　价 / 59. 00 元

餐饮产业蓝皮书编委会

主要编撰者简介

杨 柳 女，北京交通大学经济学博士，高级经济师，硕士生导师，现任宁夏回族自治区旅游局党组书记、局长，世界中国烹饪联合会会长。在国家一级刊物上发表学术论文若干篇，主编餐饮管理专业系列教材等多部著作，其中《中国清真饮食文化》获得第二届中国出版政府奖、全国商业科技进步一等奖等多项荣誉。出版的专著《中国餐饮产业竞争力研究》，获得广泛好评。多年来，主持商务部、科技部、国家食品药品监督管理局等的多项研究课题，在专业领域及学术方面，其成果多次获得国务院国资委、中华全国妇女联合会、中国财贸轻纺烟草工会及世界厨师联合会等授予的国内、国际权威大奖。

荆林波 经济学博士，博士生导师，中国社会科学院财经战略研究院副院长，《财贸经济》副主编。兼任世界中国烹饪联合会国际饮食文化研究会秘书长、中国市场学会副会长、APEC电子商务工商联盟专委会主任委员、中国商业经济学会副会长、中国物流学会副会长、全国高等院校贸易经济教学理事会副会长等。享受国务院特殊津贴，是多个部委特聘专家。荣获孙冶方经济学科学奖、万典武商业经济学奖、中国社会科学院优秀成果奖、全国首届信息化优秀成果奖、中国商业联合会科技进步一等奖、商务部优秀成果二等奖等。荣获"中国餐饮60年杰出人物""中国服务业科技创新人物"与"中国流通60年突出贡献人物"等称号。参与多项国家与部委的重大课题研究特别是重要文件的起草，主持国家"十二五"规划子课题。

摘要

本报告分为总报告、专题报告、环球扫描和企业案例四大部分，对 2012 年中国餐饮业的发展情况进行了较为全面深入的总结和分析。

总报告从宏观的经济层面入手，对中国餐饮发展状况展开论述，列举了当前餐业行业发展应重点关注的问题，以及餐饮企业的突围路径。

专题报告内容丰富，观点深刻。在行业研究方面，通过对 2012 年餐饮市场的盘点，指出了餐饮业发展面临的新方向和新机遇，并对浪费现象、餐饮创新、产业升级、企业上市、信息化应用、消费者行为、中小企业转型和餐饮文化等问题进行了深度探讨，通过理性分析和案例讲解相结合的方式，对餐饮产业的热点和焦点问题予以关注。在地方发展研究方面，选取了江苏、江西等有代表性的省份，立足翔实的统计数据，对该地区餐饮业的发展现状、经营环境、产业化程度和典型业态等内容展开了客观陈述，同时提出了有针对性的产业发展建议；此外，还对石家庄市人力资源现状进行了问卷调研和对策分析，具有一定的现实意义。

环球扫描部分以开放的视野、审慎的态度，对美国和我国台湾地区的餐饮业进行了全面介绍，并对在华韩国餐饮企业本土化经营经验进行了总结和归纳，希望能为国内餐饮行业和在华的国际企业提供借鉴与参考。

企业案例部分重点介绍国内知名餐饮企业的成功经验，通过对外婆家、王品和湘鄂情三家品牌企业成长轨迹的展示和经营策略的分析，希望探索出一条国内中餐企业永续经营的发展之路。

Abstract

The report is divided into four parts: the General Report, the Special Reports, the Global Overview and the Enterprise Case, which made a comprehensive conclusion and insightful analysis of the developmental situation of China catering industry in 2012.

The General Report starting with the macro – economic situation, thoroughly discussed the developmental situation of the catering industry in China, specified the problems to be concerned and the breakthrough path of the current catering industry.

The part of the Special Reports was rich in content and deep in the view of point. By reviewing of the catering market, the industry analysis put forward the new directions and opportunities of the development of the catering industry, and made a further discuss on the topic of the waste phenomenon, catering innovation, upgrade industries, listed enterprise, informationalization, consumer behavior, transformation of small and medium – sized enterprises and also cuisine culture. The hot topics and focusissues of catering industry are highly concerned by the rational analysis and example study. Based on the full and accurate statistical data, the regional analysis made an objective and extensive description on the developmental situation, operation environment, industry level and the typical business of the representative provinces such as Jiang Su and Jiang Xi, and provided some targeted advices on industry development. In addition, this part has concluded the problem of the human resources in the city of Shijiazhuang by carrying out the scientific investigation, which is of some realistic significance.

The part of Global overview gave an overall scanning of the United States and Taiwan's catering industry in the way of open views and cautious attitudes; it also summarized and concluded the localization management experiences of the Korea catering enterprises in China. Hope to provide reference for the China catering industry and international enterprises in China.

The Enterprise Cases focused on the successful experiences of China catering enterprises, according to exhibiting the relentlessly upward career trajectory and analyzing the business strategies of "The Grandma's" "Wowprime Group" and "X, E, Flavor", in order to exploring a way of development for China catering enterprises' sustainable operation.

序

2012 年，全球经济在震荡中缓慢前行，中国经济上半年上行压力较大，下半年在国家各项政策出台后，逐步呈现出复苏态势。在这个大背景下，中国餐饮产业的发展也受到了很大影响。

可以说，2012 年中国餐饮业经历了不平凡的发展历程，尽管我国餐饮业的发展整体态势良好，在最近的 20 多年里，保持了较高速度的增长，但是增速在逐步下降，去年更是低于全社会消费品零售总额的增速。再加上全行业经营效益滑坡，以及食品安全和诚信经营的重重考验，我国餐饮业的发展正面临着前所未有的挑战。

机遇与挑战并存。中国经济的三驾马车依然需要紧紧依靠消费的驱动，才能保持可持续发展。中国共产党第十八次全国代表大会提出了“居民收入倍增计划”，即“2020 年实现国内生产总值和城乡居民人均收入比 2010 年翻一番”，中国个人消费增长会持续加速，消费在近几年将成为 GDP 增长的最重要驱动因素。中央经济工作会议在对 2013 年的经济工作部署中，将城镇化定位为未来经济工作的一个重点和扩大内需的主要来源之一，这些都为餐饮业带来了巨大的发展空间。商务部在《关于“十二五”期间促进餐饮业科学发展的指导意见》中提出要“推动产业规模化发展”“提升产业品牌化水平”“积极推动中华文化‘走出去’”等具体要求，提示了中国餐饮业发展的方向。各地政府主管部门都在不同程度上加大了对餐饮产业和旅游产业的扶持力度，也成为餐饮产业发展的强劲动力之一。

在此背景下，我国的餐饮企业如何适应新的发展环境，主动求新求变，如何实现从粗放型增长到集约化发展的战略转变，一些优秀企业和其他国家的餐饮业有哪些可以借鉴的经验，都是摆在餐饮业全体同仁面前亟待研究的课题。此时出版《中国餐饮产业发展报告（2013）》，对于探讨前沿和焦点问题、理清企业发展思路乃至指导行业发展，都具有十分重要的意义。

世界中国烹饪联合会成立于1991年，是在时任国务院总理李鹏，国务院副总理吴学谦、田纪云等国家领导人的关怀下，在国家科委、外交部、文化部、商业部、民政部、国务院港澳办等部门的支持下成立的世界性中餐业联合组织。世烹联的会员遍及五大洲，包括了近30个国家和地区代表中餐业发展先进水平的180多个机构、企业，该联合会成长为在国际上具有重要影响的中餐业联合组织。

作为世界中国烹饪联合会的一个老会长，我经历和参与了世烹联从小到大、从弱到强的发展过程，当得知世烹联和中国社会科学院财经战略研究院合作，编辑出版本书的消息时，我感到十分欣慰，一则这是一件有利于行业发展的好事，二则出版蓝皮书也是世烹联从大局出发，承担起指导行业发展重任的有益尝试。这本蓝皮书集中了行业的思想智慧，数据翔实、分析到位，秉承了战略思维、专家立场和学术视角，对于餐饮企业打造品牌、提高创新能力、拓宽发展思路，以及更好地承担社会责任等提供了参考，对于餐饮产业如何进一步提高产业化程度、加强食品安全工作等都有积极的借鉴作用。

党的十八大对推进中国特色社会主义事业提出了“经济建设、政治建设、文化建设、社会建设、生态文明建设”“五位一体”的总体布局，特别强调要开创“中华文化国际影响力不断增强的新局面”。我国餐饮产业的发展，不仅对发展经济、扩大就业有积极作用，对于弘扬和传播中华饮食文化、增强中国文化软实力，也有着不可替代和不可估量的作用。时代赋予餐饮人更多挑战和责任，希望餐饮业同仁携手前进，为中国餐饮业的健康、可持续发展而努力！

原商业部副部长、世界中国烹饪联合会名誉会长

二〇一三年四月二日

目录

BⅠ 总报告

BⅡ 专题报告

BⅢ 环球扫描

BⅣ 企业案例

BⅤ 附 录

皮书数据库阅读**使用指南**

CONTENTS

B I General Report

B II Special Reports

BⅢ Global Overview

BⅣ Enterprise Case

BⅤ Appendix

总 报 告

General Report

B.1 中国餐饮产业发展现状与企业应对策略

荆林波*

一 关于全球经济的评述

众所周知，2012 年全球经济震荡前行，2013 全球经济增长将缓慢回升，但仍较脆弱，未来很难回归到危机前超过 5% 的高速增长，极有可能长期维持 3% 至 4% 的中速增长。国际货币基金组织秋季报告预计 2012 年全球经济将增长 3.3%，2013 年提高到 3.6%，其中发达经济体 2012 年增长 1.3%，2013 年增长 1.5%；新兴经济体 2012 年增长 5.3%，2013 年增长 5.6%。有的学者把全球经济增长概括为具有“双速分化”的特点，具体表现为：发达国家经济增长速率低于新兴经济体；发达国家中，美国经济增长速率高于欧洲和日本；新兴经济体中，印度、巴西已出现增长放缓趋势，但印度尼西亚、墨西哥、土耳其等“新砖国家”可能超越“金砖国家”，成为新的经济增长点。下面我们

---

* 荆林波，中国社会科学院财经院副院长，博士生导师。

简单分析一下：

第一，美国的经济状况。国际货币基金组织在其2012年10月发布的《世界经济展望》报告中预计，美国经济在2012年和2013年将分别实现2.2%和2.1%的稳定增长，而美联储预计，未来几个季度美国经济增速仍较为温和，2013～2015年经济增速将加快，2012年增长1.7%～2.0%，2013年将增长2.5%～3.0%。实现上述目标的前提条件是美国国会必须在2012年底敲定新的预算计划，并极力避免在2013年掉下“财政悬崖”①，即启动自动增税及减支措施。② 值得一提的是，美国工业智能化发展与页岩气开发为2013年经济形势好转提供一线曙光。

第二，欧盟的经济状况。2012年，欧洲主权债务危机呈现出愈演愈烈并向欧元区核心国家蔓延的趋势，开年伊始，9个国家的信用评级遭降，法国和奥地利丧失了最高的3A评级，意大利、西班牙和葡萄牙的主权信用评级均被下调了两个级别。接着意大利等国借贷成本的上升引发了市场的担忧情绪，西班牙政府被迫向欧盟提出援助申请，金融市场陷入恐慌，连一向被视为“避险天堂”的德国、英国和法国国债收益率也急速上升，这些变化再次将欧盟经济拖入衰退境地。根据欧盟统计局数据，2012年全年，欧元区和欧盟经济分别萎缩了0.5%和0.3%。对于2013年的发展前景，欧盟委员会在2012年11月发布的预测报告中预计，2013年欧元区和欧盟经济将分别增长0.1%和0.4%。欧盟委员会2013年2月22日发布《冬季经济预测报告》，下调了对2013年欧元区和欧盟经济增长的预测。报告预计，受欧债危机和财政紧缩政策的影响，2013年欧元区经济继续萎缩0.3%，欧盟27国经济将增长0.1%，两项数据均不及此前预期。尤其是，自2009年希腊巨额公共债务曝光后，希腊经济一直为世界所关注，连续4年的经济衰退导致其经济萎缩近20%。尽管希腊接受多轮救助，但是其经济仍不见回转，外界对希腊退出欧元区的猜测不绝于耳。2013年3月4

① “财政悬崖”是2012年早期由伯南克发明的，是指到2012年底，美国政府减税优惠措施到期，同时减赤机制启动，新医疗税法案到期，2%所得税减免措施及失业补偿政策延长期届满，这四项均可能导致政府财政支出下降的措施同时在2013年1月1日出台，将令美国财政支出如从悬崖坠落般直线下降，并导致一系列严重后果。

② 一旦自动预算在政治僵局中被启动，经济将重新陷入衰退，2013年GDP将会萎缩超过4%。

日，美国资产管理公司拉塞尔投资集团宣布，希腊未能通过拉塞尔投资集团的经济运行和宏观风险测试，公司将把希腊从发达国家降格为新兴市场国家。这是希腊经济持续颓势的又一表现，这无疑加大了希腊最终退出欧元区的可能性。一波未平一波又起，目前欧洲市场弥漫着塞浦路斯可能退出欧元区的舆论，为此，欧盟经济与货币事务委员瑞恩表示，无论大、小成员国，都有责任维护欧元系统的完整性。由此看来，无论是欧委会还是国际货币基金组织它们都认为，2013年欧元区经济仍将陷于衰退，欧元区国家的失业率将达到12.2%，失业人数将达到1900万①，2014年才可能恢复增长。

第三，新兴经济体经济状况。20年前，新兴经济体占世界经济的比重最多只有15%～20%。经济活动和消费的重心在美国、欧洲和日本。如今，这种局面已经发生了根本性的变化。新兴经济体已经是世界经济的最重要组成部分，占全球生产的将近一半，在全球消费品市场上占据40%的份额。世界银行2013年1月15日发布的《全球经济展望报告》预测，今年世界经济增长2.4%，发展中国家增长5.5%，发达国家增长1.3%，与去年持平。由此可见，近年来，发达国家已经失去了昔日在世界经济中扮演的“引擎”作用，主要新兴市场国家取而代之，成为世界经济增长的新动力。当然，新兴经济体面临着能否承担全球货币战的成本问题。发达国家已经大大突破了历史上任何一次危机所企及的政策宽松底线。2007年以来美联储实施了四次量化宽松，资产负债表急剧扩张至目前的3万亿美元左右，日本央行更是彻底抛弃了底线，连续实施了11轮量化宽松，而两轮长期再回购操作（LTRO）之后，欧洲央行资产负债表总规模达到了3.2万亿欧元。② 如果以黄金比价来计算，从20世纪70年代布雷顿森林体系坍塌至今，美元对黄金贬值近100%。特别是21世纪以来，黄金价格涨幅超过6倍，而美元指数贬值超过36%。美国债务海平面的继续升高和美元的不断贬值，让各国真实购买力和主权财富面临着重大损失，尤其是新一轮的全球流动性将进一步做大或做空新兴市场资产泡沫，扰乱其信贷循环，加大银行不良贷款等尾部风险。

---

① 《欧盟：经济预测报告》，2013年2月。

② 如果欧洲央行针对二级国债市场进行无限量冲销式的国债购买（OMT），以及美联储继续购买债券，可能导致2013年底欧洲央行和美联储资产负债表飙升至4万亿美元。

二　关于全球消费的状况

第一，发达国家的居民消费率。从表1可以看出，美国的居民消费率水平相对较高在70%以上，韩国较低在55%左右。

第二，人口大国的居民消费率。从表2可以看出，大多数人口大国的消费率都在60%以上，巴基斯坦与埃及的消费率在80%以上，而中国的消费率是最低的，最近年份都不足40%。

表1　发达国家的居民消费率

单位：%

年份	美国	意大利	法国	韩国	德国	英国	日本
1990	66.7	57.3	57.1	51.8	57.7	62.2	53
2000	69	59.9	55.7	54.6	58.9	65.6	56.2
2005	70.8	59.1	56.9	53.8	59.1	65	57
2007	71.2	58.8	56.7	54.4	56.8	64	56.3
2008	70.7	59.3	57.1	54.7	57	64.5	57.7
2009	71.2	59.9	58	54.2	58.9	65.3	59.3

资料来源：世界银行，2010年。

表2　8个人口大国居民消费率

单位：%

年份	印度	巴基斯坦	孟加拉国	印度尼西亚	巴西	墨西哥	埃及	中国
1990	65.6	73.8	86.2	58.9	59.3	69.6	72.6	46.7
2000	64.2	75.4	77.7	60.7	64.4	67	75.9	46.7
2005	57.6	77	76.4	62.7	60.3	67	71.6	38.1
2007	56.1	75.5	76.9	62.7	61.8	65.5	72.4	36.3
2008	59.9	76.6	78.9	62.7	62.2	65.6	72.3	36.8
2009	57.9	80.5	80.2	56.6	64.3	67.7	81.9	35
2010	63.2	80.6	76	56.8	64.2	68.4	80.6	38.4

资料来源：世界银行，2010年。

第三，发达国家的餐饮支出。由于各国统计指标的口径不同、统计申报的时间差距，我们这里只能采用下面的指标来说明（见表3、表4）。

表 3　居民消费支出中饭店和旅馆支出

单位：%

年份	美国	意大利	法国	韩国	德国	英国	日本
2003	6.07				4.53		7.4
2004		9.64	6.14	7.62		11.97	
2005						11.85	7.65
2006	6.19	9.91	6.18	7.35	5.36	11.84	7.62
2007	6.2	9.96	6.16	7.21			7.87
2008	6.17	10.03	6.23	8.35	5.71	10.71	7.91
2009	6.19	10.09	6.06	8.31	5.71	10.26	
2010	6.39		7	8.2	5.75	10.16	

表 4　居民消费支出中食品、非酒精饮料支出

单位：%

年份	美国	意大利	法国	韩国	德国	英国	日本
2003	6.99				12.21		14.39
2004		14.47	14.24	15.69		9.19	
2005						8.95	14.66
2006	6.86	14.86	13.57	15.07	11.04	8.94	14.36
2007	6.88	14.61	13.22	14.77			14.82
2008	6.79	14.66	13.47	12.57	11.34	8.91	14.64
2009	6.81	14.71	13.53	13.17	11.18	9.67	
2010	6.61		13.37	13.06	11.01	9.66	

不可否认，全球经济不景气与失业率高企，在一定程度上对消费者的消费意愿有影响，消费需求多少会受到制约。从 2012 年底开始，美国经济预期出现转好趋势，彭博 11 月所做的调查显示，认为经济将改善的美国人占全部受访者的比重创十年新高，民众对奥巴马连任后的经济前景信心大振。此外，根据彭博对消费者信心指数附带的调查，11 月认为美国经济将改善的家庭所占比重升至 37%，为 2002 年以来最高。2013 年 1 月 15 日，美国商务部公布的报告显示，2012 年零售餐饮业稳步复苏，实现销售总额 4.89 万亿美元，较 2011 年增长 5.2%。其中，零售额为 4.36 万亿美元，增长 4.9%；餐饮营业额为 5296 亿美元，增长 7.3%。

相比之下，德国 12 月份消费者信心指数下降至 5.9，为 2012 年 5 月以来首次恶化。知名市场研究公司 GFK 认为，因欧洲债务危机和经济状况明显恶化，德国消费者继续存有疑虑，其收入预期与支出意愿下滑，消费者信心的上升趋势已暂时停顿。据初步统计，德国的餐饮行业 2010 年共吸收 149 万人就业，其中 41.4%（61.7 万人）是兼职，57.8% 是妇女，42.5% 是 15～34 岁的年轻人（年轻人在餐饮业就业比例远高于全德就业者此年龄段 30.5% 的比例）。

而最明显的是在法国这个以美食著称的国度里，快餐的消费比重首次超过传统餐饮业。根据最新统计报告，2012 年法国快餐业销售额达 340 亿欧元（约合 2762 亿元人民币），在餐饮业总销售额中占 54%。专业咨询公司“吉哈”近期出具的报告显示，去年法国经济疲软，餐饮业整体发展受到影响，只有快餐业发展呈现良好局面，销售额增长近 4%。

三　中国宏观经济的状况

第一，关于中国未来经济趋势。

我们在 2010 年的研究报告中指出，中国经济的三驾马车只有依靠消费驱动，才能保持可持续发展。从投资、消费和净出口三大需求结构看，2012 年最终消费对经济增长的贡献率为 51.8%，资本形成对经济增长的贡献率为 50.4%，最终消费对经济增长的贡献率比资本形成高 1.4 个百分点，内需仍然是经济增长的主要动力。随着党的十八大收入倍增目标的提出，我们可以预见：中国个人消费增长会持续加速，消费将在 2020 年以前成为 GDP 增长的最重要驱动因素。按照麦肯锡的预测，到 2025 年左右，个人消费将代替投资成为 GDP 的最大贡献者。到 2020 年，中国城镇家庭的储蓄率预计将从现在占收入比例的 42% 分别下降至 2020 年的 36% 和 2030 年的 29%，这与亚洲其他经济体发展过程中的模式类似。2012～2030 年，中国城市个人消费总量将每年增长 9%，全国总体个人消费将每年增长 8%，平均家庭消费将增长接近三倍，从 2012 年城市家庭 3.9 万元和全国平均 3 万元增长到 2030 年的城市家庭 11.2 万元和全国平均 9.2 万元（以 2005 年人民币计价）。

第二，关于中国 2013 年增长率的预测。

从国外主要机构对中国GDP增长率的预测，可以看出大多数机构对2014年中国经济更为看好（见表5）。

表5　国外主要机构对中国GDP增长率的预测

单位：%

	2013	2014		2013	2014
OECD(2012年11月)	8.5	8.9	UN(2012年12月)	7.9	8.0
WB(2012年12月)	8.4	8.0	IMF(2013年1月)	8.2	8.5

资料来源：OECD，WB，UN，IMF。

而国内机构的预测略有不同：

中国社会科学院经济学部和国家信息中心在2012年12月先后发布了对2013年中国经济的预测，其分别是8.2%和8.0%。2013年1月，国务院发展研究中心和中国科学院预测科学研究中心也发布了各自的预测，其分别是8.0%和8.4%。整体来看，各类预测都认为2013年将好于2012年，2014年将好于2013年。

四　关于中国餐饮发展状况的分析

第一，中国餐饮发展的整体态势良好，在最近的20多年里，保持了较高速度的增长，一般以16%～18%的速度发展，高于全社会消费零售总额的增长速度。

当然，住宿和餐饮业增加值占第三产业的比例，并没有人们想象的那样在增加，而是在逐步下降，这说明一方面我国的第三产业发展很快，另一方面也说明我国的住宿和餐饮业的增加值较低（见图1）。

第二，各地政府加大了对餐饮产业的扶持力度，全国餐饮呈现百花齐放的局面。比如，无论是餐饮发达的广东省、上海市和北京市，还是处于中游的湖南省、云南省，抑或是宁夏回族自治区和新疆维吾尔自治区，餐饮产业都各有特色，取得了不同的成绩（见表6）。

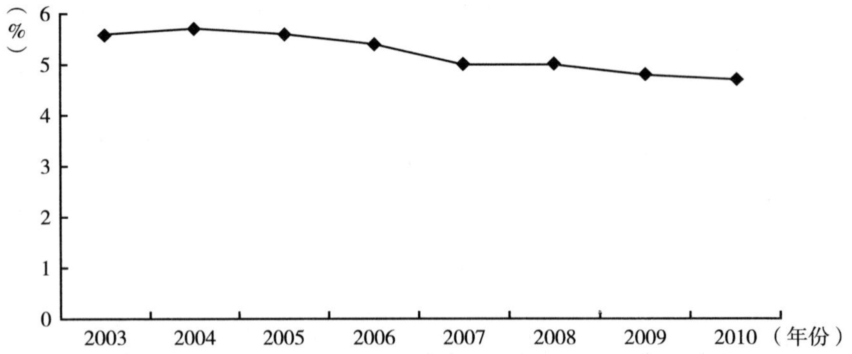

图1　中国第三产业中住宿和餐饮业增加值占比

资料来源：数据来自《中国统计年鉴》等。

表6　住宿和餐饮业社会消费品零售额

单位：万元

年份	北京市	上海市	广东省	湖南省	云南省	宁夏回族自治区	新疆维吾尔自治区
2003		2258300	8972600		1246322	218901	606400
2004		2794400	9538400		1345500	259813	762200
2005		3503200	11082000	3692100	1565350	300223	928200
2006	3624000	4522000	13211000	4043000	1812279	328000	1107000
2007	4279000	5565000	15443000	4798000	2319000	396000	1290000
2008	5048779	6695359	18824528.1	5939570.6	3067647	483938	1541206.3
2009	6044900	5977400	16563000	7063700	3814283	578900	1772100
2010		6789100	18934000	7376000			1678531

资料来源：本表数据来自《中国贸易外经统计年鉴》《上海统计年鉴》《湖南统计年鉴》《中国区域经济统计年鉴》《广东统计年鉴》《云南统计年鉴》《新疆统计年鉴》《北京区域经济统计年鉴》《宁夏统计年鉴》等。

中国餐饮产业发展的状况：

2012年社会消费品零售总额210307亿元，比上年增长14.3%，扣除价格因素，实际增长12.1%。按经营地统计，城镇消费品零售额182414亿元，增长14.3%；乡村消费品零售额27893亿元，增长14.5%。按消费形态统计，商品零售额186859亿元，增长14.4%；餐饮收入额23448亿元，增长

13.6%。2010年国家统计局调整了统计口径，将住宿和餐饮业零售额调整为餐饮收入。

从表7我们可以发现，我国的餐饮收入尽管在2010~2012年保持增长，但是不可否认，增速逐年下降，同时，餐饮收入的增速比全社会消费零售总额的增速要低，餐饮收入占全社会消费品零售总额的比重也在下降。国家统计局3月份消费品市场数据显示，按消费形态分，2013年1~2月份，餐饮收入4030亿元，同比增长8.4%，其中限额以上企业（单位）餐饮收入1278亿元，同比下降3.3%，增速均创下历史低点。

表7　餐饮发展相关状况

年份	餐饮收入（亿元）	增长速度（%）	全社会消费品零售总额（亿元）	全社会消费品零售总额增速（%）	餐饮收入占全社会消费品零售总额比例（%）
2010	17648	18.1	156998	18.3	11.24
2011	20635	16.9	183919	17.1	11.22
2012	23448	13.6	210307	14.3	11.15

餐饮企业的连锁化已经成为一个主流的发展方向。从最近三年的数据来看，2010年全国连锁餐饮企业的总店数突破了400家，2011年达到428家，营业额突破了1000亿元，达到1120亿元左右的规模（见表8）。

表8　连锁餐饮企业总体情况

项　目	单位	2011年	2010年	2009年
连锁总店数	个	428	415	
门店总数	个	16285	14427	13756
年末从业人员	人	832945	707455	634712
年末餐饮营业面积	平方米	8213689	7274218	6636853
年末餐位数	位	2770712	2495111	2384429
营业额	万元	11203910	9135903	8729661
其中，餐费收入及商品销售额	万元	10986593	8953243	8722247

同时，连锁餐饮企业的商品购进总额也同步增长（见表9）。

表 9　连锁餐饮企业的商品购进总额

单位：万元

项目	2011 年	2010 年	2009 年
连锁门店商品购进总额	5189261	4589560	3881777
其中,统一配送商品购进额	3430714	3068359	2450584
其中,自有配送中心	1900278	1897142	1267931
非自有配送中心	651139	492225	459580

在连锁餐饮企业发展的过程中，餐饮企业开始考虑如何在直营店与加盟店之间取得平衡，而不是盲目地追求短期快速的扩张，毕竟内涵式的发展才是根本之路。比如，加盟店的门店数量在 2009 年突破 4000 个，而 2010 年跌回 4000 个以内，2011 年又上升到 4294 个。

为此，我们分别计算了直营店与加盟店的分项效率指标，详见表 10 和表 11。从表 12 可以看出，直营店的各项指标，人均营业额、每平方米营业额和每个餐位的营业额都高于加盟店。

表 10　连锁餐饮企业直营店总体情况

项　目	单位	2011 年	2010 年	2009 年
门店总数	个	11991	10919	9609
年末从业人员	人	655674	536685	446586
年末餐饮营业面积	平方米	6089165	5290856	4486692
年末餐位数	位	1858066	1642477	1534478
营业额	万元	9632581	7758451	6693236
其中:餐费收入及商品销售额	万元	9417100	7578364	6686119

表 11　连锁餐饮企业加盟店总体情况

项　目	单位	2011 年	2010 年	2009 年
门店总数	个	4294	3937	4147
年末从业人员	人	177271	170770	188126
年末餐饮营业面积	平方米	2124524	1983362	2150161
年末餐位数	位	912646	852634	849951
营业额	万元	1571329	1377452	2036425
其中,餐费收入及商品销售额	万元	1569494	1374879	2036128

表 12　直营店与加盟店的效率对比

单位：万元

项　　目	2011 年		2010 年		2009 年	
	直营店	加盟店	直营店	加盟店	直营店	加盟店
人均营业额	14. 69111	8. 863994	14. 45625	8. 066124	14. 98756	10. 82479
每平方米营业额	1. 581921	0. 739615	1. 466389	0. 694504	1. 491798	0. 947103
每个餐位的营业额	5. 184197	1. 721729	4. 723628	1. 615526	4. 361898	2. 395932

五　餐饮世界　美丽中国

（一）中国餐饮产业发展应当关注的问题

第一，餐饮卫生与安全问题。近年来，食品卫生与安全问题，日益成为社会关注的热门话题，而餐饮卫生与安全问题首当其冲。从国家层面来看，新的大部制改革方案提出，将食品安全办的职责、食品药品监管局的职责、质检总局的生产环节食品安全监督管理职责、工商总局的流通环节食品安全监督管理职责整合，组建国家食品药品监督管理总局。为做好食品安全监督管理衔接，明确责任，方案提出，新组建的国家卫生和计划生育委员会负责食品安全风险评估和食品安全标准制定。农业部负责农产品质量安全监督管理。将商务部的生猪定点屠宰监督管理职责划入农业部。对生产、流通、消费环节的食品安全和药品的安全性、有效性实施统一监督管理等。将工商行政管理、质量技术监督部门相应的食品安全监督管理队伍和检验检测机构划转食品药品监督管理部门。保留国务院食品安全委员会，具体工作由食品药品监管总局承担。食品药品监管总局加挂国务院食品安全委员会办公室牌子。同时，不再保留食品药品监管局和单设的食品安全办。方案说明指出，改革后，食品药品监督管理部门要转变管理理念，创新管理方式，充分发挥市场机制、行业自律和社会监督作用，建立让生产经营者真正成为食品药品安全第一责任人的有效机制，充实加强基层监管力量，切实落实监管责任，不断提高食品药品安全质量水平。其实，有些地方已经开始加大了审核力度，比如 2012 年，上海市核发《餐饮服务许可证》6898 张，而注销餐饮企业达到 7308 家。上海餐饮企业数量据此减少 3%，这是近年来餐饮企业总量首次出现下降拐点。而新核发餐饮服务许可证数量低于注销餐饮企业数量，也是第一次。

第二，劳动力成本不断上升。从全国层面来看，劳动年龄人口首次下降。国家统计局《统计公报》显示，2012 年末，我国 0 ~ 14 岁（含不满 15 周岁）的人口为 22287 万人，占总人口比重为 16.5%，人数比上年末增加 123 万人，比重与上年末基本持平。15 ~ 59 岁（含不满 60 周岁）的人口为 93727 万人，占总人口比重为 69.2%，人数比上年末减少 345 万人，比重比上年末下降 0.60 个百分点，这是多年增长后的首次下降。图 2 展示了北京市最近年份的住宿和餐饮业城镇单位在岗职工平均工资增长状况。

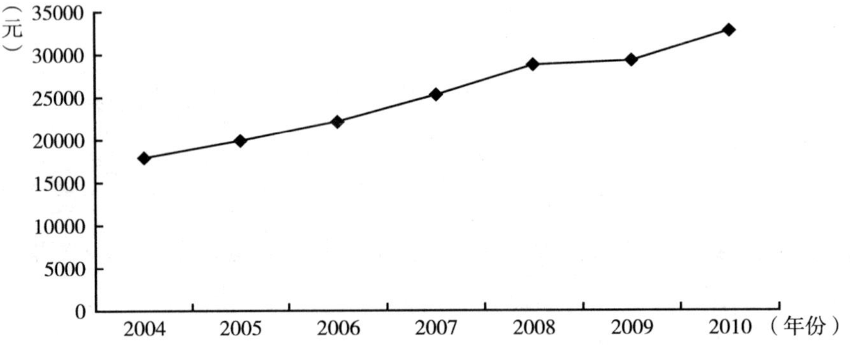

图 2　北京市住宿和餐饮业城镇单位在岗职工平均工资

资料来源：数据来自《中国劳动统计年鉴》《北京统计年鉴》等。

第三，厉行节约风气对中国餐饮业态的影响。

党的十八大以来，以习近平同志为总书记的新一届中央领导集体，以身作则、率先垂范，带头改进工作作风、密切联系群众，树立了务实、亲民、清廉、开放的良好形象，特别是中央政治局八项规定，具体实在。习近平就任中共中央总书记以来，在最初的短短两个月就在公开场合 6 次谈到反腐倡廉，2013 年 1 月 22 日，中纪委二次全会再次就反腐倡廉做出部署，绝不允许在贯彻执行中央决策部署上打折扣、做选择、搞变通。

而在全国“厉行节约”的风气持续发酵下，商务餐饮下降迅猛，进而影响到整个餐饮业消费，其中，新订单指数连续两个月回落，并且在 50% 以下运行。2013 年 2 月餐饮业业务活动预期指数下降到 42.3%，创出自该数据调查以来的最低水平。而根据商务部的抽样调查，北京高档餐饮企业的营业额下降 35% 左右，上海市下降超过 20%，宁波市下降也差不多有 30%。春节前后包括春节期间，各地高档酒店的高档菜肴销售明显下降，像燕窝、鲍鱼这类产品下降 40% 左右，鱼翅下降 70% 以上，高档酒店的食品礼盒销售额下降 45%，茅台、五粮液等高档白酒的销售也比以往明显下降，比如 53 度飞天茅台和 52 度五粮液的标价比最高价的时候下降了 30% 左右。

因此，高端餐饮企业应当有所警觉，一方面要关注目标顾客的变化，另一方面要积极调整自己的经营策略。

（二）中国餐饮企业如何突围

第一，夯实中央厨房。比如，嘉和一品投产的第三代中央厨房，占地 28000 多平方米，可以支持 300 家门店的菜品供应。自动化水平大幅度提高，比如，肉类切丁原来是人工切丁，现在改用机器自动切丁，每小时可以切 400 公斤的肉丁；全自动包装机，每分钟可以包装 26 袋餐饮产品。企业可以除满足本企业供应之外，开始把富余的产能安排生产物美价廉的标准化餐饮产品供应第三方，例如，商超特殊渠道和业内餐饮伙伴等，实现资源共享。再比如，和合谷发展“双厨房”的运营模式，中央厨房进行烹饪工业化探索，终端厨房探索应用标准化操作、多功能一体的智能化设备；同时，结合企业可持续发展的实践，继续进行卓越绩效评价准则（GB/T 19580－2012）贯标，提高公司整体的科学化、系统化、规范化管理水平。

第二，加大信息技术投入。比如，湘鄂情开始探索电子商务模式，消费者通过该网络平台不仅可以订购湘鄂情“味之都”出品的各类快餐，也可以购买生鲜蔬菜、肉类制品，还可以预订湘鄂情中央厨房生产的各类半成品和成品。再比如，金百万开始启动金百万厨房订餐服务、金百万网上蛋糕定制服务。除了固有的 16 家餐厅，金百万在北京建立起了 92 万人的“CRM 客户关系”会员网络，金百万规划了“利用餐厅的社区优势，实现 5 公里半径的社区餐饮数字化商圈”的商业模式，实现从坐店到跨界电子商务。老字号庆丰包子铺与北京客凯易科技有限公司签订战略合作协议，由客凯易为庆丰包子铺量身定做“Transight 连锁餐饮管理信息系统”。首批运行此系统的庆丰包子铺有 30 余家门店，预计在 2013 年底将完成全部门店信息化系统的升级，形成总部、店铺及配送中心的三位一体监督管理模式，如果在一个营业时段内不符合企业标准的包子累计超过出售包子总数的 2% 时，系统就会自动向店铺发出报警，要求店铺按照企业标准制作产品；同时，总部督导部也会收到此条信息，提醒督导部人员核查。

第三，进行跨界投资。许多餐饮企业开始涉足商业地产、旅游地产乃至更多的领域。比如，重庆小天鹅集团通过对文化的运用和改良，帮助洪崖洞获得了国家 AAAA 级景区、国家文化产业示范基地、城市地标三张名片。如今，正在考虑如何连锁扩张到全国。此外，洪崖洞的姊妹篇合川文峰古街已经开街，总面积 150 万平方米，预计投资 70 亿的兰州项目正在急锣密鼓地进行，小天鹅商业地产的发展目标就是做更高的 AAAAA 级景区和城市综合体。再比如，湘鄂情于 2011 年底开始酝酿业态转型，逐步收购龙德华团膳、味之都快餐。2011 年 3 月，湘鄂情以 6.53 元/股的价格收购新华信托持有的*ST 中农 3042 万股股份，收购总金额总计 1.99 亿元，占该公司总股本的 10%。随后，*ST 中农恢复上市。湘鄂情此次出手已浮盈近 4600 万元。2012 年 1 月，湘鄂情斥资 1.29 亿元购买武汉市江岸区台北路 72 号两宗土地的 50% 使用权，仅隔 3 个月后，该项权益便以 6100 万元卖给了北京市和泓置地有限公司。湘鄂情 2012 年 1 月 6 日公告，孟凯将其持有的湘鄂情 2800 万股质押给方正东亚信托有限责任公司，成立了方正东亚 · 湘鄂情股权收益权投资集合资金信托计划，募资 2 亿用于矿产投资。而在成立信托前两个月，有媒体报道称，孟凯拟将其所持有的 5000 万股湘鄂情限售流通股的股票收益权质押给吉林省信托，成立吉信 · 财富精品北京湘鄂情股票收益权集合资金信托计划，募资 3 亿投向河南某铁矿项目。2013 年 3 月，孟凯连续举牌三特索道，希望获得对该上市公司的控制权。

第四，做大食品产业。在这方面，全聚德集团已经在品牌食品市场化布局上初显成效。根据五年发展规划，依托全聚德仿膳食品有限责任公司和全聚德三元金星食品有限责任公司两大食品生产基地以及老字号品牌集聚优势，公司积极推进食品产业化布局。到 2012 年上半年，仿膳食品实现净利润 1662 万元，同比增长 34.3%；三元金星食品实现净利润 1558 万元，同比增长 51.1%。两大食品生产基地均加大了新产品研发力度，继续面向旅游、休闲餐饮、大众餐桌市场开发糕点、面点、鸭系列休闲小食品、家常饼、风味酱以及卤味类熟食品，同时加大销售渠道扩张，全年确保开设 10 家“京点食品”店。

第五，提升餐饮文化内涵。拥有二十多年餐饮历史的净雅集团，一直以海鲜菜和航海文化而闻名。净雅餐厅未来城店位于沈阳市西滨河路，面积 10000 平方米是净雅集团旗下专门提供海鲜美食的餐厅，经营战略定位于商务聚会和私人社交的高端场所。设计师摒弃了传统高档餐厅的金碧辉煌，在大厅的设计中将“牡丹”“祥云”“浮萍”“瓦片”等元素运用其中，寄托了对东方文化的无限情感，强化了整体海洋文化特点，让消费者体验尊贵，品尝美食的同时感受来自净雅集团的文化气息。

专题报告

Special Reports

B.2

谨慎乐观 筚路求新

——2012 中国餐饮业发展述评

杨 柳*

摘 要：

2012 年是中国餐饮业极不平凡的一年，这一年行业发展、市场环境、企业经营都发生了重大变化，本文从市场和企业的角度对 2012 年餐饮业发展进行分析点评，并对 2013 年市场进行预测。

关键词：

餐饮业 谨慎乐观 筚路求新

2012 年是中国餐饮业极不平凡的一年，这一年行业经历增速下降与利润滑坡的双重阵痛，遭受食品安全与诚信经营的重大考验，这一年餐饮业也迎来

* 杨柳，经济学博士，高级经济师，现任宁夏回族自治区旅游局党组书记、局长，世界中国烹饪联合会会长。

《舌尖上的中国》风靡海内外的集体狂欢，更收获刷卡手续费下降的迟来惊喜。餐饮业在经历增速降至近22年来最低值（2003年“非典”除外）的压力下主动求新求变，积极拓展新业务，逐鹿新市场，开辟新天地。

一　市场盘点：谨慎乐观

从产业层面来看，行业增速下滑但规模持续扩大。2012年全国实现餐饮收入23283亿元，增长13.6%，比2011年下滑3.3个百分点，增幅与1996年持平，比社会消费品零售总额增速低0.7个百分点，是除2003年“非典”之外，近22年来增速最低水平（见图1）。从月度来看，全年行业增长呈现先降后升的“V”形结构，7月增速达到12.7%的全年最低值，下半年开始缓慢回升，12月达到15.1%的最高值。从行业内部结构来看，限额以上企业下滑明显。

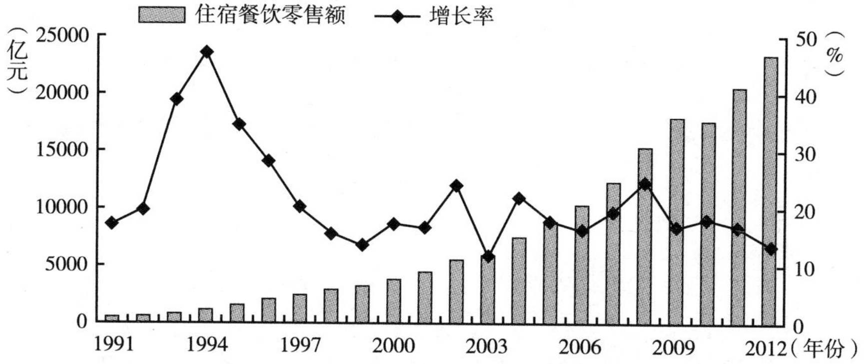

图1　1991~2012年餐饮业发展状况

从行业内部结构来看，限额以上企业下滑明显。除一季度外，限额以上餐饮企业增速一直低于全行业发展速度，10月差距达到2.3个百分点（见图2）。从全年来看，2012年限额以上企业（单位）餐饮收入实现7799亿元，占餐饮总收入的33.5%，增长12.9%，比行业总体增速低0.7个百分点，比2011年限额以上企业增速低6.8个百分点，餐饮业增速下滑态势已引起有关方面的密切关注。

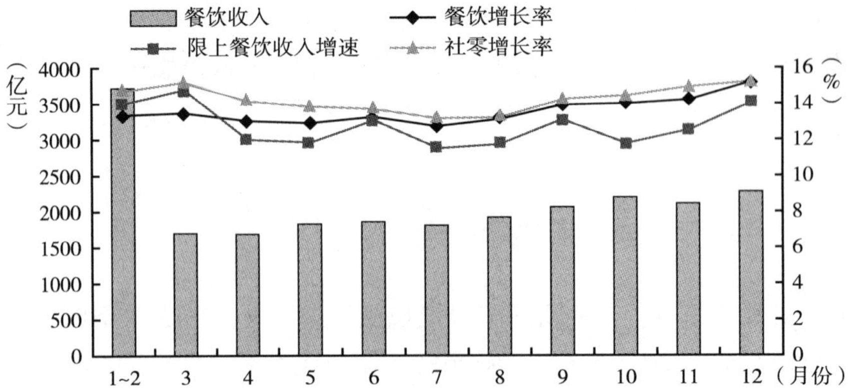

图 2　2012 年餐饮业发展状况

与行业增速下半年缓慢回升不同，餐饮企业景气指数在经历三季度的小幅回调后，四季度下滑至 117.5 的全年最低值，比三季度低 5.9 点，从长期来看，餐饮业景气指数从 2008 年开始一直处于下行通道，体现在餐饮负责人对企业经营的判断和预期并不太乐观（见图 3）。

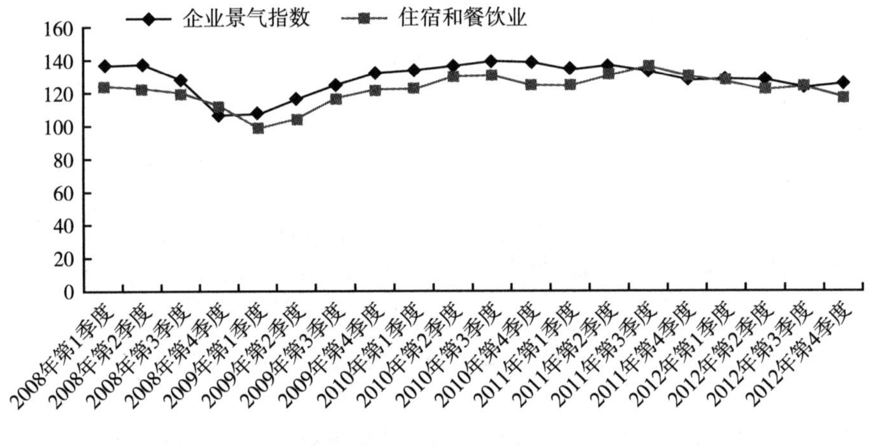

图 3　2008～2012 年企业景气指数

特别值得注意的是，近年来餐饮业在第三产业和国民经济中的比重也不断下滑，2011 年餐饮业增加值占第三产业增加值的比重 1992 年达到 6.25%，创造自 1978 年以来的历史最高值，同年占 GDP 的比例达到 2.17%，此后几乎一直延续下滑态势，2011 年则分别下降为 4.47%、1.94%。与此同时，餐饮产业增加值占餐饮收入的比重自1992年之后一路下滑，2000年之后约为56%，到2011年下滑为44.45%，这从一个侧面也反映了餐饮业的赢利能力在不断下降（见图4）。

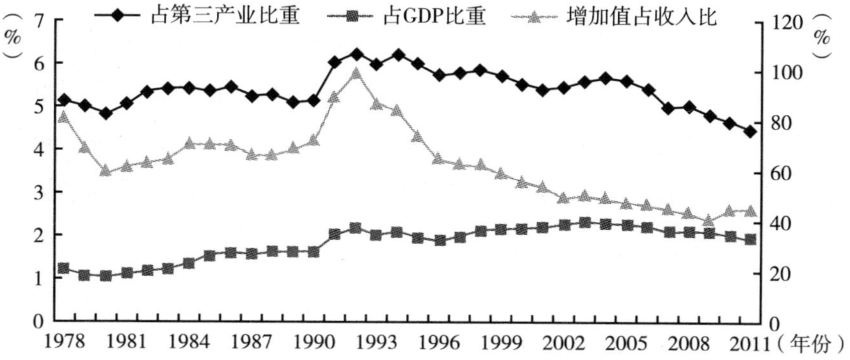

图4　餐饮业在国民经济中的经济地位

备注：住宿餐饮业增加值=劳动者报酬+固定资产折旧+生产税净额+营业盈余

从地区来看，2012年，上海限额以上住宿和餐饮企业零售额449.98亿元，同比增长3.4%，实现利润17.03亿元，同比下降38.3%。北京餐饮收入实现824.38亿元，同比增长7.7%，其中12月仅同比增长0.3%。重庆市住宿餐饮业零售额为600.26亿元，即使有15.1%的增长率，也依然低于同期社会消费品销售总额16%的增长速度。上市公司的业绩从另一方面反映了行业状况。全聚德2012年营业收入19.44亿元，仅比上年增长7.84%，增幅创下近年来新低。西安饮食收入6.63亿元，比上年同比下降1.27%，利润则同比下降高达51.61%。2012年味千拉面实现销售额30.43亿港元，同比下滑了1%，净利润仅为1.54亿港元，同比降幅高达56%。湘鄂情2012年也仅增长11.66%，也低于行业平均水平。

从政策环境来看，税费负担较大但稳中趋降。大中型餐饮企业刷卡手续费畸高问题一直饱受诟病，经多年博弈，2012年终于尘埃落定，调整后的餐饮刷卡费率降至1.25%，比原来2%的平均水平降低了37.5%，且单店营业面积在100（含100）平方米以下的餐饮类商户按一般类商户0.78%的费率标准执行，保守估算实施后一年将为行业节约30亿元。同时，为支持小微企业发展，

2011 年 11 月实行的营业税改增值税改革试点、提高小微企业营业税和增值税起征点等一系列结构性减税措施[①]，有效降低了餐饮业尤其是小微餐饮企业的负担，虽然 2012 年福建对餐饮业按营业额 1% 开征价格调节基金，使区域餐饮企业负担有所提升，但属于个别现象。

从食品安全来看，局部起伏但总体稳中趋好。食品安全一直是餐饮经营的重中之重，经过多年的努力，餐饮服务食品安全法律法规、制度标准不断健全，2012 年卫生部等 8 部门印发的《食品安全国家标准“十二五”规划》给餐饮食品安全标准建设指明方向，《餐饮业即食食品微生物限量标准》的制定也将给餐饮服务食品安全管理和监督提供依据。2012 年食物中毒事件明显下降，餐饮服务食品安全程度稳中向好。餐饮服务食品安全监管力度逐步加大，2012 年近 50% 的持证餐饮企业完成卫生等级评定。

不可否认，2012 年出现的个别食品安全事件也给行业发展带来不利影响。一直宣称重视食品安全的跨国公司麦当劳在央视 3·15 晚会上被曝光销售过期食品的问题，掀起关于餐饮食品安全的诸多讨论，随后爆出的肯德基速成鸡事件更是让舆论一片哗然，从质疑养殖业食品安全延伸到大型餐饮企业的食品安全管控能力甚至诚信经营，餐饮服务食品安全在 2012 年再次被推到风口浪尖。加之 2012 年底曝光的鱼翅问题，再次凸显食品安全、诚信经营的长期性、艰巨性和重要性。

二　企业观察：升级蜕变

当市场高速增长之际，企业主要关注增量，可以通过开拓新市场、新地域、新客户获得发展，但当市场增速放缓，经营压力便随之而来。穷则变、变则通、通则久，针对成本上涨、增速下降、利润滑坡等问题，餐饮企业积极探索转型升级之道，纷纷通过制度变革、要素提升、结构优化，开拓创新，寻找新的“蓝海”。2012 年餐饮企业的转型、升级在以下几个方面得到明显体现。

（1）拓展服务领域现象普遍。企业通过拓展产品线、开办早餐服务、延

① 营业税起征点由按月营业额 1000 ~ 5000 元起征调整为 5000 ~ 20000 元。

长营业时间、加大外卖服务等形式不断拓展服务领域，同时通过原有品牌升级转型、创立或并购新品牌等途径，满足不同群体消费需求。2012 年星巴克进入早餐市场，合肥肥西老母鸡更名为“老乡鸡”，福建华莱士对其产品供应、就餐环境、装修装饰等进行品牌转型。上市公司全聚德试水高端餐饮食王府，并收购美顿团膳公司 5% 的股权，进军团膳市场。湘鄂情以 1.35 亿元收购上海齐鼎 90% 的股权进军快餐领域，同时开通“天天有菜”网络订餐，开设平价超市，转向家庭快乐餐厅。2012 年餐饮公司相关业务多元化也风生水起，海底捞在四川简阳投资商业地产，眉州东坡联合房地产公司斥资 10 亿元打造的湖北黄冈“东坡外滩”商业项目在 2012 年也成功起航。市场需求的变化、经营滑坡的倒逼、堂食的时空限制、部分地区营业税的优惠，促使 2012 年餐饮外卖业务发展迅速。到家美食汇、易淘食、外卖网、无锡尚品优客、南昌云餐饮外卖等区域餐饮专业配送平台的起步与发展进一步促进了餐饮外卖业务的发展。据了解，北京嘉和一品外卖收入已占其总收入的 20%，和合谷、眉州东坡的外卖业务也是突飞猛进，外卖成为 2012 年拉动餐饮增长的重要推动力。此外，半成品产业化加工，拓展商超市场也成为很多企业的选择。

（2）高端餐饮面临分化整合。在高端餐饮下滑中，个别企业出现倒闭现象；也有个别企业甚至更换店名，彻底改头换面进行大众化经营；另一些企业则转型做大众平民餐饮，湘鄂情通过停售高端菜品、开设平价超市等方式转向家庭快乐餐厅，南京民都荟则通过增加“秦淮小吃”和“民国家常菜”来吸引大众消费；还有部分企业在坚守高端市场的同时进行价格微调或推出增值服务扩大消费。高端餐饮市场将进行重新分化整合。

（3）“走出去”探索进展明显。中餐走出去，树立全新的产业形象一直是中国餐饮业及餐饮人的梦想。小肥羊“走出去”之路经过美国、加拿大的波折后中餐“走出去”未有实质性进展。2012 年海底捞跨出“走出去”的重要一步，在美国洛杉矶、新加坡的店铺合同已顺利签约。眉州东坡与美国 Westfield 公司开展战略合作，公司将以美国为始，把眉州东坡的小吃、特色中餐推广到世界，为此集团专门成立了美国眉州东坡集团有限公司。2012 年餐饮企业“走出去”探索出了中外强强联合的发展模式，天津狗不理集团与全球知名的机场餐饮品牌运营商英国 SSP 公司签署战略合作协议，双方合作将在亚太地区的国际机场建设狗不理餐馆。陶然居与香港知名餐饮连锁企业金百加集团联手，金百加到重庆发展，陶然居到香港开店，分别向对方提供各种资源，谋划国际市场的企业也逐渐增多起来。

（4）现代服务模式序幕开启。2012 年餐饮业房租、人力成本持续攀升，人员短缺矛盾日益彰显，消费需求个性多变，传统发展方式难以为继，现代餐饮服务模式大幕开启。信息化建设不断深入，服务创新多点开花，微博营销作用彰显，产业联盟、战略联盟应运而生，这些都为现代餐饮服务模式的开启起到促进作用。2012 年，一个融合行业协会、高等院校、餐饮企业、食品公司的中国餐饮业中央厨房技术创新联盟正式成立，一个产、学、研紧密结合的技术创新体系开始运行，为开启行业新型发展模式做出尝试。2013 年初，陶然居、孔亮、菜香源等 19 家重庆餐饮企业，筹集上亿元资金抱团成立重庆餐饮投资集团，谋求合力做大做强。据介绍，集团计划在 5 年内打造 10 条美食街，并预计几年后在国内上市。

2012 年，如火如荼的微博也给餐饮发展带来新的营销机遇。新浪与社会媒体研究机构发布的“2012 企业微博白皮书”显示，截至今年 3 月，共有约 13 万家企业开通新浪微博，其中餐饮美食类企业有超过 5 万个账号，占比 38%，排名第一，活跃粉丝比例超过 40%。西安饮食、星巴克、海底捞的微博营销都取得显著效果。

三　前景预测：奋进向前

2012 年餐饮业增速跌入 22 年来的低谷，这种低谷并非完结，2013 年行业发展面临的形势较 2012 年更为复杂严峻。一方面，高成本压力将有增无减。土地（房租）成本、人力成本、原材料成本、能源成本甚至资金成本都将继续上扬，企业赢利能力将受到更大考验。另一方面，市场环境愈加严峻复杂。商务部提出今年全国餐饮收入实现 2.6 万亿，全年增长 14% 的目标。国家统计局近期公布的统计数据显示，2013 年 1～2 月份，社会消费品零售总额 37810 亿元，同比名义增长 12.3%；餐饮收入 4030 亿元，同比增长 8.4%，比上年同期下降 4.9 个百分点，进入 21 世纪以来首次跌入 10% 以下；其中限额以上企业（单位）餐饮收入实现1278亿元，同比下降3.3%，比上年同期下降17.3个百分点，下滑明显，按此形势发展下去，实现全年增长14%的目标的难度不言而喻。2013年的餐饮市场将呈现出与以往不同的特点。

（1）节俭消费理念将不断深入。党的十八大之后，中央出台了关于改进工作作风、密切联系群众的八项规定及六项禁令，随后中办也作出“厉行勤俭节约 反对铺张浪费”的重要批示，全国上下积极响应、认真落实，餐饮业从适量点餐提醒、推出小份半份菜品、奖励光盘行动、提供免费餐盒等多项措施做起，积极践行反浪费批示，公款消费、奢华消费、餐桌浪费现象得到明显遏制。调查显示，仅有20%左右的企业认为当前形势对企业经营没有影响，近80%的企业受到波及。其中，40%的企业客流没变化，但客单消费在降低，更有40%的企业客流和消费都在降低。

（2）行业发展将面临分化整合。高端餐饮在当前市场下步履维艰，纷纷通过优化菜品品种、缩小新店面积、开发全新品牌、加快并购联盟等方式进行战略调整，面向更加稳定、更加广阔的大众市场。湘鄂情推出平价超市，从中高端转向家庭消费，金百万加快市场并购，蜀国演义开发新品牌，企业都在根据自身情况积极转型。转型不及时、转型不到位的企业将被淘汰出局，行业将出现新的分化整合、重新洗牌。随着众多企业的战略调整，大众化餐饮的竞争将更加激烈，贴近市场的特色餐饮将脱颖而出。

（3）经营挑战中蕴含发展机遇。2013年餐饮业发展将面临着公款消费大幅降低、企业服务收费更加规范、厉行节约持续深化的市场环境，企业发展将面临前所未有的压力。但无论社会环境如何变迁，民以食为天的真理亘古不变，餐饮市场将在分化整合中去除浮华、回归理性，从长期看更有利于行业的健康发展。另外，我们也应该看到中国经济持续增长的基本面将依然稳定、城镇居民收入也将不断增加、城镇化的进程也将日益加快，党的十八大“推动服务业发展壮大”的战略部署都为餐饮业发展提供了战略机遇和有利条件。未来餐饮业的发展将更加理性化、更加市场化、更加大众化。

B.3
当前餐饮浪费的现状、根源与对策

世界中国烹饪联合会

摘　要：

餐饮业是改革开放最早、市场化程度最高的产业之一，连续多年获得了持续、快速、健康发展。伴随着行业的快速发展，餐饮浪费问难也一直饱受社会诟病。本文在阐述餐饮浪费现状的基础上，从权力寻租、公款消费、传统观念、餐饮企业经营等多角度深入分析餐饮浪费的历史和现实根源，同时指出当前人们对餐饮浪费认识的几大重要误区，最后从加强制度建设、强化宣传教育、加快餐饮企业转型等多个角度提出了遏制餐饮浪费的对策建议。

关键词：

餐饮浪费　现状　根源　对策

作为重要的民生产业，餐饮业自改革开放以来获得了持续、快速发展，与产业发展伴随而来的餐饮浪费问题也得到社会各界的广泛关注。2006 年春《光明日报》推出的“餐桌：触目惊心的奢侈浪费”的系列报道，在社会上引起较大反响，引起一股节约风尚，但风靡一时之后便悄无声息。2013 年春节前后，中央作出“八项规定”、“六项禁令”及“厉行勤俭节约　反对铺张浪费”重要批示后，政府有关部门、社会大众、餐饮行业组织和餐饮企业积极响应。商务部、国家旅游局 1 月 28 日召开电视电话会议，随后又发布了《关于在餐饮业厉行勤俭节约　反对铺张浪费的指导意见》，作为全国餐饮业的行业组织，中国烹饪协会积极响应，在电视电话会议上向全行业发出了“厉行节约　反对浪费”的倡议，全国 30 多个省（市）协会也都发出了类似倡议。餐饮企业积极响应，纷纷推出或强化适量点餐提醒、半份小份菜品服务、免费打包服务、奖励节俭用餐等多种措施。2 月 28 日，中国烹饪协会联合全国 38

家省级烹饪餐饮协会开展“节俭就餐专项行动”。在有关各界的共同努力下，餐饮浪费行为得到明显遏制。随着厉行节约精神的持续贯彻，媒体开始将餐饮浪费问题归咎于“最低消费”、“包间费”，甚至酒水服务费，《光明日报》1月底连发《告别畸高的“最低消费”》等4篇系列文章，掀起一场对餐饮业“最低消费”“包间费”“自带酒水服务费”的集体声讨。笔者结合自身工作，谈一谈对餐饮浪费问题的不同看法。

一　当前餐饮浪费的现状

2013年全国餐饮收入达到23448亿元，同比增长13.6%，占社会消费品零售总额的11.15%，从业人员超过2200万人，为扩大内需、促进就业、改善民生、弘扬文化做出了突出的贡献。在行业快速发展的同时，餐饮浪费问题也一直备受关注。中国农业大学专家课题组2012年通过对全国大、中、小三类城市不同规模的餐桌中剩余饭菜的蛋白质、脂肪等营养物质进行分析发现，我国每年仅餐饮就浪费食物蛋白质800万吨，相当于两亿多人一年所需；浪费脂肪300万吨，能满足1.3亿人所需。每年，我国餐饮业要倒掉两亿多人一年的口粮。[①]

许世卫2005年的调查显示，北京市被调查人群在外就餐剩余动物性食物14.73%，植物性食物15.56%，当场丢弃量为动物性食物9.68%，植物性食物12.52%，如果扣除打包，则食物丢弃量为11.09%（见表1）。

表1　北京市餐饮食物浪费比例

单位：%

餐馆类别	剩余量	丢弃量	动物性食品		植物性食品	
			剩余量	丢弃量	剩余量	丢弃量
高档餐馆	14.21	9.45	14	8.22	14.42	10.72
中档餐馆	16.43	10.56	16.8	9.31	16	11.81
低档餐馆	14.71	11.5	13.98	10	15.53	13

资料来源：许世卫：《中国食物消费与浪费分析》，《中国食物与营养》2005年第11期。

① 张玉君、杨君：《餐饮业一年浪费2亿多人口粮——透过京城高档餐厅“最低消费”看奢靡之风》，《光明日报》2013年1月23日。

2013年2月初，中国烹饪协会对近百家企业进行了调查，其中火锅、特色餐厅占32%，中高档酒楼占26%，星级酒店占18%，家常菜馆占6%，快餐占12%，其他占8%。调查显示，超过20%的企业表示几乎没有浪费（这些企业主要以快餐企业为主），近80%的企业表示有不同程度的浪费，浪费现象普遍存在。其中有超过20%的企业认为餐饮消费中浪费量达20%，这部分企业主要以星级酒店、高端餐饮为主。从具体情况来看，约80%的浪费来自公款消费和商务宴请，约20%的浪费来自团拜会和婚宴，家庭大众消费则很少浪费。

2013年全国餐饮收入实现23448亿元，若以平均浪费10%计算，全年餐饮浪费约2300亿元，浪费数量惊人，若以2009年联合国公布的人均每天最低消费1.25美元的世界贫穷标准，能够养活约8000万人。在中央作出厉行节约的重要批示后，据中国烹饪协会调查，80%的企业认为浪费有所减少。[①]

二　餐饮浪费深层原因分析

（一）权力寻租引致奢华消费

当前，由于监督制度的不规范，权力寻租普遍存在于政治、经济、社会文化生活的诸多方面，政府官员、高校领导、企业高管等手掌权利之人成为相关人员争相结交的对象，由于权利缺乏有效监管，通过饭局餐桌实现利益互换已成为公开的秘密，一掷千金的奢华宴席毫不为奇，吃什么已不重要，关键是通过奢华凸显尊贵，是否浪费更无足挂齿。网上盛传的“请证监会审批处长吃饭花30万”的传闻，虽然有关部门已出来辟谣，但也从另一方面折射了当前的奢华乱象。近年来，政府已掌握了越来越多的财富、越来越多的权力，控制了越来越多的资产，有钱有权有势有保障的社会共识使公务员热一年赛过一年，如果权力不被关进制度的笼子里，公开透明的监督机制不能形成，请客送礼走关系的体制环境不能改变，因权力寻租引致的奢华浪费、巨大浪费将难以得到彻底改观。

① 中国烹饪协会：《关于厉行勤俭节约　反对铺张浪费调查报告》，2013年2月。

（二）公款消费缺乏制度规范

公务接待、公款消费是餐饮消费的重要组成部分，公款吃喝的无度消费饱受社会诟病。中国青年报社社会调查中心 2011 年进行的调查显示“92.6% 的受访者认为公款吃喝浪费最严重”。2011 年公开的三公经费也间接印证了这一点，2011 年北京市三公经费中公务接待费用为 0.95 亿元，占总费用的 11%，根据媒体广泛引用的数据，目前全国公款吃喝的开销一年已达 3000 亿元。目前，党政机关对公务用车、办公用房等都有严格的规定，但对公务接待的消费标准、审批程序等没有相关规定。2006 年 10 月国务院办公厅印发的《党政机关国内公务接待管理规定》首次明确“财政部门应当加强对财政性接待经费的预算管理”，同时提出“接待单位应当严格按照接待标准提供住宿、用餐、交通等服务，不得超标准接待，不得用公款大吃大喝”，但条款过粗，缺乏硬性规定，亟须修改。

（三）传统观念助长铺张之风

中国人好面子、讲排场、喜攀比的消费观念根深蒂固，以丰盛为好客，以光盘为不礼，中国传统宴席更是琳琅满目，从冷菜、热菜到点心、主食，一般都在十几到二十几道，加上中国饮食文化中缺乏“量”的概念，缺乏量化饮食环境，社会公众并不知道自己的身体需要多少营养，不知道应该吃多少东西，不觉间点餐就已超出需求，造成浪费。

（四）餐饮企业自身经营问题

不可否认，餐饮企业对餐饮浪费负有不可推卸的责任，由于菜品品质欠缺、菜盘大小单一、分量标示不明，甚至过度推介等多种原因，使消费者主动或被动地出现剩菜剩饭，造成餐饮浪费。

三　走出餐饮浪费认识误区

餐饮最基本的功能是满足人们的日常饮食需求，随着消费需求的升级，联络感情、生意往来、政务交流在餐饮消费中发挥着越来越重要的作用，餐饮已成为人际交往的重要媒介，合理的餐饮消费、多层次的市场划分是餐饮行业的健康发展方向。

（一）高端餐饮不等同于腐败浪费

衣食住行与人们的生活息息相关，也都有高中低档之分，企业根据不同的消费需求提供有差别的服务无可厚非。高端餐饮作为餐饮业的组成部分，主要是迎合高端人群的消费偏好和消费需求，另外，需求的拉动刺激了供给，新的高端会所、高端酒店不断出现。从需求结构来看，不同人群又有差异，公款消费、商务宴请、个人高端消费都是高端餐饮市场的重要组成部分，并不一定都会形成腐败、造成浪费。大董烤鸭店即是典型案例，人均消费400多元的标准无疑是高端消费，但其客户以商务宴请、旅游体验、家庭聚会为主，公款消费所占比例较少，餐饮浪费率不到10%。人均消费近400元的王品牛排消费对象主要是朋友聚会、家庭聚餐、情侣用餐，服务则采用套餐方式，浪费极少。

（二）厉行节约的主体是消费者而非企业

企业是以赢利为目的的经济组织，只要企业在法律法规许可的范围内经营，追求经济利益就无可厚非，作为国民经济中的行业一员，餐饮业要认真履行社会责任，推出并强化适量点餐提醒、推出半份菜品、奖励节约行为等节约措施，厉行节约是企业承担社会责任的良好表现，半份菜品、奖励节约是锦上添花的自主选择，并非企业必须遵守的法律规定，餐饮企业绝不是承担餐饮浪费责任的主体，但目前政府的政策导向、媒体的舆论宣传更多地将责任强加给餐饮企业，对政府公款消费的制度约束、消费者自身的观念引导则很少提及，更没有任何一个政府机关提出要建立公款消费的制度安排。即便是有个别理性声音也淹没在对餐饮收取三费的声讨中。

（三）三费收取并非餐饮浪费罪魁祸首

自带酒水服务费、最低消费、包间费（以下简称三费）一直受到社会大众的质疑，近期又因厉行节约再次被推到风口浪尖。企业收取自带酒水服务费的合法性已经多次被法院判例证明，2006 年“湘水之珠”的法院判决表明，只要事先明确告知消费者收费项目，餐饮企业就有权利收取服务费。事实上，并不是所有的企业都收取自带酒水服务费，设立酒水平价超市、欢迎自带酒水也屡见不鲜。最受争议的最低消费只是部分企业根据自身经营特点采取的差别化经营策略，这种限制只针对包间而非大堂，如同飞机根据服务不同设置的经济舱、商务舱、头等舱一样。即便如此，不设最低消费的餐饮企业也广泛存在，作为一个完全竞争、市场分散的行业，餐饮业不具备制定任何“霸王条款”的市场势力。

（四）反对铺张浪费并不意味反对消费

中央新令出台之后，各地政府纷纷响应，普通聚会也随即取消，一时间风声鹤唳，部分官员甚至连个人消费也特别谨慎，餐饮消费受到限制。据不完全统计，2013 年春节长假过后，高端餐饮一般下降 30% ~40%，有些达 50% ~70%，甚至个别出现关门歇业现象；中端餐饮与去年同期相比基本持平或略有增减；快餐、小吃等满足日常饮食需要的餐饮有所增长，一般增长幅度在 10%左右。扩大内需是一项长期的基本国策，餐饮业作为促进消费、稳定就业的重要行业之一，应该得到支持。

四　遏制餐饮浪费的对策建议

2012 年全国餐饮收入实现 23448 亿元，同比增长 13.6%，占社会消费品零售总额的 11.15%，从业人员超过 2200 万人，缴纳营业税及附加费约 1300 亿元，为扩大消费、促进就业、改善民生做出了重要贡献。扩大餐饮消费，促进餐饮业持续健康发展对扩大内需、稳定就业具有举足轻重的作用。遏制餐饮浪费必须进一步加强和深化政治、经济体制改革，把权力关进制度的笼子里，让权力运行在阳光下。此外，遏制餐饮浪费还应从以下几个方面入手。

（一）政府要建立健全制度，规范公款消费

贪污和浪费是极大的犯罪，世界各国都在积极反腐败、反浪费，发达国家

和地区的经验值得借鉴。香港的公务接待都有严格清晰的规章制度，无论官职高低，公务宴请必须提前申请报备，申报宴请人数、宾客名单、宴请缘由、陪同人员、预计费用、人均支出，以及按照香港环境保护署的要求所签署的一个“未点鱼翅”的声明。目前香港公务接待人均消费上限是2008年开始执行的。这是调查餐馆用餐定价的鉴定结果：午餐、晚宴人均上限分别为350和450港元（香港中环物价较高），菜品原则上最多6道，吃不完还要打包带走。韩国规定公务接待人均不得超过3万韩元，日本则要求中央省厅和地方政府全面公开各项费用，包括公务宴请费用，接受社会监督，所有数据均在网上公开。

坚决杜绝公款浪费现象，要采取针对性、操作性、指导性强的举措，加强监督检查，鼓励节约，整治浪费。一是科学界定公务接待的范围，制定严密、可操作的规定细则和标准，使各项接待有章可循、有规可依；二是把公务接待费用纳入财政预算管理；三是将信息公开，将政府部门的公务接待的次数、范围、事由、费用等情况向社会公开，将政府官员的接待情况在机关内部公开，实行“实名制”；四是强化监督和曝光，对公款吃喝浪费者予以重惩。唯有此，才能刹住餐饮浪费之风。

（二）有关部门要加强法制建设，惩治餐饮浪费

杜绝浪费既要采取思想观念教育、行政处罚、经济制裁等必要的手段，更要运用法律武器。建议国家有关部门组织开展对“浪费与节约”问题的专题研究，对浪费问题进行会诊：对浪费产生、存在和发展变化原因及其危害作出深刻分析；在此基础上研究制定反浪费法规，用法规的强制力遏制浪费，推动节约。德国被认为是处罚餐厅浪费最严的国家。在德国，无论自助餐还是点餐，都不能浪费，一旦发现有人浪费，任何见证人都可向相关机构举报，工作人员会立即赶到，按规定罚款。此前，有报道称，有中国游客在德因用餐浪费，被罚30至50马克不等的罚款，其成功经验值得学习借鉴。

（三）传媒要加强舆论指导，加强宣传教育

“俭，德之共也；侈，恶之大也。”中华民族历来就有崇尚节俭、厉行节约的文化传统。新闻媒体要大力弘扬艰苦朴素、勤俭节约的传统文化，要广泛

开展宣传教育，增强全社会的忧患意识和节约意识，建设节约文化、倡导节约文明，居安思危，从今天做起，从每一个人做起，让节约成为每个人的自觉行为，形成“节约光荣、浪费可耻”的社会风尚。要从娃娃抓起，培养艰苦朴素、勤俭节约的观念和习惯。另外，专家学者也要加强对老百姓科学膳食的宣传和教育，营造量化、节约、文明的饮食环境，最大限度地减少甚至杜绝餐饮浪费。

（四）餐饮企业要规范自身行为，科学引导消费

餐饮企业是厉行节约、反对浪费的重要窗口，一是要加强职业点菜师培训，通过职业点菜师对顾客点餐给予营养搭配、数量控制等多方面的指导；二是推出大众小份菜品供顾客选择；三是在菜单上标示菜品或食材分量；四是改革宴席方式，有条件的企业逐步推行分餐制，学会引导消费，最大限度地减少浪费。此外，餐饮行业组织要加强理论研究和培训指导，帮助餐饮企业加快转型。

遏制餐饮浪费不是搞运动，不是一阵风，作风必须扎实，工作必须做细。在社会各界的共同努力下，餐饮浪费将得到进一步趋减，餐饮消费将更加理性、和谐。

参考文献

1. 许世卫：《中国食物消费与浪费分析》，《中国食物与营养》2005 年第 11 期。
2. 陈秋萍、吴芸芸：《餐桌浪费的消费者心理动因及其对策》，《甘肃科技》2007 年第 23 期。
3. 荆林波、马彦华：《当前我国餐饮业发展面临的问题及政策建议》，《商业时代》2010 年第 1 期。
4. 杨柳：《中国餐饮产业发展报告（2011）》，社会科学文献出版社，2011。
5. 成升魁、高利伟等：《对中国餐饮食物浪费及其资源环境效应的思考》，《中国软科学》2012 年第 7 期。
6. 中国烹饪协会：《厉行勤俭节约　反对铺张浪费调查报告》，2012 年 2 月。
7. 张玉君、杨君：《餐饮业一年浪费 2 亿多人口粮——透过京城高档餐厅“最低消费”看奢靡之风》，《光明日报》2013 年 1 月 23 日。

B.4 体验消费时代的餐饮创新问题

杨 欣*

摘 要：

体验经济背景下，人们的消费更加注重自身的体验和经历，而餐饮企业是体验经济能够得到充分表现的地方。本文提出了体验经济下的餐饮创新思路和具体方法，认为体验经济背景下的餐饮创新，首先要有新的经营思维：要更多地研究自己的客人，而不是过多地关注竞争者；要在整体上把握体验经济；要突破固有的经营模式，挑战自我；要比任何时候更注重细节，追求完美，寻找适合自己的发展路径。其次，体验经济下的产品创新，要考虑不同餐饮企业对创新的不同需求；要有明确的创新目标；创新要有重点；要注重顾客“口味”的需要。最后，重视概念营销，创造体验营销新思路。

关键词：

体验经济　经营创新　方法思路

近几年来，体验经济已经成为一个理论界和实业界研究的热点问题。体验经济之所以能够成为大家瞩目的焦点，是因为随着经济水平的提高、文化融合的加快、教育程度的提高以及生活方式的改变和各种时尚潮流的冲击，人们的自我意识在不断增强，而这种自我意识的增强不仅导致消费个性化，更促使人们在消费过程中注重自身的体验和经历，体验经济是社会发展到现阶段的必然产物。

---

* 杨欣，硕士，浙江工商大学旅游与城市管理学院旅游系副教授，主要研究专业与方向：旅游企业经营与管理。主要研究成果：长期从事饭店管理实践和理论研究工作，擅长饭店业和餐饮市场分析、经营管理以及营销策划，曾担任多家星级宾馆的常务副总经理，并协助组织策划了多家高级酒店的筹建工作。

体验经济是由美国管理咨询专家约瑟夫·派恩和詹姆斯·吉尔姆于1998年在美国《哈佛商业评论》上发表的《欢迎进入体验经济》一文中首次提出的。他们在文中指出，体验经济（Experience economy）就是企业以服务为中心，以商品为素材，为消费者创造出值得回忆的感受活动的一种经济形态。

两位著名学者指出①：经济的演进过程，就像母亲为小孩过生日、准备生日蛋糕的进化过程。在农业经济时代，母亲是拿自家农场的面粉、鸡蛋等材料，亲手做蛋糕，从头忙到尾，成本不到1美元。到了工业经济时代，母亲到商店里，花几美元买混合好的盒装粉回家，自己烘烤。进入服务经济时代，母亲是向西点店或超市订购做好的蛋糕，花费十几美元。到了今天，母亲不但不烘烤蛋糕，甚至不用费事自己办生日晚会，而是花一百美元，将生日活动外包给一些公司，请他们为小孩筹办一个难忘的生日晚会。这就是体验经济的诞生。

现实中有许多从体验角度来考虑市场问题的实例。

在以色列的一家名为“真假咖啡店”的小店里，店内并没有任何真正的咖啡，但是穿戴整齐的侍者仍有模有样地装作为客人倒咖啡、送糕点，让消费者体验到在咖啡厅交朋友、聊天的社交经验。

位于美国拉斯维加斯的论坛购物中心，铺着大理石地板，偶尔还有古罗马士兵行军穿过白色的罗马式列柱，让消费者以为重新回到了古罗马集市。

在体验经济中，企业是体验策划者，提供的是最终的体验，即以商品为道具，通过感觉和记忆使消费者对某种事物和现象留下深刻印象和丰富感受。

餐饮企业是体验经济能够得到充分表现的地方。因为对于许多酒店来讲，餐饮不再是一种满足生理需要层次上的消费活动，而是一种感官上、生理上和心理上的综合消费活动，它既重视实际消费的产品（菜点和酒水等），也重视消费的过程和消费以后的心理感受，这种心理感受实际上就是体验经济的表现，我们一再强调要向客人提供美好的用餐经历，也就是要向客人提供美好的用餐体验，正是在这个意义上我们把用餐经历作为产品向顾客提供。

---

① 约瑟夫·派恩、詹姆斯·吉尔姆：《体验经济》，机械工业出版社，2002。

因此，重视餐饮企业客人的消费体验经济，实际上是餐饮企业经营指导思想的重大转变，它要求餐饮企业经营者把原来对菜肴、点心、酒水、用餐环境、服务等个别因素的重视，转变为对酒店用餐整体效果的重视。换句话说，它要求餐饮企业经营者把这些个别的因素整合起来，在整体上对顾客的消费过程和消费以后的体验形成影响，尤其是要给顾客留下用餐以后的美好回忆。

体验经济时代的到来，对餐饮企业来说，既是挑战，也意味着一次巨大的发展空间和机会。体验经济引导餐饮的发展，这是一个大的趋势和方向，就餐饮企业来讲，要向客人提供良好的用餐经历，必须注意以下几点。

一　体验经济背景下的经营新思维

（一）要研究自己的客人，不要去研究竞争者

体验经济最忌讳模仿别人，因为体验经济本身是非常个性化的东西，它的目标客源有着明确的指向，因此一方面我们必须有独特的东西让顾客去体验，这就需要我们对自己的客人有深入的了解，他们喜欢什么，我们就提供什么。另一方面绝对不要去模仿别人，尤其是自己的竞争对手。因为竞争优势不是通过模仿来赢得的，而是取决于我们能够让顾客体验什么，我们能够提供给客人独特的用餐经历才是我们的核心竞争力。目前体验经济在国内刚刚兴起，先走一步的餐饮企业都有相当大的创造空间，这就为我们成为餐饮业的体验经济领头羊创造了极好的机会。

（二）在整体上把握体验经济

体验经济是我们的顾客从用餐开始到用餐以后的总体感受和所产生的心理效果，因此我们在餐饮企业经营实践中要把注重菜肴、装修等个别因素的传统经营管理手段转变到创造一个能够为顾客提供独特整体的用餐环境和餐饮内容上，它是餐饮实物产品、环境、销售方式、服务方式协调完美的综合体，从个别到整体是我们在创新经营过程中必须完成的一个观念上的转变。

（三）体验经济是对自我的挑战

享受用餐体验的人一般来讲已经摆脱了满足口腹之欲的用餐目的，是带有自身强烈审美意识和审美观的顾客群体，因此要求餐饮企业经营者不能用自己的审美观和审美情趣来经营餐厅，而是要提高自身的修养和素质，这样才能满足注重消费体验的宾客的需求。

（四）注重细节，体现完美

体验经济是一种要求比较高的经营理念，它要求餐饮企业经营者能够为顾客提供完美和舒适的服务，这就要求我们注重每一个细节，具有强烈的追求完美的意识。只有这样做才能够产生“精致”的餐饮。这一点也是注重消费体验的餐饮企业和大众化、粗放式餐饮企业之间重要的区别点。

（五）寻找自己适合的发展思路

体验经济不是万应灵丹，并不是每一家餐饮企业都是适用的。我们认为能够获得利润的经营方式就是最好的经营方式，体验经济的兴起并不等于大家都要向这个方向发展，多元化的市场需要多元化的餐饮类型，适合自己的就是最好的经营方式，关键在于是否能够获得必要的利润。

二　体验经济下的产品创新

在体验经济时代，餐饮企业要想站稳脚跟并取得不断发展，就必须坚持不懈的创新，不断挖掘特色，突出特色，提供专业化的注重感受的氛围和产品，只有这样才能使餐饮企业保持较强的生命力，赢得竞争优势。

餐饮企业产品创新的目的，就是为了在体验中不断加入新鲜感。在这一点上，国际上一些著名的旅游企业都有相当成功的经验可以借鉴。在迪斯尼，有一个著名的口号，那就是“永远建不完的迪斯尼”。迪斯尼多年长期坚持采用“三三制”，即每年都要淘汰 1/3 的硬件设备，兴建新的概念项目，每年补充更新 1/3 娱乐内容和设施，不断给游客以新鲜感。迪斯尼乐园创新产品的原动力正是来源于体验经济时代“挖掘、创造并满足顾客的体验需要”这一宗旨。为了准确把握游客的需求动态，迪斯尼内部专门设置了调查统计部、信访部、信息中心，每年开展数百项市场调查和咨询项目来分析游客需求动态变化，并把研究成果提供给其他各职能部门。据统计，迪斯尼乐园的游客中约有3/4是回头客。迪斯尼乐园成功的产品创新策略说明了一个事实：企业只有根据目标市场的需求变化不断创新产品与服务才能延长其生命周期。

毋庸置疑，体验经济时代客人需求的多样化以及顾客求新、求异、求美的用餐心理引发了新产品开发的热潮，菜品创新已经成为餐饮业界的主流思潮，在相当程度上许多餐饮经营者都把开拓市场和巩固市场的希望放在产品的更新上，而近几年来各地也出现了一些优秀的新菜品，这也极大地丰富了各地的餐饮文化。

我们现在所遇到的问题是，如何使新菜品的开发更加适合顾客的需求，如何才能使创新产品具有更旺盛的生命力，历久弥新，成为企业的特色菜和招牌菜为企业的经营服务。要做好这一切，至少应考虑以下几个问题：

第一，不同的餐饮企业对创新的需求是不一样的。菜品的创新首先应有利于增强企业的竞争力，有助于提高餐饮企业对顾客的吸引力。如果菜品的创新工作达不到吸引顾客的效果，甚至对企业原有的市场产生负面影响，那它不可能具有持续的生命力。一般来说，那些名牌餐厅和经营已经比较成熟的老餐馆，它们的菜品往往具有自己的特定风格，甚至有自己的特色菜、招牌菜作为企业特色的代表，那么它们的菜品创新工作一定要保持自己原有的风格，不应该大规模地进行创新工作，丢掉自己原有的特色，这样做往往得不偿失，会最终失去自己在市场上的地位和风格。这类餐厅更适合在原有的菜品基础上，适当增加一些创新菜，以调整客人的口味和他们对变化的需要，这样做倒是一种比较适当的创新策略。而对于一些经营不太成功的餐厅或者说还没有充分把握住市场的餐馆，反而可以不断地进行创新工作，借以进行市场测试，找到进入市场的切入点。

第二，提高创新产品的生命力并不是要提高所有创新菜品的生命力，创新产品的生命力应该体现在广受顾客欢迎、能够形成特色的菜品上。力图提高所有创新菜品的生命力，既无可能，也不必要。因此，餐饮经营者应有意识地做好创新菜品的筛选工作，提高优秀创新产品的生命力。每次推出创新菜后，都应认真进行统计分析工作，计算这些创新菜品的点菜率，把那些顾客比较欢迎的创新菜品加入菜单中，淘汰那些点菜率不高的创新菜；如此循环往复，就可以把顾客用货币投票方式选择出来的优秀菜品沉淀下来。

第三，要提高创新菜的生命力，关键在于创新菜品要有明确的创新目标。创新目标主要包括这些菜品的食用对象、使用场合、制作时间、价格等。如果菜品的创新不知道主要的顾客是谁、是用在宴会上还是零点上、需要多久的制作时间、原料成本是否和预期的价格相协调，那么这样的创新菜品只是为创新而创新，不可能有持久的生命力。

第四，创新菜的“灵魂”在于是否适合当地人的口味，这在相当程度上决定了创新菜品的生命力。任何地区都有其根深蒂固的餐饮文化和饮食习俗，只有适应了这种餐饮文化和饮食习俗，创新菜才能为广大的消费者所接受和喜爱。发源于杭州的“迷宗菜”，实际上是创新菜的代名词，它之所以能够取得巨大成功和轰动效应，关键之一就是把握了当地人的口味特点，并贯穿于菜品创新的始终。

第五，餐饮消费者的需求重点是菜品的口味和质量，创新菜也不例外。那些优秀的创新菜品，只有保持其应有的质量水准，才能增强其生命力。因此，对于那些优秀的创新菜品，应该制定标准菜谱，对其所使用的原料、调料、配料以及制作过程等作出具体、明确的规定，并以此为依据对厨师进行针对性的培训，减少由于制作过程中的人为因素引起创新菜品的质量波动。坚持按标准用料、按特有的工艺进行制作，就能够保证创新菜品的质量稳定性。北京的“爆肚冯”爆牛羊肚坚持十三道工序绝不糊弄顾客，因此别的餐厅很难做出如此地道的爆肚，它的菜品才能有顽强的生命力，就是一个很好的例子。

第六，提高创新菜品的生命力，还要有出色的促销手段。在菜品的创新过程中，一旦发现某些创新菜为顾客所欢迎，具有较大的市场潜力，就应该采用广告宣传、美食节等手段提高这些菜品的市场知晓度，尽可能地让它们成为畅销菜，然后进一步对这些菜品进行“造势”，使它们成为餐厅的特色菜，进而成为地方的“名菜”。创新菜宣传活动的最终目的是希望它们成为餐厅的特色菜甚至成为当地的名菜，而一旦成为名菜，将极大地延长创新菜的生命周期。同时，由创新菜所形成的“名菜”将为餐饮企业成为“名餐厅”打下良好的基础。

三 重视概念营销，创造体验营销新思路

体验经济以服务为重心，以商品为素材，为消费者创造出值得回忆的感受。因此餐饮体验营销要从生活与情景出发，塑造感官体验及思维认同，以此抓住消费者的注意力，改变消费者行为，并为产品找到新的生存价值与空间。体验经济下的营销策略是以客户需求和体验为导向经营的方式，体验经济下产品和服务的地位发生了变化，产品更依赖于服务所创造的条件。体验经济观念下的体验营销就是从消费者的感官、情感、思考、行动和联想五个角度重新定义、设计营销策略的一种思考方式。也可以说，体验营销更多关注服务对其生活的影响而不是理性思考。

餐饮企业营销的一项重要工作内容，就是要通过概念营销，提升价值象征意义，最终激发顾客的体验欲望。体验营销的实践证明，消费者体验离不开价值象征，它是体验的最好表征。企业营销中的价值主要由生理层次、情感层次、智力层次和精神层次组成。当消费者在各个层次上都受到冲击时，其对产品和服务的需求也就从最基本的生理层次，上升到了一种复杂的融合各层次价值观的精神层次。体验营销最重要的是要使消费具有象征性意义，这也是成功进行体验营销的最大要素，而达到这一目的有效途径，就是进行概念营销。

所谓概念营销，指的是餐饮企业根据社会、文化发展趋势以及消费者的生活方式、心理需求变化，创造符合消费者需求和核心价值理念的新概念，并通过推出这一概念向消费者传播餐饮品牌（包括功能取向、价值理念、文化内涵等）的概念，以引起消费者心理共鸣并产生购买行为的一种差异化营销方法。餐饮企业在营销实践中，应该把消费者的理性认识与情感需求结合起来，通过导入新观念来进行餐饮的营销活动，其目的在于使消费者形成对餐饮企业的深刻印象，建立起鲜明的功能概念、特色概念、品牌概念、形象概念、服务

概念等，从而实现营销目的。实际上，体验经济时代的消费者的消费行为更多地从理性消费转向感性消费，追求与众不同的个性和经历，而概念营销正好符合这样的变化。

麦当劳公司进行的概念营销，是体验营销的典型案例。公司能够充分掌握时代趋势，在中国境内推出让人耳目一新的新广告。譬如，用“欢乐欢笑每一刻”的品牌形象，替代了过去的“欢乐美味，就在麦当劳”，并以“完全用餐经验”重新定位，期望征服顾客的心。在不同的时段，针对不同的顾客群，提供“对口”服务，从而创造一种互动的欢乐气氛，让顾客觉得好玩、有情趣，用体验让顾客达到满意，进而增加了顾客重复购买，这也是国内外许多小朋友对它情有独钟、忠诚度极高的原因之一。依据新的定位，麦当劳的每一个广告都是精心策划的营销策略，牢牢把握住了消费者希望得到更多体验的心理，提供给人们更多值得回味的情境和感觉，让人们难以抗拒地走进它的餐厅。

餐饮企业的概念营销不应着眼于顾客现在的需求，而应着眼于消费者的潜在欲望。体验营销最重要的是引导消费者的消费观念和形成消费者对企业的某种特殊感觉，引起消费者对餐饮企业的关注，从而消费产品，并在此过程中获得“体验”。

星巴克咖啡公司在创造其独特的“咖啡形象”时把概念营销推向了极致。它通过向市场传递其个性化的“咖啡消费概念”，而一跃成为世界上顶级的特色咖啡零售商、制造商和商业品牌。公司除了在北美、英国、欧洲大陆、中东和太平洋地区设有5800多个销售网点以外，还通过其专门机构销售咖啡和茶叶产品，包括其网上销售商店Star-bucks. com。星巴克的“体验营销”方式是使它拥有独特魅力的一个法宝。深厚的文化底蕴、不懈的品位追求、时时处处体贴入微的服务、舒适优雅的消费环境带领顾客体验着不同的人文、异国风情和流行时尚。在星巴克，客人和咖啡师之间、客人和客人之间的互动是其特征之一。在都市闹中取静的幽雅环境中，有精选的轻音乐、有轻松闲适的聊天欲望。总之，以顾客的体验为核心的咖啡文化，造就了市场相当的认同感和忠实的客户队伍。2003年，星巴克总公司的营业收入已达30亿美元以上，其中品牌价值超过18亿美元。这一切预示了体验营销的无尽潜力。

总之，在体验经济时代，餐饮企业经营创新的指导思想必须满足：（1）以体验为基础，开发新产品、新活动。（2）强调与消费者的沟通，并触动其内在的情感和情绪。（3）以创造体验吸引消费者，并增加产品的附加价值。（4）以建立品牌、商标、标语及整体意象塑造等方式，取得消费者的认同。可以说，在体验经济大背景下，如何更好地适应体验经济时代的到来，无疑是对餐饮企业经营者提出的新挑战，也为餐饮企业经营的创新提供了更大的空间。

B.5
新时期餐饮业：危中有机

赵京桥*

摘　要：

中国餐饮业在新时期面临历史性的发展机遇，而同时，产业也面临深刻危机。本文对中国餐饮业发展所遇到的本质问题进行了剖析，并全面深入分析了新时期餐饮业发展环境的深刻变化，认为过去餐饮业赖以增长的粗放式增长方式需要进行转型升级，调整产业结构和提高产业质量成为未来中国餐饮业抓住机遇实现发展的关键。

关键词：

机遇　危机　粗放型增长　转型升级

2012年，在经济增速放缓、经营成本和食品安全三座大山的重压下，中国餐饮业投资放缓，收入增速明显下降（如图1所示），诸多餐饮企业经营利润大幅下滑，面临经营压力乃至生存危机。这是高速发展的中国餐饮业面临的深刻危机。

而同时，中国餐饮业又面临着历史性的发展机遇。其一，中国共产党第十八次代表大会提出了“居民收入倍增计划”，即“2020年实现国内生产总值和城乡居民人均收入比2010年翻一番”。其中，收入倍增者指的是中低收入者，而中低收入者的食品消费收入弹性较大，这将为餐饮业未来发展带来巨大空间；其二，党的十八大继续强调内需特别是消费需求的重要性，餐饮业作为扩大消费需求的重要支撑产业有机会争取和享受国家的扩大内需的利好政策；其

---

* 赵京桥，现为中国社会科学财经战略研究院信息服务与电子商务研究室助理研究员，并担任服务经济与餐饮产业研究中心副主任。主要关注我国餐饮产业的发展，连续多年参与了中国烹饪协会《中国餐饮产业运行报告》的编写。多次参与中国社会科学院重大课题、商务部重点课题，获得中国社科院信息奖、中国商业联合会商业科技进步奖等学术奖励和荣誉。

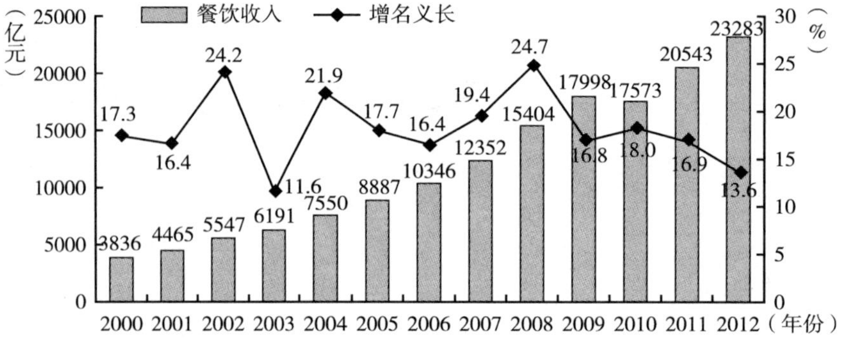

图 1　2000～2012 年餐饮收入及名义增长

数据来源：国家统计局网站，www. stats. gov. cn。

三，中央经济工作会议对 2013 年的经济工作部署中，提到的城镇化和民生工作都是与餐饮业息息相关的，特别是新型城镇化被定位为未来经济工作重点，是未来中国最大内需来源，同样也将为餐饮业带来巨大的餐饮需求。因此，中国餐饮业在面临深刻危机的同时又正处于历史性的战略机遇期。

一　粗放型增长不可持续

如何抓住历史性的战略机遇期，首先就要认识当前餐饮业危机的本质。这个危机实际上是对过去三十多年，中国餐饮业粗放型的发展方式的挑战。

高速粗放增长是过去餐饮业发展的重要特征。中国餐饮业在改革开放三十多年中，实现了快速增长。到 2011 年，全国餐饮收入总额高达 20543.3 亿元①，而 1978 年，中国餐饮业全国零售额只有 54.8 亿元，2011 年是 1978 年的近 375 倍，复合增长率高达 19.7%。营业网点从 1978 年的不足 12 万家，发展到如今超过 400 多万家，就业人员从 104.4 万人增加到 2200 多万人。

进入 21 世纪后，在基数规模化的情况下，依然保持了高速增长（如图 1 所示）。除了 2003 年因 SARS 导致餐饮收入增速跳水外，其余各年基本保持了

① 资料来源：国家统计局。

16%以上的增长。2006年餐饮收入突破了一万亿大关，而到2011年仅仅用了5年时间就突破了两万亿大关。

餐饮业的高速增长反映了我国改革开放三十多年中对社会化餐饮的需求爆发。经济增长、城市化、居民收入增加、人口流动等都带来了餐饮的需求。

在这些靓丽的数据背后，我们应该看到，我国餐饮业过去三十多年的发展是以解决居民“温饱”型消费为主，这种抓住餐饮业市场化机遇和社会化餐饮需求大爆发实现的高速增长是粗放的，整个产业的能力增长并没有跟上产业规模的增长，主要体现在：

1. 产业化程度低

产业整体依然处于家庭作坊式生产力阶段，厨房加餐桌配上厨师和服务员就是典型的当前中国餐饮业的总体生产现状。产业的标准化、工业化水平很低，产业分工也处于较低水平。

2. 食品安全控制能力较弱

餐饮业产业规模的快速持续增长，也带来了餐饮业社会责任的加强，2万亿的产业规模一旦出现食品安全问题所造成的影响是巨大的。当前已经有部分大型连锁餐饮企业通过HACCP等现代管理体系的引进，通过信息化管理，标准化和工业化生产，形成了较为完善的食品安全控制体系。但从全国总体来看，以家庭作坊式为主的餐饮业依然缺乏有效的食品安全控制体系和具有专业食品安全知识的人才。

3. 品牌实力较弱

品牌餐饮企业大量涌现，出现了小肥羊、味千拉面、全聚德、湘鄂情、唐宫海鲜等上市餐饮企业，以及真功夫、大娘水饺、海底捞、俏江南等知名连锁餐饮企业，但全国性的餐饮品牌依然较少，而且与国外餐饮企业相比差距很大，占据中国市场首位的依然是外资餐饮企业。

4. 创新能力较弱

中国餐饮业在快速增长中并没有实现创新能力的大幅增长，一方面，菜品同质化非常严重，市场对创新菜品的保护不足，导致很多投入菜品研发的企业无法获得研发的超额收益；另一方面，餐饮商业模式创新少，主要以模仿国外餐饮商业模式为主。

这种粗放型的增长已经面临诸多的增长压力，只有转型升级，才能在未来实现持续增长。

一是消费大环境正发生重大转变。尽管中国把扩大内需、刺激消费作为宏观政策的重要方向，餐饮业依然处于宏观利好环境中，但是中国当前正处于消费转型期，餐饮消费需求从“饱”转向“质”，消费者对于餐饮的安全、品质、营养、绿色等要求越来越高，这些消费特性已经在北京、上海等城市以及东部沿海城市和中西部中心城市显现。

二是食品安全压力增大。一方面是消费者食品安全意识的觉醒，另一方面现代食品安全与过去食品安全的内容有了巨大的变化，以农药和添加剂残留与转基因食品安全隐患问题为代表的、基于技术使用风险和食品供应体系复杂化而引起的食品质量安全问题已经成为当今的主流。过去基于食品卫生管理的传统食品安全管理体系依然存在但无法满足新的要求。

三是成本压力增大。餐饮业成本一直处于上升的趋势，成本压力进一步加大，原有粗放型增长的利润空间被压缩，餐饮业整体处于微利时期。主要原因来自四个方面。

1. 人力资源成本进一步加大

人力资源成本是餐饮企业最主要的成本之一。一方面，随着我国人口红利的消失，餐饮企业面临着招工难、招工贵的问题，这个问题从2010年便开始凸显，在产业地位与产业技术没有实质性突破的前提下，这个问题将会长期困扰着餐饮产业的发展；另一方面，由于餐饮就业人员社会地位不高，在与其他产业竞争劳动力时缺乏吸引力，这导致了餐饮企业需要用更多的工资或物质支出来雇用员工和留住员工，人员流失率很高。

2. 租金成本进一步上升

租金成本是餐饮企业除劳务成本之外最大的营业成本。随着餐饮业竞争程度的提高，对商业经营地段的竞争也越来越激烈，经营选址成为餐饮企业连锁扩张的重要课题。这使得诸多品牌连锁餐饮企业与大型品牌连锁商业企业建立了密切合作关系，通过跟随大型品牌连锁商业中心设立经营场所，解决企业选址、租金和扩张等一系列问题。

3. 原材料成本进一步上涨

我国蔬菜、肉类等餐饮业原材料价格在“十一五”期间呈现快速上涨趋势。从2007年开始，我国食品消费价格呈现快速上涨趋势（如图2所示），超过了居民消费价格的上涨速度，其中肉禽及其制品的价格上涨幅度更大。尽管2012年居民消费价格指数开始回落，但食品分类价格指数依然较快增长。

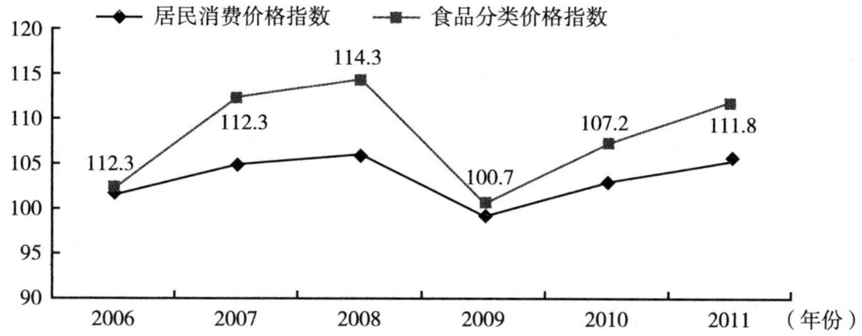

图2　2006～2011年居民消费价格指数及食品分类价格指数

注：以上一年为100。
数据来源：国家统计局网站，http：//www. stats. gov. cn/tjsj/。

4. 成本压力进一步加大

这也体现在餐饮企业的成本转嫁能力不高上，一方面餐饮企业竞争激烈，除了一些优秀的品牌餐饮企业存在品牌溢价，其他餐饮企业很难把成本压力过多地转嫁给消费者。这种粗放型增长所带来的产业问题逐渐凸显，主要包括整个产业结构不合理，食品安全问题频发，成本压力难以消化，餐饮企业IPO受阻，等等。

二　新时期餐饮发展环境的深刻变化

新时期餐饮业发展环境已经或正在发生深刻变化，过去粗放型增长的环境条件已经不复存在。

一是在政治环境上，中央新一代领导集体把改革作为工作重点，从改革中获得“红利”，这对餐饮业长期发展是利好，但同时新一届政府对财政支出的强化管理，对节俭风气的大力推广，这些对于公款餐饮消费和餐饮的铺张浪费将带来严格限制，过去以政府相关消费为主的餐饮企业将面临转型，铺张浪费的消费方式也逐渐改观。

二是在经济环境上，经济发展更加注重质量而不是速度，增速放缓的趋势是不可逆的，同时城市的发展、刘易斯拐点的出现和通货膨胀的潜在压力使得餐饮业成本上升的趋势也是不可逆的。

三是在社会环境上，中国消费正从“温饱”型向“小康”型，部分发达地区向“富裕”型消费转型，消费者的食品安全意识，环境保护意识，产品品质需求都在发生质的变化，而从长远来看，中国社会向汽车社会、老龄化社会正在加速迈进，这些变化对于餐饮业的发展都是质的变化。

四是技术环境上，信息化、中央厨房的发展正对餐饮业内部管理带来重要变革，而电子商务的普及也将对餐饮业业务模式和营销方式带来重要变革，未来，第三次工业革命有可能对整个餐饮业的生产、消费都带来革命性的影响。

三　餐饮业的转型升级

在正确认识危机和餐饮业发展新环境后，可以肯定的是餐饮业粗放型的增长仍有空间但不可持续，只有转型升级才能在危机中抓住历史性战略机遇实现新的发展。餐饮业的转型升级是一项系统工程，不仅仅是微观主体餐饮企业的转型升级，而且要加快产业分工的深化，行业组织的转型升级。

对于微观企业来说，转型升级包括了三种路径：一是转型，实际上就是企业变革业务模式，调整目标市场，通过产品和服务的转型实现结构调整，比如未来以快餐为代表的大众化餐饮、社区化餐饮、团餐，以及以月子餐、老年餐为代表的专业化餐饮等都将有较大的市场潜力。二是升级，一方面可以通过文化、品牌、创新、服务等方式提高餐饮产品和服务的附加值，另一方面通过信息化、标准化和产业化实现效率的提升和成本的降低。三是转型和升级相结合（见图 3 ~ 图 5）。当前在食品安全和成本的巨大压力下，相对于转型，升级对于餐饮企业更为紧迫。

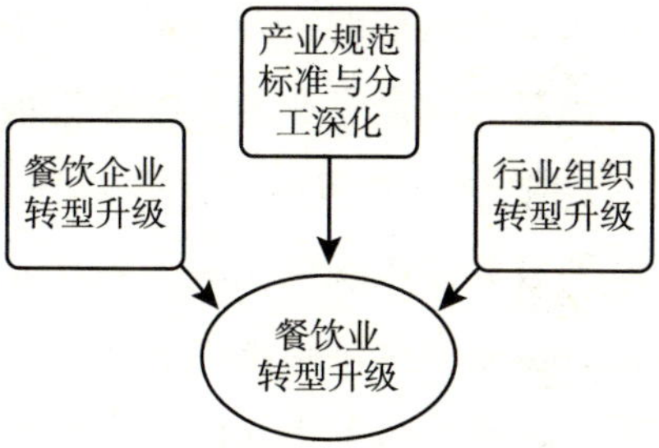

图3　餐饮业转型升级

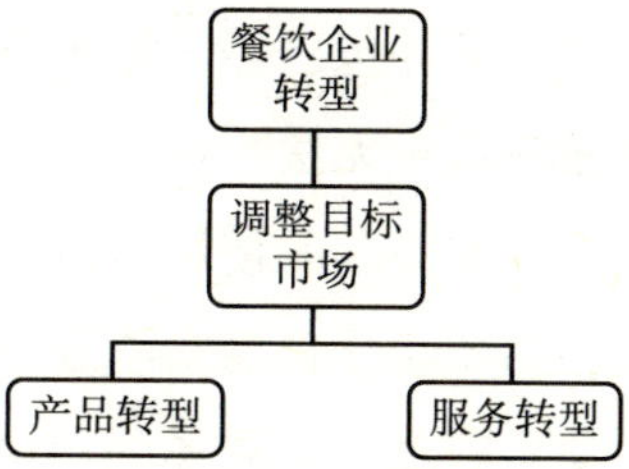

图4　餐饮企业转型

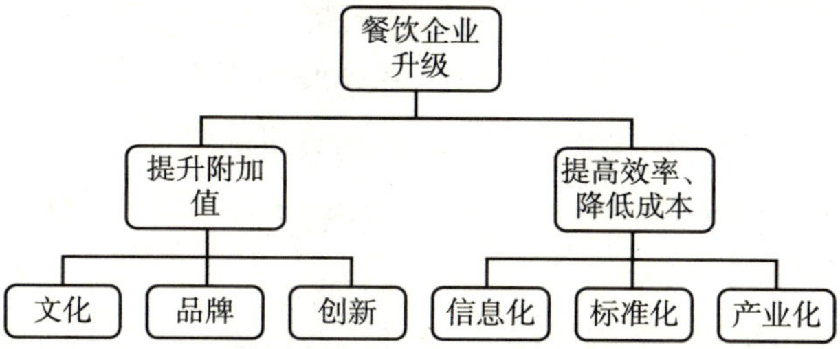

图5　餐饮企业升级

对于产业来说，一方面要加快产业产品、服务和管理的标准化，通过标准和行业规范引导行业工作。当前的餐饮业标准工作，必须要加快餐饮业标准体系的研究，出台标准制定规划。餐饮产业的标准体系如果按照标准制定目的分类，可以分成基础性标准，即回答“是什么”问题的标准，比如餐饮业态标准。规范性标准，即回答“应该怎么做”问题的标准，比如饮食建筑设计规范、卫生标准等。方向性标准则是回答“怎么做得更好”问题的标准，比如绿色餐饮标准等。制定标准的工作，在可能的情况下，应该优先完成基础性标准的制定工作，这是规范性标准和方向性标准的基础。

此外，餐饮产业标准建设工作是一项长期的工作，标准起草只是标准建设工作的起步工作，仍需要建立起一套从标准起草、试运行、评估、修订、运行、评估、再修订的工作流程，这样才能保证餐饮产业标准较好地符合餐饮产业的发展需求，促进餐饮产业快速、健康发展。

另一方面，鼓励和促进餐饮业生产型服务业的发展，深化餐饮业产业分工，形成完善的产业链和分工服务体系，从市场运行的实践来看，中小餐饮企业的专业服务外包已经开始了。当前最为普遍的就是专业消毒服务，很多中小餐饮企业在自身无法提供专业消毒餐具时，把服务外包给专业餐具消毒公司。尽管对于消毒餐具的使用有过争议，但这种服务外包现象反映了餐饮业通过外包非核心的专业化食品安全服务，提升自身食品安全供给能力的趋势。同时一些国际食品安全专业服务公司也开始进军具有庞大服务市场的中国餐饮业，如艺康集团（EcolabInc.）就已经开始在中国提供食品安全服务，并与中国连锁经营协会签订了食品安全培训协议。

在鼓励发展餐饮生产型服务业时，要优先发展具有较强外部性的服务业，如冷链物流业。冷链物流既是餐饮业食材流通的重要食品安全保障，同时也是中央厨房体系运行的重要环节。社会化的冷链物流服务对于提升行业的食品安全水平具有重要作用。

对于行业组织来说，行业协会在促进行业自律，引导行业健康发展，为行业提供公共服务上具有非常重要的作用。当前中国餐饮业行业协会在餐饮业发展中起到了重要的作用，但是依然存在诸多缺陷。

一是行业协会之间的竞争导致行业协会功能的失效。中国行业协会大多属于具有政府背景的协会组织，一方面协会的发展方向、活动组织与政府有密切联系，另一方面行业协会的存活需要企业会员的支持。因此很多协会出台各种评比标准来规范企业，并为符合标准要求的企业授牌，以提升企业在行业中的地位。这种评比对于促进行业自律，树立企业样本，引导行业发展是有效的。但是当协会之间存在竞争时，协会会出于争夺会员的需求而降低评比标准，从而导致行业发展的混乱。

二是行业协会提供的服务亟待专业化。不少行业协会通过出售“会长单位”、“理事长单位”的形式来获取经营收益，仅仅充当企业的营销手段，而并没有提供给企业专业化的服务，比如对行业发展的预测、行业新技术的推广应用、行业新模式的分析、食品安全知识和技能的普及，等等。

行业组织的转型升级就要明确餐饮业国家级和地方行业协会的功能，通过协调整合，尽量合并具有相同功能的行业协会，避免功能的大量重复造成的恶性竞争，损害行业发展。行业协会的可持续发展必须依靠为行业提供专业服务能力。仅仅通过政府背景或者成为企业的营销工具都会在长期博弈中失去行业企业的信任。要协调行业组织功能，提升行业组织服务的专业化水平，以此来推动和服务企业的转型升级。

总之，中国餐饮业正处于从粗放型增长向集约化发展的战略机遇期，而抓住战略机遇期的抓手在于质量与结构，也就是尽快完成产业的转型升级实现质量的提升和结构的转变以适应新的发展环境。

B.6

2012年江苏省餐饮业发展分析

孙盼盼*

摘　要：

本文对江苏省餐饮业的发展环境、总体发展概况、典型业态以及重点城市的餐饮业发展状况进行了分析，结果显示江苏省餐饮行业的经营规模和市场规模迅速扩张，企业经济效益也有所提高，业态和经营方式趋于多样化，企业竞争激烈，但行业发展仍存在区域差异、业态发展不协调、利润空间趋窄以及产业化程度及品牌建设亟待提高等问题。为促使江苏省餐饮业进一步发展，文章最后从政府决策、行业引导和企业经营三个层面提出发展建议。

关键词：

餐饮业　发展环境　发展现状　业态　政策建议

一　江苏省餐饮业发展环境分析

1. 社会经济环境

地区经济发展水平对区域内餐饮业的发展具有至关重要的作用。有研究表明，经济发展水平与餐饮业的发展具有正相关的关系，原因在于经济发展水平决定消费水平，经济愈发达，消费力愈强，餐饮业的市场需求和产业规模愈大，行业综合竞争力愈强。

2012年，国际经济形势严峻，国内经济增长下行压力较大，江苏省餐饮业发展所面临的社会经济环境较为复杂。但由于“党中央、国务院坚持以科

* 孙盼盼，中国社会科学院研究生院博士生，研究方向为旅游与现代服务业。

学发展为主题，以加快转变经济发展方式为主线，按照稳中求进的工作总基调，及时加强和改善宏观调控，把稳增长放在更加重要的位置，国民经济运行缓中企稳，经济社会发展稳中有进[①]”。作为全国社会经济综合水平较高的江苏省，在 2012 年也通过“稳增长、控物价、调结构、惠民生、抓改革、促和谐”等工作，使得全省经济“在加快转型升级中平稳较快发展，一些反映科学发展水平的重要指标实现了新突破”[②]。因此，平稳的社会经济环境也为江苏省餐饮业的发展提供了良好的条件。

（1）经济规模获得新突破

2012 年江苏省经济总量达到 5.4 万亿元，比 2011 年增长 10%，突破 5 万亿元，是继 2008 年（突破 3 万亿元）和 2010 年（突破 4 万亿元）后的又一次新的突破；全省人均生产总值达到 68347 元，按当年汇率折算为 10827 美元，突破 1 万美元，列全国各省区首位。当人均 GDP 超过 1 万美元以后，社会的服务性需求会明显上升。作为服务业中的重要分支，江苏餐饮业的社会需求量也将扩大，行业市场细分程度也将进一步深化。

（2）居民收入状况继续改善

2012 年江苏省城镇居民人均可支配收入达 29677 元，比上年增长 12.7%；农村居民人均纯收入达 12202 元，增长 12.9%。城乡居民收入稳步提升，财富增加，生活节奏加快，生活方式也随之改变，居民在外用餐率提高，这为省内餐饮业的发展提供了强大的消费需求和坚实的物质基础。值得注意的是，近几年江苏省农民收入的快速增加，为其餐饮行业潜在市场的快速开启和扩大注入了活力。

（3）消费力增强，消费市场平稳

2012 年江苏省城乡居民消费支出继续增加。城镇居民人均生活消费支出 18825 元，比上年增长 12.2%，其中食品支出占人均生活消费支出的比重为 35.4%；农村居民人均生活消费支出 8655 元，比上年增长 12.5%，其中食品支出占人均生活消费支出的比重为 37.4%。此外，2012 年江苏省

① 国家统计局：《2012 年国民经济发展稳中有进》，2013 年 1 月 18 日。

② 江苏省统计局：《2012 年江苏经济运行状况分析》，2013 年 2 月 17 日。

居民消费价格同比上涨2.6%，涨幅同比回落2.7个百分点，物价高位回落，有助于增强消费者的消费意愿，刺激社会消费品零售额提升。2012年全省实现社会消费品零售总额18215.3亿元，比上年增长15%。其中，住宿和餐饮业实现零售额1766.5亿元，增长16.1%，占全省消费品零售总额的9.7%。

此外，城市化水平和旅游业发展程度对餐饮业的市场需求和扩展能力也具有显著的影响。数据显示，2010年江苏省城镇人口达到4767.6万人，近10年年均增加约173万人，城市化率由41.5%提高到60.6%，年均提高1.9个百分点，是全国近10年城市化水平上升最快的省份之一。作为国内旅游业发展较为发达的省份之一，江苏省旅游总收入较高且呈现逐年递增的发展态势。2012年江苏省预计全年接待国内外游客4.68亿人次，同比增长11.7%；实现旅游总收入6500亿元，增长15.8%[①]。按照国际惯例，餐饮收入占旅游总收入的1/5至1/4左右。因此，伴随省内旅游业的蓬勃发展，餐饮业也将迎来良好的发展契机。

2. 政策和法规环境

2012年，从中央到江苏省地方政府，相继出台了一系列政策、法规及标准，以促进餐饮行业的规范发展和科学化管理（见表1）。其中，食品安全量化分级、食品添加剂、食品包装、餐饮企业上市指引和下调餐饮业刷卡手续费等政策成为当年餐饮行业的政策要点，对行业发展有着重要的影响。

表1　2012年中国餐饮行业主要政策、法规及标准

发布日期	发布部门	主要内容	影响
1月11日	国家食品药品监管局	《关于实施餐饮服务食品安全监督量化分级管理工作的指导意见》：量化等级分为动态等级和年度等级。动态等级是每次监督检查结果的评价，分为优秀、良好、一般三个等级，分别用大笑、微笑和平脸三种卡通形象表示。年度等级为过去12个月期间监督检查结果的综合评价，年度等级分为优秀、良好、一般三个等级，分别用A、B、C三个字母表示	加强餐饮服务食品安全管理，落实餐饮服务单位食品安全主体责任，提高餐饮服务食品安全监管效能和水平。为居民外出用餐选择给予参考意见

① 江苏全省旅游工作座谈会，2013年1月8日。

续表

发布日期	发布部门	主要内容	影响
4 月初	卫生部	卫生部拟撤 38 种食品添加剂,茶黄色素、茶绿色素、柑橘黄、黑加仑红等不少着色剂便位列其中	长期摄入食品添加剂,对身体健康有一定的影响。此举或促使餐饮行业改变烹饪方式
4 月 20 日	卫生部	《预包装食品标签通则》:固态食品、半固态或黏性食品,要以直接体现质量和体积的克、千克、毫升、升为计量单位进行标示;食用油品的名称应按照其配料的主要成分来命名	规范食品标签,有效保障广大消费者知情权,促进了食品工业的健康、有序发展
5 月 16 日	卫生部	《关于餐饮等生活服务类公司首次公开发行股票并上市信息披露指引(试行)》:对餐饮企业业务发展状况、主要经营模式及持续发展能力、发行人食品安全卫生、发行人主要管理制度及执行情况、发行人公司治理、发行人商标商号等信息的披露进行了规定	《指引》为餐饮业上市指明了努力方向,也在客观上将促进中国餐饮企业的规范经营和管理
6 月 12 日	国家食品药品监管局、卫生部	自公告之日起禁止餐饮服务单位采购、储存、使用食品添加剂亚硝酸盐(亚硝酸钠、亚硝酸钾)	亚硝酸盐本身毒性极强,全面禁止餐饮业使用,可以确保公众食品安全
11 月 19 日	中央银行	《中国人民银行关于切实做好银行卡刷卡手续费标准调整实施工作的通知》:中央银行将于 2013 年 2 月 25 日起全面执行银行卡刷卡手续费标准调整方案。新的收费标准维持了现行刷卡手续费行业差别化定价,行业分类主要分成餐饮娱乐类、一般类、民生类以及公益类四大类,总体下调幅度在 23% ~24%,其中餐饮娱乐类下调幅度高达 37.5%	刷卡手续费下降,对于餐饮业意味着利润空间有所增长。如果以一家中型星级酒店每个月的刷卡金额在一百万元左右,新旧费率实施前后,酒店可以节省的支出达到 8000 元左右,那么一年可以增加 10 万元的利润空间
12 月 5 日	商务部	《餐饮业管理办法(第二次征求意见稿)》:餐饮企业不得销售不符合国家产品质量及食品安全强制标准的食品;餐饮企业应当建立餐厨废弃物处置管理制度和餐厨废弃物管理台账制度;餐饮企业所售食品应当明码标价,并在消费者购买食品之前明示	进一步健全餐饮行业法制,有助于行业健康规范发展

资料来源:国家食品药品监管局、卫生部、中国烹饪协会、证监会、央行、商务部等。

2012 年,为规范本地餐饮行业发展,江苏省食品药品监管局制定并出台了《江苏省餐饮服务食品安全管理办法》(试行)。对于各种餐饮服务提供单位制定了相应的食品安全管理员配置、培训、考核和管理办法。这将进一步健全餐饮服务食品安全管理制度，规范食品安全管理员管理，提高食品安全管理水平，也为当地餐饮业的发展营造了良好法制环境，保障其持续、快速、健康发展。

此外，江苏省商务厅、江苏省经济和信息化委员会等部门于2012年10月26~28日共同主办了“2012中国·江苏国际餐饮博览会暨第七届江苏省创新菜烹饪技术比赛”，将使得江苏省餐饮品牌的文化价值和时尚魅力得到进一步提升，也将通过供应商与餐饮业的对接交流来促进行业的稳健发展。

二　江苏省餐饮业发展概况分析

1. 经营规模扩张迅速

近年来，江苏省餐饮行业总体规模迅速扩张。除2009年受金融危机的负面影响各项指标呈现小幅下降外，其余年份在产业活动单位数、餐饮营业面积以及营业额等指标上均呈现逐年快速递增的发展趋势。至2011年底，江苏省限额以上的餐饮产业活动单位数为2910个，餐饮营业面积达397.8万平方米，较2005年增加了约1.7倍；营业额为321.2亿元，增幅较2005年则高达2倍（见表2）。从各项指标的同比增长态势来看，2011年的各项指标分别较2010年同比增长9.4%、41%和26.5%，预计2012年江苏省餐饮行业的总体规模将保持稳步扩张的发展趋势，但由于2012年国内经济增长放缓，行业经营成本攀升等因素，行业规模扩速会受限制。

表2　江苏省限额以上餐饮企业规模状况

年份	产业活动单位数(个)	餐饮营业面积（万平方米）	营业额（亿元）
2005	1176	149.8	107.5
2006	1506	194.6	142.7
2007	1545	198.9	146.9
2008	2949	288.5	223.6
2009	2426	255.9	217.9
2010	2660	282.1	254.0
2011	2910	397.8	321.2

数据来源：《江苏省统计年鉴》（2006~2012年）。

2. 市场规模稳步扩大

从表 3 的数据可以看出，2005 ~ 2011 年，江苏省餐饮业的零售总额逐年递增，至 2011 年底为 1359. 3 亿元，同比增长 18. 4%，占社会消费品零售总额的 8. 5%。从各年的同比增长率的变化情况来看，预计 2012 年江苏省餐饮行业的零售总额将继续增加，但同比增速以及在社会消费品零售总额中的占比或受现实社会经济状况的限制而有所回落。

表 3　江苏省餐饮业零售总额变化情况

年份	餐饮业(亿元)	同比增长(%)	在消费品零售总额中的占比(%)
2005	583. 1	17. 5	10. 2
2006	678. 8	16. 4	10. 1
2007	810. 6	19. 4	10. 1
2008	826. 1	1. 9	8. 3
2009	957. 2	15. 9	8. 3
2010	1148. 0	19. 9	8. 4
2011	1359. 3	18. 4	8. 5

数据来源：《江苏省统计年鉴》（2006 ~ 2012 年）。

3. 企业经济效益提高

2005 年，江苏省餐饮企业资产总计为 122. 4 亿元，主营业务收入为 105. 7 亿元，主营业务利润为 38. 2 亿元，利润总额为 3. 9 亿元。之后，各项指标除了 2009 年受金融危机影响有所下降外，其余年份总体上均呈现稳步递增的状态，经济效益表现良好。至 2011 年，餐饮企业的资产总额增长至 279. 6 亿元，主营业务收入为 294. 7 亿元，主营业务利润为 134. 6 亿元，利润总额也上升至 9. 1 亿元，分别较 2005 年增加了 1. 3 倍、1. 8 倍、2. 5 倍和 1. 3 倍（见表 4）。预计 2012 年江苏省餐饮企业的经济效益将有所提高。值得注意的是江苏省餐饮企业的主营业务成本与主营业务收入的同比增速走势较为接近，这也意味着企业所面临的成本压力较大，未来企业经济效益的提高将更为艰难（见图 1）。

表 4　江苏省餐饮企业经济效益指标情况

单位：亿元

年份	资产总计	主营业务收入	主营业务利润	利润总额
2005	122.4	105.7	38.2	3.9
2006	152.4	130.8	42.8	2.9
2007	123.4	134.7	47.8	4.2
2008	206.0	222.5	96.6	—
2009	183.8	204.6	84.1	7.5
2010	219.7	235.7	104.6	8.7
2011	279.6	294.7	134.6	9.1

数据来源：《江苏省统计年鉴》（2006～2012 年）。

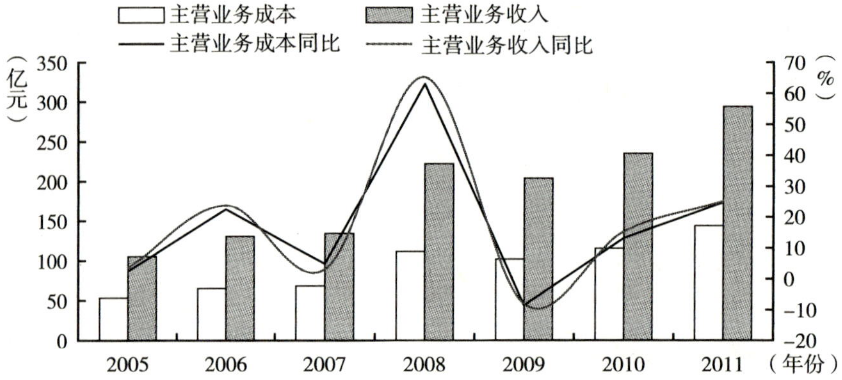

图 1　江苏省餐饮企业主营业务收入和成本变化情况

数据来源：《江苏省统计年鉴》（2006～2012 年）。

4. 业态和经营方式多样化

伴随消费模式的多元化，餐饮行业的业态和经营方式也呈现多样化的发展趋势。在餐馆酒楼、宾馆餐饮、火锅店等传统餐饮业态稳步发展的同时，西餐、大众快餐、自助餐、美食街、“农家乐”等新型餐饮业态相继出现。这些新型餐饮业态，渐渐将餐饮、体验、休闲、娱乐融为一体，丰富了餐饮活动的内涵，迎合了人们个性化的消费需求，并以超过传统餐饮业态的速度逐年增长。

5. 地区发展水平仍有差异

由于地理区位、人文历史、政策制度、社会经济发展水平等多方面原因，江苏省餐饮业仍存在着显著的地区差异性。从 2005～2011 年的数据来看，相对于苏南地区，苏中和苏北地区的餐饮业整体发展水平仍然较落后。三个地区的占比情况较稳定，苏南地区占比 55%～60%，苏中占比 18%～19%，苏北地区占比为 20%～24%。2011 年，苏南、苏中和苏北三大地区的住宿和餐饮业分别实现零售总额 907.3 亿元、280.5 亿元和 353.64 亿元，分别较 2010 年增长 19.1%、18.8% 和 20.9%（见图 2）。

对各个城市的住宿和餐饮零售总额数据进行比较分析，发现苏州和南京始终位居前列，2011 年分别实现 325.02 亿元和 247.71 亿元，无锡、徐州、南通和常州处于中游，分别实现 159.92 亿元、125.78 亿元、110.32 亿元和 102.32 亿元，其余城市较为落后，尤其是苏北地区的连云港、淮安和宿迁，其发展水平显著滞后于其他城市，2011 年分别实现 46.66 亿元、59.37 亿元和 42.27 亿元。

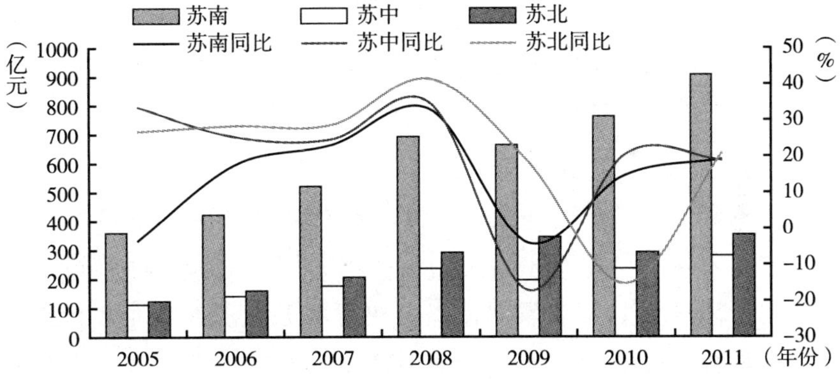

图 2　江苏省三大地区餐饮业零售额变化情况

数据来源：《江苏省统计年鉴》（2006～2012 年）。

6. 产业化程度和品牌建设亟待提高

江苏省是国内知名的餐饮大省，2011 年餐饮服务收入总量位于全国前三位，高达 1521 亿元。然而，其产业化程度并不高，85% 的餐饮企业为微小企业①。

① 于学荣 2012 年 7 月接受记者采访。

此外，2011 年中国餐饮百强名单中，江苏省的餐饮企业入围 5 家，分别是大娘水饺餐饮集团股份有限公司、江苏品尚餐饮连锁管理有限公司、江苏天水雅居餐饮管理有限公司、南京大惠企业发展有限公司和常州丽华快餐集团有限公司。与浙江和上海等地区相比，入围数量较少，品牌建设亟待提高。

三　江苏省餐饮业典型业态发展状况

1. 快餐业发展状况

快餐作为一种现代化的商业模式，通过操作标准化、配送工厂化、连锁规模化和管理科学化实操性运作，成为适合现代社会发展的产业经济。中国烹饪协会会长苏秋成认为，在中国经济持续高速发展、内需经济大跨步发展的背景下，从 2010 年开始，中国快餐业的黄金时期已经到来，并会以北京等大城市和发达地区为中心，逐渐向全国蔓延开来，走向一个成熟的发展阶段。作为餐饮大省，江苏省快餐业经过近几年的发展，已经培育出本土较为知名的快餐企业品牌，大娘水饺和丽华快餐入围了 2011 年中国餐饮百强名单。

从数据来看，近几年江苏省餐饮业的规模逐步扩大，经济效益也稳步提升，已经成为其餐饮业的生力军，对省内餐饮业的发展起着重要的支撑和推动作用。2011 年，江苏省限额以上快餐服务业法人企业数量为 65 个，产业活动单位数为 820 个，餐饮营业面积达 44.7 万平方米，从业人数为 6.2 万人，营业额为 84.51 亿元，分别较 2010 年增长 10.2%、20.9%、44.4%、42.8%和 43.3%（见表 5）。2005 年以来，江苏省快餐业营业额在餐饮业总营业额中的占比也逐渐扩大，从 2005 年的 3.49% 上升至 2011 年的 6.22%。

财务状况方面，2011 年江苏省限额以上快餐企业资产总计 31.94 亿元，主营业务收入为 80.96 亿元、营业利润为 7.93 亿元，利润总额为 7.89 亿元，均较 2010 年有所增长，显著高于其他业态。

表 5　江苏省限额以上快餐企业规模状况

年份	法人企业数（个）	产业活动单位数(个)	餐饮营业面积（平方米）	从业人员（人）	营业额（亿元）	营业额占比（%）
2005	32	295	135121	18841	20. 36	3. 49
2006	43	307	194594	20294	30. 46	4. 49
2007	42	352	190409	24991	35. 49	4. 38
2008	93	635	231940	30985	43. 60	5. 28
2009	58	584	263288	39282	50. 56	5. 28
2010	59	678	309892	43441	58. 96	5. 14
2011	65	820	447436	62017	84. 51	6. 22

数据来源：《江苏省统计年鉴》（2006～2012 年）。

尽管市场发展较快，财务状况表现较好，江苏省快餐业在经营理念、资本实力、人才管理、品牌建设和物流体系建构等方面存在着发展瓶颈。卞琳琳、刘爱军（2011）提出，江苏省快餐业主要存在以下四个方面的问题：（1）中式快餐标准化程度低，产品质量缺乏统一控制；（2）品牌意识仍然较为淡漠；（3）缺乏现代化管理观念，从业人员整体素质不高；（4）物流配送体系发展滞后。此外，与浙江、上海等地区相比，江苏省具有知名品牌的快餐企业数量依然较少，且连锁店数量不足。2011 年，江苏省省内快餐业连锁总店数仅 10 家，省外连锁总店数为 12 个。值得关注的是，作为省内快餐业主导力量的中式快餐业还面临着洋快餐的激烈竞争，如何改变“小作坊”式的经营模式，建立起规范化、连锁化的运营范式，以实现持续经营是其面临的首要问题。

2. 旅游饭店餐饮业发展状况

伴随江苏省旅游市场的快速发展，省内旅游饭店餐饮市场也获得了快速发展的良好契机。2011 年，江苏省接待入境旅游人数 737. 33 万人次，国内旅游人数 4. 12 亿人次，实现旅游外汇收入 56. 53 亿美元，实现国内旅游收入 5161. 47 亿元，分别较 2010 年增长 12. 82%、16. 06%、18. 19%和 20. 37%。同年，旅游饭店业受连带作用，实现营业额 220. 39 亿元，同比增长 17. 81%。其中，餐费收入为 110. 02 亿元，同比增长 19. 46%。2011 年，江苏省限额以上旅游饭店企业法人企业数量为 720，产业活动单位 821 个，餐饮营业面积

181.91 万平方米，从业人数为 12.37 万人（见表 6）。可以看出，江苏省旅游饭店企业餐饮营业规模正处于稳定扩张的态势。

表 6　江苏省限额以上旅游饭店企业规模状况

年份	法人企业数（个）	产业活动单位数（个）	餐饮营业面积（平方米）	从业人员（人）	餐费收入（亿元）	营业额（亿元）
2005	467	489	710874	77004	32.57	82.03
2006	547	587	843833	85661	41.94	99.18
2007	739	815	1278257	113570	64.68	139.59
2008	723	788	1546788	110751	65.73	145.54
2009	698	782	1516542	112408	72.03	149.91
2010	701	792	1240330	122395	92.10	187.07
2011	720	821	1819180	123749	110.02	220.39

数据来源：《江苏省统计年鉴》（2006～2012 年）。

根据市场调研，在消费模式多元化以及大众消费走俏的形势下，江苏省旅游饭店餐饮业审时度势，进行了诸如市场定位、菜品创新、经营管理、人事制度、采购、成本控制等方面的改革。但是，由于受众面相对狭窄，旅游饭店餐饮业的发展受限。此外，伴随餐饮集团、高档食府、主题餐厅、高级会所等餐饮服务企业数量的逐渐增多，江苏省旅游饭店餐饮业的竞争压力较大。在现有形势下，如何吸引顾客、扩大受众面以及实现大众化经营，是江苏省旅游饭店餐饮业应当思考的主要问题。

四　江苏省重点城市餐饮业发展状况

1. 苏州市餐饮业发展状况

近年来，受经济社会快速发展、市民生活水平提高和消费观念不断更新等因素的影响，苏州市餐饮行业迅速扩张，市场份额不断扩大，餐饮零售额已连续 10 多年位居全省首位，已成为全市发展速度最快、市场化程度最高、竞争最激烈的行业之一。

（1）行业规模和市场销售状况

数据显示，截至 2011 年底，苏州市餐饮企业已发展到 21000 多家，就业人员达 38 万人。其中限额以上的法人企业数为 264 个，经营网点 834 个，营业面积达64.7万平方米，从业人数为4.1万，资产总计50.5亿元，营业总额62.18亿元（包含餐费收入58.42亿元）。较之于2010年，除了经营网点有所下滑外，其余指标均有所增长。

表7中的数据显示，苏州市住宿和餐饮零售额占社会商品零售总额的比例保持在10%以上，成为带动社会消费的重要力量。2011年，苏州市实现住宿和餐饮零售总额325.02亿元，占社会消费品零售总额的11.49%。2012年以来，国内宏观经济环境不容乐观，但作为知名的经济大市和旅游胜地，加之“美食天堂”的声誉以及商务活动、旅游消费、婚庆喜宴等升温，苏州餐饮业逆势增长，同比增幅显著。2012年1～10月，全市住宿和餐饮业零售额达到307.04亿元，同比增长18.6%，超过全市社会消费品零售总额增幅3.9个百分点①。

表7　苏州市住宿和餐饮业零售总额情况

年份	社会消费品零售总额(万元)	住宿和餐饮业零售总额(万元)	占比(%)
2005	9343000	1179960	12.63
2006	11236000	1424519	12.68
2007	13706000	1749650	12.77
2008	17488000	2459714	14.07
2009	20268405	2256499	11.13
2010	24020199	2741026	11.41
2011	28295794	3250186	11.49

数据来源：《苏州市统计年鉴》（2012年）。

（2）企业经济效益和竞争状况

2011年，苏州市企业经济效益状况表现一般：主营业务收入56.8亿元，利润总额为1.4亿元（见图3）。虽然主营业务收入较2010年增加10.5亿元，但由于销售费用、管理费用以及财务费用等指标上升导致经营成本上升，苏州餐饮企业的利润空间受到压缩，利润总额仅比2010年增加0.3亿元。根据苏州餐饮业商会的调研，目前苏州市餐饮业的利润水平基本下降在3%左右，而过去则在6%～10%。

① 苏州市餐饮业商会三届三次常务理事会。

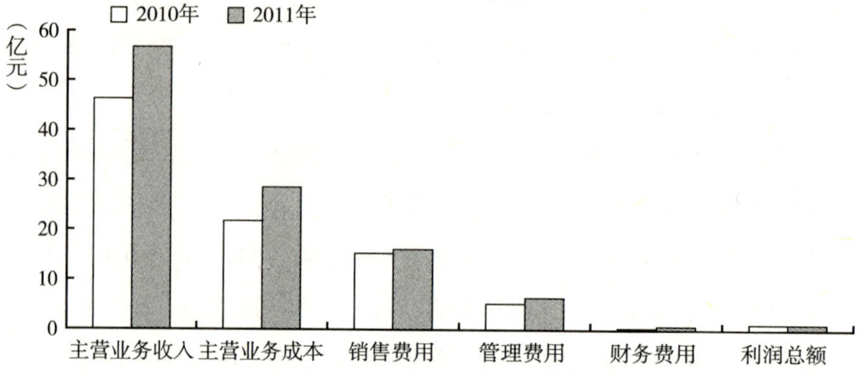

图3　苏州市限额以上餐饮企业效益指标对比

数据来源：《苏州市统计年鉴》（2011～2012年）。

目前，苏州市餐饮企业形成了国有企业、集体企业、有限责任公司、股份有限公司、私营企业、其他企业、港澳台商投资企业和外商投资企业等多种类型企业共同发展、有序竞争的格局。2011年的数据显示，私营企业和外商投资企业是行业中的主导力量，分别实现营业总额24.7亿元和21.6亿元；有限责任公司、港澳台商投资企业以及股份有限责任公司则分别实现营业额7.2亿元、3.9亿元和2.2亿元；其余企业类型营业额较小。然而，比较当年各类型企业的利润总额，发现除了外资企业以外，其余类型企业的利润总额均为负。可以看出，目前苏州市企业竞争状况很激烈，企业倒闭、行业洗牌的频次较高。2012年苏州餐饮业商会开展的一项调查显示，苏州餐饮企业发展目前已经进入十年来的最低谷，基本处于10家企业中，1家倒闭、3家转型、2家改装、4家得过且过的尴尬境地，企业寿命平均在2.7年左右。企业寿命显著缩短正印证了企业竞争激烈的实际情况。

（3）地区发展情况

从分布情况来看，市区是苏州市餐饮业分布最为密集的区域，其次是昆山，常熟、张家港和吴江居中，太仓最后。

行业规模和市场销售方面，2011年，苏州市区限额以上法人企业240家，网点833个，营业面积57.2万平方米，从业人数为4.8万人，实现住宿和餐饮业零售总额109.8亿元，占全市住宿和餐饮业零售总额的33.8%；昆山地区限额以上法人企业92家，网点151个，营业面积13.4万平方米，从业人数为0.9万人，实现住宿和餐饮业零售总额79.7亿元，占全市住宿和餐饮业零售总额的24.5%。

相应的在经济效益方面，市区和昆山区也好于其他地区，2011年两个地区分别实现营业总额44.6亿元和6.8亿元。但在利润水平上，除了市区实现利润总额2.4亿元，其他地区的利润水平均为负，常熟和张家港的餐饮行业亏损较大，分别实现利润总额为-0.6亿元和-0.2亿元（见表8）。

表8 苏州市各地区餐饮行业发展状况对比（2011年）

地区	法人企业数（个）	网点（个）	营业面积（平方米）	从业人员（人）	零售总额（亿元）	营业额（亿元）	利润总额（亿元）
市区	240	833	572019	48411	109.8	44.6	2.4
常熟	52	77	123132	6150	39.1	4.3	-0.6
张家港	37	51	92282	4758	40.1	2.6	-0.2
昆山	92	151	134581	8571	79.7	6.8	-0.04
吴江	46	93	161803	5949	33.7	2.8	-0.03
太仓	19	24	56262	2772	22.6	1.1	-0.09

数据来源：《苏州市统计年鉴》（2012年）。

（4）典型业态发展情况

受快速发展的旅游业影响，苏州旅游饭店业2011年实现营业总额61.3亿元，其中餐费收入为31.0亿元，分别比2010年增加了8.9亿元和5.4亿元。快餐行业2011年实现营业总额19.1亿元，仅次于正餐服务行业。但在利润水平上，快餐行业则显著好于正餐服务行业，二者分别实现利润总额-0.9亿元和1.8亿元（见表9）。

表9 苏州市餐饮行业限额以上各业态发展状况对比（2011年）

业态	资产总计（亿元）	营业额（亿元）	餐费收入（亿元）	年末拥有餐位数（个）	营业收入（亿元）	利润总额（亿元）
旅游饭店餐饮	—	61.3	31.0	114426	—	—
正餐	40.7	35.0	31.5	123814	31.7	-0.9
快餐	5.8	19.1	19.1	29826	18.2	1.8
饮料及冷饮服务	2.0	3.3	3.2	55081	2.7	0.3
其他餐饮业	2.1	4.7	4.5	12451	4.5	0.3

数据来源：《苏州市统计年鉴》（2012年）。

2. 南京市餐饮业发展状况

作为省内餐饮业发展水平较高的城市，南京餐饮业已逐步形成高、中、低多档次并存，中餐、西餐兼有，正餐、快餐互补，特色经营和品牌连锁双赢，传统风味和现代潮流融合，软件、硬件共同发展的良好局面。

（1）行业规模和市场销售状况

2008 年以来，南京市餐饮业行业规模呈现稳定扩张的态势，其中限额以上企业规模扩张较快。数据显示，2011 年末，南京市限额以上餐饮业法人单位共有 451 个，营业面积为 100.0 万平方米，从业人数为 6.2 万人，分别比 2008 年第二次经济普查时增加 60 个、34.5 万平方米和 2.5 万人。此外，2011 年南京市餐饮企业的经济实力进一步增强，资产合计 57.7 亿元，较 2010 年增长 8.1 亿元。

作为省会城市，南京市经济社会发展水平较高，人均可支配收入也在全省处于前列，餐饮消费能力强。2011 年，南京市住宿和餐饮业实现零售总额 247.71 亿元，同比增长 16.6%。其中，限额以上企业为 118.01 亿元，同比增长 19.6%；限额以下企业为 129.7 亿元，同比增长 14.1%。

（2）企业经济效益和竞争状况

在效益方面，2011 年南京市餐饮企业实现主营业务收入 93.1 亿元和利润总额 4.5 亿元。然而，与苏州餐饮业一样，南京市餐饮业也面临着营业费用、管理费用、财务费用及人员工资等成本指标的攀升和高企，赢利空间趋窄。

近年来，通过深化经济体制改革，南京市餐饮行业经济结构逐步得以升级优化，也形成了包括国企、集体企业、股份合作企业、联营企业、有限责任公司、股份有限公司、私营企业、其他企业、港澳台商投资企业和外商投资企业在内的经济结构体系。通过数据比较，可以看出，私营企业和外资企业在行业中占据份额较大，对行业发展起着主导作用。2011 年，南京市餐饮行业中私营企业和外资企业分别实现营业额 39.7 亿元和 33.1 亿元，分别占全市餐饮业营业额的 38.1% 和 31.8%（见表 10）。此外，有限责任公司的市场份额也较大，2011 年实现营业额 14.3 亿元，占全市餐饮业营业额的 13.7%。然而，与第二次经济普查数据对比，私营企业的市场份额显著减小，有限责任公司的市场份额略有回落，外资企业的市场份额则比 2008 年增加了约 1 倍。因此，在外资企业迅速扩张以及行业成本高企的严峻形势下，其他类型的企业的生存和发展将更为艰难。

表 10　南京市餐饮行业各注册类型限额以上企业发展状况对比（2011 年）

业态	法人单位（个）	餐饮营业面积（平方米）	从业人数（人）	资产总计（亿元）	营业额（亿元）	利润总额（亿元）
国有企业	22	57774	2397	1.8	3.6	-0.04
集体企业	2	1660	86	0.2	0.2	0.01
股份合作企业	1	6234	702	0.09	2.1	0.001
联营企业	1	1800	127	0.01	0.2	0.001
有限责任公司	56	131959	7616	10.4	14.3	0.7
股份有限公司	3	35748	702	1.2	2.6	0.08
私营企业	327	560529	22867	2.4	39.7	0.05
其他企业	8	20860	726	0.5	1.2	-0.04
港澳台商投资企业	22	37833	3260	7.0	7.1	0.3
外商投资企业	9	145981	23070	12.9	33.1	0.3

数据来源：《南京市统计年鉴》（2012 年）。

（3）细分行业发展状况

快餐行业是南京市餐饮行业里发展迅速、业绩表现良好的细分行业之一。至 2011 年末，南京市拥有限额以上快餐法人单位 18 个，营业面积 18.7 万平方米，从业人员 2.5 万人，较第二次经济普查数据有显著提高。2011 年，南京市限额以上快餐服务行业的营业总额为 37.9 亿元，实现利润总额 4.1 亿元，业绩显著高于其他细分行业，已经成为南京市餐饮行业里的中坚力量（见表 11）。

表 11　南京市餐饮行业各业态限额以上企业发展状况对比（2011 年）

业态	法人单位（个）	餐饮营业面积（平方米）	从业人数（人）	资产总计（亿元）	营业额（亿元）	利润总额（亿元）
旅游饭店餐饮	137	272879	26839	108.9	56.4	2.4
正餐	420	803883	34744	41.9	63.2	0.2
快餐	18	187152	24757	14.9	37.9	4.1
饮料及冷饮服务	6	4463	205	0.04	0.4	-0.00009
其他餐饮业	7	4880	1847	0.9	2.3	0.2

数据来源：《南京市统计年鉴》（2012 年）。

五 江苏省餐饮业发展政策建议

1. 政府决策层面

为推动江苏省餐饮行业的可持续发展，政府应在经济发展、法规建设、政策扶持、产业规划和配套条件等方面进行合理谋划。第一，一如既往大力发展经济，只有推动经济增长，才能提高社会经济的综合实力和居民收入，进而增强居民的消费能力，从而为餐饮消费提供原动力；第二，顺应形势出台和修订餐饮行业法律、规章和条例，构建较为完善的法律制度体系，同时加大执法力度和提高执法效率，规范市场秩序，引导有序竞争，重点保障产品安全和服务质量；第三，依据具体情况，给予餐饮行业专项发展资金、定额免税和减少杂费征收的扶持政策，重点扶持“老字号”餐饮企业发展，联合金融部门解决中小餐饮企业融资难以及餐饮业银行卡消费的手续费标准较高的问题；第四，科学规划餐饮行业发展，对于行业长短期发展阶段、目标、布局等做出明确预测和实施计划，围绕项目，重点推进餐饮行业与旅游、文化、休闲等产业的融合，提升行业内涵和特色的同时推动餐饮大众化；第五，完善餐饮企业的人才、设施等配套条件，多途径支持餐饮企业人才培养，并为其提供交通、停车等方面的便利。此外，餐饮行业涉及面广，政府部门要加强领导，做好各地区、各个部门的统筹协调和密切配合工作，同时要通过多种形式和途径加强宣传和传播江苏省美食文化和品牌，为餐饮业营造良好的发展环境。

2. 行业引导层面

在网络便捷、信息化水平高度发达的今天，江苏省餐饮行业逐渐提高了对信息化重要性的认识，但行业整体信息化发展滞后、水平较低。因此，在行业层面首先应引导和加强餐饮行业的信息化体系建设，建立连锁系统、门店管理体系，利用信息化对行业经营成本和运营过程进行控制，提高效率和效益，推动行业做大做强和管理规范化；其次，在生态危机频发的严峻形势下，绿色环保、节能减排、低碳消费等生态文明观念盛行，应引导餐饮行业大胆进行科技创新，探索绿色餐饮和餐饮循环经济发展的新模式，以适应时代的要求；再次，重点引导内资企业借鉴外企的经验，进行管理模式、菜系品种、人员培养、服务流程等方面的科学创新，节约成本，扩大赢利空间；最后，“百花齐放”胜过“一枝独秀”，应引导不同地区和各种业态适应新形势进行市场定位、企业形象、品牌建设等方面的改革，形成和谐竞争、协调发展的市场格局。

3. 企业经营层面

在企业经营层面，江苏省餐饮企业应注重在以下几个方面进行调整、完善或改变。第一，在消费模式多元化的今天，餐饮企业必须顺应形势，根据内外实际情况瞻前顾后地制定出一套灵活的经营战略以利于适时调整，这就要求企业在明确自身优劣势、外界环境所带来的机遇和挑战的基础上准确预测行业的发展趋势，从而对自身的长期和短期发展做出目标、备选方案、实施步骤和实现策略上的界定。第二，随着居民收入提高，消费群体越来越庞大，精准的市场定位是餐饮企业产品顺利销售的关键，因此要求餐饮企业熟悉竞争者的现有菜系及其在市场上所处的位置，针对各个层次的消费群体对该菜系某种特征、属性和核心利益的重视程度，塑造出本企业菜系和服务与众不同的给人印象深刻、鲜明的个性或形象，并将这种形象迅速、准确而又生动地传递给顾客。第三，在生态危机频发、食品安全问题引发高度关注的今天，一个具有社会责任、值得信赖的企业形象无疑是一个强有力的竞争手段，故餐饮企业应积极进行科技创新，践行绿色餐饮和循环经济的可持续发展道路，严把食品安全关，赢得顾客的信赖和支持。第四，江苏省知名的餐饮企业品牌尚少，为此，餐饮企业应树立品牌建设意识，通过上乘的产品和服务理念以及舒适的环境设计等提升品牌的内涵、感染力和号召力，增强企业的核心竞争力。第五，在竞争激烈的今天，如果没有一套好的营销组合方式、良好的经营战略、精确的市场定位、值得信赖的企业形象以及富有号召力的品牌均有可能被淹没在庞杂的市场中而无法迅速传递给顾客，因此餐饮企业必须多方位、多形式、多途径地改进和创新营销方式，达到吸引顾客和留住顾客的目的。

除上述几个方面，江苏省餐饮企业还应注重与旅游、休闲和文化等行业进行融合，积极推出与旅游餐饮、餐饮文化创意和休闲餐饮相关的菜系品种和服务。此外，由于连锁店少、配送体系不完善以及高素质人才匮乏，江苏省餐饮企业发展受限，因此企业要想谋取健康快速的发展，未来也必须在这些方面进行改进和完善。

参考文献

1. 赵兰兵、章家清、李莎：《江苏省餐饮业发展策略》，《合作经济与科技》2011 年第 426 期。
2. 卞琳琳、刘爱军：《江苏省快餐业现状及发展策略》，《江苏商论》2011 年第 8 期。
3. 南京市第二次经济普查资料，2008。
4. 《江苏省统计年鉴》（2006～2012 年）。
5. 《南京市统计年鉴》（2006～2012 年）。
6. 《苏州市统计年鉴》（2006～2012 年）。
7. 苏州餐饮商会调研资料，2012。

𝔹.7

聚焦餐饮业上市之路

栾 稀*

摘 要：

餐饮业的上市问题一直是个热议话题，由于上市公司数目和行业市场规模不匹配，因此不论是餐饮行业还是金融行业都对这一问题相当关注。本文首先对餐饮企业上市现状做了概述，并通过具体企业对上市后的发展做了分析，随后从多个方面分析了餐饮企业为何面临上市难题，最后针对餐饮业发展的需求提出了相关建议。

关键词：

餐饮业 上市 融资

中国是传统的餐饮大国，餐饮业近几年的销售额每年均以10%左右的速度递增，市场规模达2万多亿元，《舌尖上的中国》掀起的高收视率也足以证明餐饮业拥有巨大的潜在市场。但与这样的市场规模相对应的则是餐饮行业的上市公司屈指可数。

一 餐饮业上市情况概述

随着居民收入和生活水平的提高，我国餐饮业也连续多年以两位数的速度增长，并且形成了一定的特色，也不乏众多规模和效益都很好的企业。既有全聚德、狗不理等中华老字号，也有小南国、湘鄂情等定位高端的精品餐饮企业，还有以小

* 栾稀，中国社会科学院研究生院金融学博士研究生，2012年获复旦大学金融工程硕士学位，主要研究方向为资本市场。

肥羊、味千为代表的连锁餐饮企业。与这样百花齐放的餐饮行业发展相比，我国餐饮类上市公司却屈指可数，而国外却早已孕育出了诸如麦当劳之类的餐饮牛股。

截至目前，全球已上市的中餐企业10家左右，在中国境内A股上市的以餐饮业为主营业务的企业，其实只有两家——全聚德（002186）、湘鄂情（002306）。其他诸如西安饮食（000721）、福成集团（600965）等的主营业务并不是餐饮。自从2009年湘鄂情上市以后，A股市场便再无餐饮类企业上市。2012年5月17日，中国证监会发布了《关于餐饮等生活服务类公司首次公开发行股票并上市信息披露指引（试行）》（以下简称《指引》），这在当时被人们认为是餐饮业上市的重新起航。

除了国内市场以外，也有一些餐饮企业寻求在海外上市。迄今为止，已经在香港成功挂牌上市的有小南国、翠华控股茶餐厅、唐宫中国、喜尚中国、味千中国，另外还有已经被百胜收购的小肥羊。此外，还有名轩控股在香港创业板上市，而在纽约证券交易所上市的只有乡村基一家。值得注意的是，2012年1月16日，香港交易所网站上挂出《香港交易所登载有关从事餐饮业务的申请人在上市文件中的披露的指引信》（以下简称《指引信》）。此举引起公众对大陆餐饮企业赴港上市的关注。

近年来不断爆发的食品安全事件，更让资本市场对标准化程度不高的中餐品牌心存忌惮。但同时，上市对发展到一定规模的中餐企业而言，又是不可回避的问题，上市所能获得的廉价的资本扩张动力以及扩大品牌的影响力，对餐饮企业而言都是珍贵的礼物，但同时餐饮企业为了符合上市的要求，也得付出一定的代价。餐饮企业与资本市场有时就像浮士德与魔鬼的交易——它们必须将为此承受比其他行业更苛刻的考量与质疑。[①]

二 已经上市的餐饮企业发展状况

反观已经上市的餐饮企业，也并不是和资本市场把酒言欢后就能实现比以往更好的发展。硬币总有两面，上市之后的餐饮企业也是命运大不同。

---

① 伏昕：《煎锅上的俏江南》，《中国企业家》2013年第1期。

（一）“妖鸭”全聚德

2007年11月20日，中国全聚德（集团）股份有限公司在深圳证券交易所挂牌上市，股票简称：全聚德，股票代码：002186，成为中国第一家进入资本市场的餐饮企业。这家百年老字号，中国餐饮业的金字招牌，刚上市就受到热捧，开盘定价38.16元，超过了许多投资者的预期，开盘首日就被拉高到44元，以至于刚刚开盘就被深交所临时停牌。一度甚至被拉升到78元，被封为“疯狂的鸭子”。目前，基本每股收益在1元左右。

全聚德上市后的扩张之路越走越宽，先后开了一些店铺，有些发展较快，比较适应市场，比如望京店等，也有个别发展得不太理想的店铺，比如郑州店。另外，其旗下还有以丰泽园为母店的学院路店、四川饭店、仿膳饭庄以及丰泽园店。现今，全聚德的业务已经不仅仅是餐饮，还包括房屋销售、特许加盟、房屋租赁等，但主营业务仍然是餐饮业，餐饮收入占总营业收入的80%以上。可以说，上市后的全聚德已经不仅仅是人们印象中的和平门全聚德。

从表1的全聚德2008~2012年主要财务指标中可以看出，净利润和营业收入都稳步增长，2011年甚至达到了净利润同比增长28.8%，营业收入同比增长34.6%的高速增长。每股收益也逐年上涨，近两年都在1元左右徘徊。除2012年外，全聚德每年都进行一次分红，每十股派息4~6元。由于全聚德定位高端餐饮，因此该企业具有一定的顺周期性，在经济增速放缓的年份，其利润增速和营业收入增速也都相应放缓。

表1　全聚德2008~2012主要财务指标

会计年度	2008年	2009年	2010年	2011年	2012年
净利润(万元)	7565.13	8935.3	10028.57	12917.56	15344.17
营业收入(万元)	111207.62	120168.93	133933.75	180231.38	194661.88
每股收益(元)	0.53	0.6	0.71	0.91	1.0839
每股分红(元)	4.4	4.9	5.0	6.0	不分红

数据来源：全聚德年报。

2012年经济形势下滑，全聚德的利润也受到一定影响，但从净资产收益率我们可以看出，全聚德的赢利能力还是很高，远高于银行年利率，权益乘数在1.5左右，负债占总资产的比率为1/3，资产负债比也比较合理，不存在举债赢利的现象。

目前来看，全聚德上市之后，企业仍然保持着稳步健康地发展，并且财务结构也愈趋健康。关于全聚德的负面新闻也很少，股价也没有出现过大幅走跌的行情，每股收益逐年增加，根据店铺走访情况，即便在经济增速放缓和中央号召节约的背景下，由于全聚德是百年老字号，其客流量依然可观。上市后的全聚德发展势头良好。

（二）已经私有化的小肥羊

小肥羊集团于1999年在内蒙古包头创立，以特色羊肉火锅及特许经营为主业。2008年6月，小肥羊集团在香港联交所上市，当时被称为“中国火锅第一股”。小肥羊目前在中国内地有179家自营餐厅和274家特许加盟店。2010年11月8日，美国百胜餐饮集团网站贴出消息称其已经通过中国商务部依据《中华人民共和国反垄断法》的反垄断审查批复，获准收购并私有化小肥羊。同时，小肥羊集团有限公司也发表公告佐证了这一消息。依据建议，百胜集团通过间接全资附属公司向小肥羊协议计划股东提出现金收购价每股港币6.50元。收购完成，百胜将持有小肥羊93.22%的股本，参与创办人则持有余下部分。届时，小肥羊公司将实现私有化，联合创始人张钢先生和陈洪凯先生将保持少数股东权益，并在交易完成后以小肥羊股东身份关注公司发展。这一高达45亿港元的并购交易还开了中国本土上市公司被外资收购且被私有化的先河。

此消息一出，在市场上引起了很大的反响，普遍反应则是为民族品牌落入外资的叹息，觉得每股6.5元的价格，按当年的销售额计算仅仅溢价35%，略微低些。而国内品牌被外资收购后的命运也是不尽相同，有些引入新的管理理念后实现了重生，而有的则是被无限期雪藏。然而，即便被收购，小肥羊也早已经尝到了资本市场的好处，2005年小肥羊估值不到4亿港币，2011年市值达70亿港币。2012年2月2日，百胜餐饮集团以协议计划方式私有化小肥羊集团有限公司的交易顺利完成，小肥羊集团有限公司正式在香港联交所除牌，并成为百胜集团的附属公司。

表 2　小肥羊 2006～2010 年主要财务指标

财务指标—全年业绩	2010/12	2009/12	2008/12	2007/12	2006/12
变现能力分析					
流动比率(倍)	2.08	2.62	3.30	1.49	4.31
速动比率(倍)	1.05	1.81	2.43	0.97	3.39
偿债能力分析					
长期债项/股东权益(%)	4.33	0.00	0.04	66.63	91.30
总债项/股东权益(%)	11.77	0.04	0.10	100.67	91.30
总债项/资本运用(%)	11.15	0.04	0.10	57.83	39.36
投资回报分析					
股东权益回报率(%)	16.25	15.07	13.67	31.66	37.60
资本运用回报率(%)	15.40	14.84	13.45	18.19	16.21
总资产回报率(%)	11.89	12.22	11.06	11.76	14.26
赢利能力分析					
经营利润率(%)	12.95	13.41	13.00	13.63	14.56
边际利润率(%)	9.75	9.90	10.12	9.60	11.32
营运能力分析					
存货周转率(倍)	5.19	8.62	7.09	6.58	11.44
投资收益分析					
派息比率(%)	32.35	39.68	49.45	0.00	0.00

数据来源：小肥羊 2006～2010 年各年年报。

从表 2 和表 3 中可以看出，自从 2008 年小肥羊在港交所进行挂牌交易后，其财务账面上并没有出现任何问题，上市后和上市前各项财务指标的差异并不是很大。小肥羊的股价也一直表现稳定。仅从资本市场和财务状况上来看，小肥羊一直表现比较平稳，业绩甚至略有亮点。因此，这绝非因为经营困难而甘愿被收购。

表 3　小肥羊 2006～2010 年赢利摘要

盈利摘要—全年业绩	2010/12	2009/12	2008/12	2007/12	2006/12
盈利（百万）	222	177	145	98	79
盈利增长（%）	25.45	21.82	48.35	23.58	37.30
每股盈利	0.2155	0.1721	0.1529	0.1148	0.0929
每股盈利增长（%）	25.20	12.61	33.20	23.57	37.41
每股派息	0.0697	0.0683	0.0756	0.0000	0.0000
市盈率（倍）	30.02	28.65	32.26	42.96	53.09
周息率（%）	1.08	1.39	1.53	0.00	0.00
派息比率（%）	32.35	39.68	49.45	0.00	0.00
每股账面资产净值	1.1201	1.0030	0.9163	N/A	N/A
报告货币	人民币	人民币	人民币	人民币	人民币
基准货币	港元	港元	港元	港元	港元
兑换比率	1.1816	1.1385	1.1282	1.0736	0.9955

数据来源：小肥羊 2006～2010 年各年年报。

但绩优股小肥羊其实近几年来也面临着很大的业绩压力。首先，火锅业竞争太过激烈，小肥羊的利润压力也逐年增大，旺季不旺，营业额上涨的背后是毛利率的下降，这让小肥羊的创业团队萌生退意，其实早在 2009 年，创始人张钢就三度减持小肥羊的股份。其次，在供应链方面，小肥羊的冷链供应一直跟不上门店扩张的速度，而在这一点上，成功经营肯德基和必胜客等诸多连锁店品牌的百胜集团在企业后续扩张上则更加有经验和财力。此外，小肥羊前任高管曾向媒体表示，小肥羊在店面管理能力和连锁经营能力上也面临很大的压力，小肥羊创业团队愿意让出控股权的原因在于，经过之前的快速扩张，其在门店经营管理能力上已渐感力不从心，而百胜餐饮有足够的人才储备和门店管理经验。① 出于对企业的长远发展负责的考虑，小肥羊公司接受了百胜集团的收购。从后续表现以及火锅业的现状来说，这是一个不应该被全盘否定的决定。2011 年小肥羊选择退市之时，火锅业已经进入了激烈的混战中，也许小肥羊当时选择被财大气粗的百胜收购对小肥羊的创业团队来说是明智之举。

① 宋文明：《小肥羊变身外国羊欲嫁百胜　创始人志在上游》，《中国经营报》2011 年 5 月 6 日。

在小肥羊被收购之后，公司创始人早已放弃下游产业，开始专注上游的羊肉产业，想要摆脱小肥羊对百胜的依赖，而根据百胜2012年的财务报表，小肥羊为2012全年中国区的营收贡献3%的增长率，拖累餐馆利润率下降0.4个百分点，运营利润下降1个百分点。2012全年中国区营收68.98亿美元，同比增长24%；不计小肥羊影响，同比增幅为21%；2012全年中国区餐馆利润率18.1%，不计小肥羊的影响，中国区餐馆利润率为18.5%。

餐饮业上市确实对餐饮业本身的发展有着莫大的好处，最明显的便是融资规模的扩大和品牌价值的提升，而这两样正是现在纷纷都以连锁店扩张的本土餐饮业所渴求的。但是，上市后并不一定就是一片通途。有股价稳定的全聚德，有另辟蹊径的小肥羊，也有负面新闻众多，股价一跌再跌，营业额也出现大幅下降的乡村基和味千中国。

2011年7月，味千拉面爆出“骨汤门”事件，这一事件的影响也直接反映在股价和年报上，股价连续多日下跌，而2011年的年报更加量化了此事对企业的影响，2011年味千中国营业收入30.75亿港元，同比增长14.7%，归属上市公司股东净利润3.50亿港元，同比降低21.8%；公司在下半年增加广告投入，重塑公司形象，加之成本上升，经营费用急增32.3%。餐饮业上市后，企业的负面消息也会通过资本市场深度发酵，并且随着越来越多的快餐拉面的兴起，味千想彻底摆脱“骨汤门”的影响仍需时日。

虽然上市也有风险，但是急需做大做强的餐饮企业，还恰恰需要资本市场这味会生钱的原材料。但是餐饮业本身存在的诸多难题，使得餐饮业与资本市场之间想要把酒言欢没有那么容易。

三　餐饮业的上市难题

翠华控股在香港联交所上市三个月，股价就涨了近80%，这样的盛况让上市遇阻或被晾着的企业更加着急，尤其是那些与风险投资合作签订回购协议的餐饮企业，若不在约定时期内上市，恐怕企业会损失不小。餐饮类企业上市遭搁浅，对企业本身有很大的影响，餐饮企业融资需求非常大，不连锁不扩张就不能形成规模，然而每开一家新店前期的成本巨大，可能需要三四家已建成店的利润来养，而这个回收周期往往至少一年，甚至更长的时间。[①] 中餐企业没有足够的资金就难以做大做出规模，而靠这样自给自足、自我滚动式的发展又难以迅速扩张，很多已经发展到中等规模的餐饮企业对挂牌上市这样的融资方式热情不减。但上市受阻也令资本对餐饮行业的态度产生了变化。2011 年之后风险投资对餐饮业的投资欲望也降到了冰点。

表 4　2005～2012 年中国餐饮业投资规模分布

年度	数量(总)	数量(金)	投资金额（百万美元）	平均投资金额（百万美元）
2005	1	1	12.6	12.6
2006	2	2	35	17.5
2007	6	4	83.98	21
2008	11	6	190.44	31.74
2009	7	4	75.01	18.75
2010	5	2	23.89	11.95
2011	3	3	276	92
2012	2	1	22	22

注：数量（总）为已经披露的投资案例数；数量（金）为已经披露金额的投资案例数。
数据来源：清科数据网。

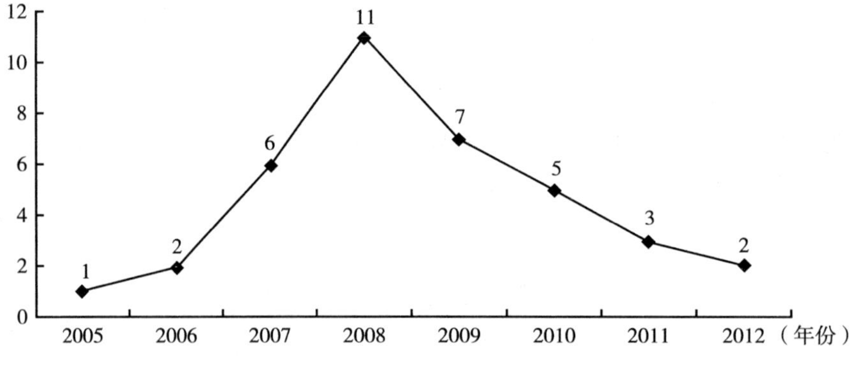

图 1　2005～2012 年中国餐饮业投资案例数

数据来源：清科数据网。

① 罗伦：《上市遭遇利润门槛　连锁餐饮企业高端管理难题待解》，《每日经济新闻》2012 年 2 月 13 日。

从表4和图2可以看出，相比于2008年前后投资界对餐饮业的追捧，2011年之后的投资案例就已经凤毛麟角，由于2011年私募基金安佰深对金钱豹进行了2.5亿美元的收购投资，所以平均投资金额不降反升，但如果扣掉这一笔，2011年餐饮企业获得的平均投资规模就仅为1000多万美元。

市场规模超过两万亿的餐饮业，上市企业才区区十家，这看起来并不是很合理。此外，餐饮企业在上市这条看不到尽头的路上遇到的坎坷也多于其他一般企业。最典型的便是俏江南，俏江南也许不是中国餐饮业中最好的企业，但可以说是最红的企业。上市的挫折让其更加出名。2011年3月，俏江南便向中国证监会提供了上市申报材料。2012年1月，俏江南赫然出现在证监会终止审查名单中，其后，俏江南又转投H股，为了能在香港上市，俏江南的创始人张兰还改了国籍，以境外公司的身份规避商务部等六部委下发的10号文件，一时间改国籍的新闻传得沸沸扬扬。而现在俏江南终于通过了港交所的上市聆讯，在香港挂牌的日子也在逐渐逼近。总体来看，餐饮业上市的艰难主要包括以下几个方面。

（一）财务不透明

很多规模已经做大的餐饮企业却很难交出一份像样的财务报表，这既与企业自身效益有关，也与税务问题有关，更主要的是源于餐饮企业的自身特点。餐饮企业在自身经营时，顾客用完餐结账是很平常的一件事，但是这时就会出现大量的现金结账收入。如果顾客要求开发票，就会有收入凭证，而如果顾客不要求开发票，餐馆可能出于避税的考虑就不予出具。现金结账问题一直被认为是餐饮企业上市的最大问题之一。一是现金结账比例过大，收入确认成为问题，企业的税务问题也值得注意，二是关系到现金安全的问题，餐馆的收银系统是可以人为操作的，餐饮业企业的销售数据、营业收入都有人为操作的可能的。① 此外，有些餐饮企业为了新鲜就地取材，原材料从当地菜市场购买，但菜市场又不开具发票，这些都导致了餐饮企业的成本和收入无法得到可靠的计量，增大了财务报表可以人为操作的可能性。

① 高超：《中国餐饮企业上市需要解决的七大关键问题》，清科研究中心。

（二）食品安全与负面新闻

餐饮业其实是一个关乎人们生命和生活安全的行业，任何负面新闻都会被无限地放大。并且，近几年来，我国对食品安全的查处力度也逐渐加大。

从很早以前的“冠生园”倒闭到今天的俏江南死鱼、味千的“骨汤门”、永和的豆浆粉，还有层出不穷的地沟油，每一例负面新闻的出现都会给企业带来很大的打击。一旦出现负面新闻，会直接导致消费者对该企业信心的丧失，甚至对企业进行抵制。食品安全问题不光是餐饮企业的命脉，同时也是监管部门进行监管的重中之重。对于机构投资者来说，无论这家餐饮类企业选择何种渠道融资，食品安全问题都是投资的潜在风险。

而监管部门的重要职能之一就是对公众负责，也时刻接受着公众的监督，一旦上市企业出现食品安全问题，必然会有公众苛责监管部门怎么能让这样不负责任的企业上市。因此，近年来频繁爆发的负面新闻，也使得证券监管部门对餐饮业的上市申请采取了更加审慎的态度。这更加加大了餐饮企业上市的难度。

（三）管理不规范

餐饮企业多为民营企业，缺乏高级管理人才。企业在扩张之后，往往发现门店管理跟不上。很多餐饮企业都缺乏信息化管理系统，对于加盟店的管理缺乏经验。整个餐饮连锁业一片乱象。这将直接导致企业的财务不清晰、供应链无法掌握等问题。

此外，在纳税和给员工上保险这样的细节上，餐饮企业普遍操作不规范。由于餐饮企业门店的员工流动性很大，所以在餐饮行业，尤其是面向中低端客户群体的连锁餐饮业，不给员工上保险的现象普遍存在。

而监管部门要求无论是哪种类型的企业，都应该依法规范经营。如果监管部门对这一条存在疑义，那么上市自然是空谈。

（四）证监会提高上市门槛

中国证监会在2012年5月17日发布的《关于餐饮等生活服务类公司首次

公开发行股票并上市信息披露指引（试行）》（以下简称《指引》），意在重启停滞了两年半的餐饮企业上市，但实际上同时也对餐饮企业上市提出了更为严格的要求。虽然这看似是为餐饮类公司量身定做，是对餐饮行业规范经营一个有益的指引，但实际操作很难。

《指引》从发行人业务发展状况、发行人主要经营模式以及持续发展能力等七个方面对餐饮企业信息披露进行了要求。证监会重点关注点在餐饮企业直营店加盟店、特许经营模式以及食品安全问题上。其中，针对备受公众和投资者关注的餐饮企业食品安全问题，《指引》做了严格的规定：必须披露企业食品安全控制体系，比如负责食品安全的高级管理层的身份，从事质量监控的员工人数及有关员工的职位、资历和背景，并且要对供应商的检测方式、次数及标准等逐项披露。同时还必须披露包括消防、消费者权益保护等机构部门对发行人的处罚情况。①

此外，对于财务不透明的问题，《指引》也要求餐饮企业应披露发行人采用的主要会计政策，明确规定餐饮企业对于现金、刷卡收入结算，以及打折、发卡、赠券等行为要确认会计核算方法。特别是餐饮收入、与餐饮相关的烟酒收入、特许权及加盟费等收入的确认和计量方法。不管是港交所的《指引信》，还是证监会的《指引》，看似是温馨提醒，其实也是温柔的一刀。

中国证监会在 2012 年 2 月 7 日最新发布的首次公开发行股票申报企业基本信息情况表中，出现了包括北京嘉和一品企业管理、顺峰饮料酒店管理、狗不理集团、广州酒家集团、净雅食品、广州凌丰集团在内的 6 家餐饮企业。上述企业均申请在深交所挂牌。6 家企业中，广州凌丰集团处于预披露阶段，如果此次证监会的财务审查顺利，其有可能成为最近两年来上市的唯一一家餐饮企业。此外，除北京嘉和一品企业管理还在初审之外，其余都处在反馈意见阶段。

四　餐饮业与资本市场合作的出路

（一）规范经营、等待上市

餐饮类企业若是执著于上市融资这一方式，就必须按照监管要求规范经

① 正北：《餐饮业 IPO 信披指引发布》，《新闻晨报》2012 年 5 月 19 日。

营，并且要实现管理上的创新。如果餐饮企业没有一个高效的信息管理系统，就想在门店不断扩张的同时还保持财务和管理上的清晰不混乱是很难的。餐饮企业可以依靠信息化的管理系统，实现对供应链、门店、食品安全、现金结账等多方面的管理。餐饮企业只有在规范化经营的基础上，配套以先进的管理理念，才能解决诸如财务不透明、食品安全等诸多问题。只有解决了这些问题，餐饮企业上市才有出路。

（二）依靠并购，谋求发展

条条大路通罗马，正如我们在前文中讲到的小肥羊和金钱豹一样，把企业做好了之后，打包卖给别人，也不失为餐饮企业寻求发展的一条出路。餐饮企业在扩张的过程中遇到的难题往往是现金流问题和门店管理混乱的问题，而将企业卖给专业的投资机构或者大牌的餐饮集团，往往可以帮助解决这样的问题。

现在对于投资机构来说，由于一二级市场的价差将逐渐缩小，并且 IPO 遇冷，上市并不一定是其最好的退出方式。投资机构退出也更主要靠并购。

（三）多元化经营

如果公司的主营业务是餐饮业并以此寻求上市，确实门槛较高，也较难获得证监会的通过，尤其是民营餐饮企业。但有一些涉足餐饮的公司，却不以此作为主业而成功上市，在资本市场如鱼得水。A 股有早已上市的西安饮食、百花村等，H 股也有四洲集团、稻香集团等。所以，现在餐饮类企业不妨尝试多元化复合式地经营，这样既可以以上游产业带动下游产业，又可以巧妙地避过证监会的高标准严要求。

结　语

餐饮业市场规模巨大，相信将来的境内市场一定会有专门的餐饮板块，资本市场没有理由放着赚钱的山芋不去碰。但只有餐饮企业努力解决好自身问题，才能迎接企业发展的明天，否则资本市场对于餐饮业只能是镜中花、水中月。

B.8

2012 年江西省餐饮产业发展分析

廖 斌*

摘 要：

近年来江西省住宿餐饮业发展迅速，其已经成为江西省第三产业中的重要产业之一，在促进经济发展、扩大社会消费、拉动社会就业等方面的作用明显。进入“十二五”时期后，江西餐饮业应抓住发展机遇，努力振兴赣菜，开辟新的餐饮市场，推动江西餐饮产业进一步做大做强。

关键词：

餐饮产业 赣菜 江西省

一 江西省经济发展概况

1. 近年来江西省 GDP 增长概况

近年来，在“中部崛起”、“龙头昂起、两翼齐飞、苏区振兴、绿色崛起”等战略举措的推动下，江西省经济发展迅速，2001～2012 年江西省 GDP 实际增长率年均达到 12.4%，2012 年江西省 GDP 实际增长率为 11.0%（见表 1）。

从经济总量来看，2011 年江西省 GDP 达到 11702.82 亿元，进入“万亿元俱乐部”，2012 年江西省 GDP 增至 12948.5 亿元，2012 年人均 GDP 增长至 28799 元，经济实力持续增强，经济发展迈入了一个新的发展阶段，达到中等收入国家水平（见图 1）。

---

* 廖斌，中国社会科学院研究生院财经系产业经济学专业 2012 级博士研究生，主要研究方向：商贸流通。

表 1　2001 ~ 2012 年江西省 GDP 增长情况

年份	GDP(亿元)	GDP 增长率(%)	年份	GDP(亿元)	GDP 增长率(%)
2001	2175.68	8.8	2007	5800.25	13.2
2002	2450.48	10.5	2008	6971.05	13.2
2003	2807.41	13.0	2009	7655.18	13.1
2004	3456.70	13.2	2010	9451.26	14.0
2005	4056.76	12.8	2011	11702.82	12.5
2006	4820.53	12.3	2012	12948.50	11.0

注：2001 ~ 2012 年 GDP 绝对额数值来源于《江西统计年鉴 2012》（按照当年价格计算），GDP 增长率为按照可比价格计算得到的增长率，即依据《江西统计年鉴 2012》地区生产总值指数（1978 = 100）调整计算而得。2012 年数据为《2012 年江西省国民经济统计公报》公布的初步核算数据。

数据来源：《江西统计年鉴》（2002 ~ 2012）以及历年江西省国民经济统计公报，以下数据来源相同。

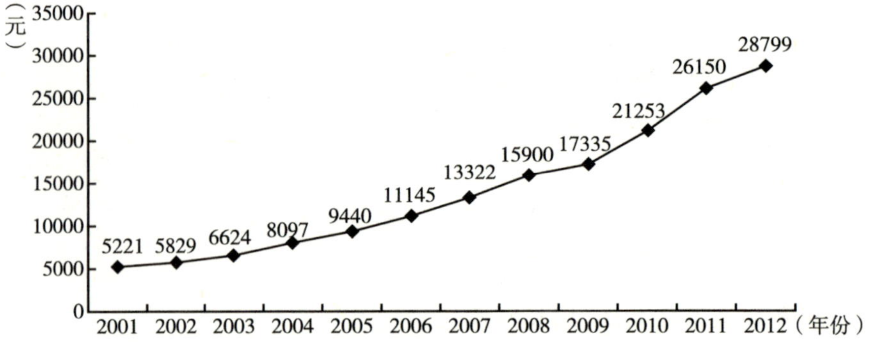

图 1　2001 ~ 2012 年江西省人均 GDP

注：2001 ~ 2011 年数据来源于《江西统计年鉴 2012》，2012 年数据来源于《2012 年江西省国民经济统计公报》。

2. 近年来江西省三次产业发展概况

伴随着江西省经济的快速增长，江西省经济的三次产业结构也不断优化。从三次产业的结构比例来看，第一产业在经济中的比重逐渐下降，从 2001 年的 23.3% 下降至 2011 年的 11.9%，第二产业比重则从 2001 年的 36.1% 上升至 54.6%（见图 2）。相对来说，江西省第三产业的发展比较缓慢，其所占比例保持在 30% 左右。如何推动第三产业快速发展，是江西省经济下一步发展的重要命题。

与此相关，从三次产业对 GDP 的贡献率来看，江西省第二产业对 GDP 增长的贡献率始终占据首位，保持在 50% 以上，是经济增长的主要引擎，相对来说，江西省第三产业对经济增长的贡献率不高，但从发展趋势上看，呈现上升趋势，2011 年第三产业对经济增长的贡献率达到 36% 。图 3 是2001 ~2011 年江西省三次产业对 GDP 贡献率的详细情况。

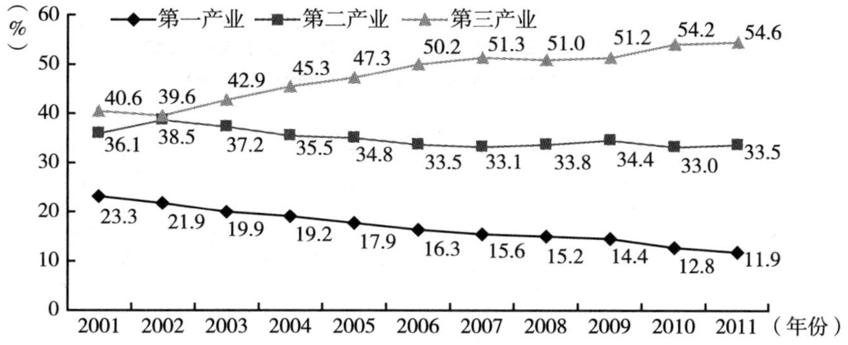

图 2　2001 ~2011 年江西省三次产业结构

数据来源：《江西统计年鉴 2012》。

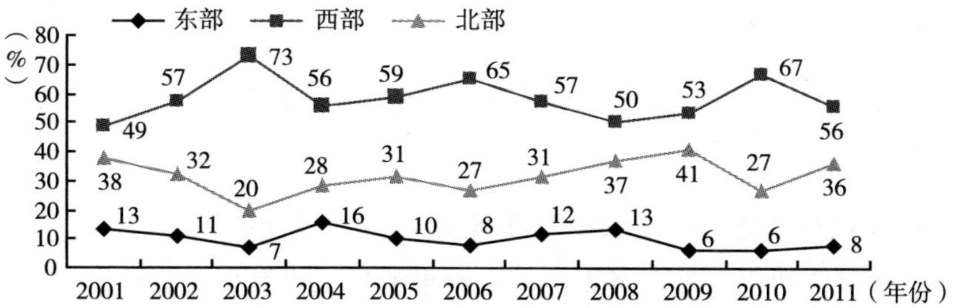

图 3　2001 ~2011 年江西三次产业对经济增长的贡献率

注：产业贡献率指各产业增加值增量与 GDP 增量之比。

3. 近年来江西省居民生活水平发展概况

近年来，江西省经济的快速发展也使得全省居民收入快速提高，创造了一个巨大的消费市场。表 2 为 2002 ~2011 年江西省人均 GDP、城镇居民人均可支配收入及人均消费性支出水平的增长情况，从表中可以看出，江西省人均

GDP 逐年提高，从 2002 年的 5829 元提高到 2011 年的 26150 元，增长了 3 倍多；江西省 2011 年城镇人均可支配收入达到 17494.87 元，人们的收入水平提升到了一个新的阶段，这也为江西省创造了一个巨大的消费市场，促进了江西省包括餐饮市场在内的各种消费市场的繁荣。2011 年江西省城镇居民人均消费性支出也高达 11747.21 元。

表 2　2002～2011 年江西省人均 GDP、城镇居民人均可支配收入及人均消费性支出水平

单位：元

年份	人均 GDP	人均可支配收入	人均消费性支出	年份	人均 GDP	人均可支配收入	人均消费性支出
2002	5829	6335.64	4549.32	2007	13322	11221.87	7810.73
2003	6624	6901.44	4914.6	2008	15900	12866.44	8717.37
2004	8097	7559.64	5337.84	2009	17335	14021.54	9739.99
2005	9440	8619.72	6109.44	2010	21253	15481.12	10618.69
2006	11145	9551.16	6645.54	2011	26150	17494.87	11747.21

二　江西省餐饮业发展分析

1. 近年来江西省住宿餐饮业发展概况

江西省经济的快速发展及人民生活水平的快速提高也极大地推动了江西省住宿餐饮业的高速发展，2001～2011 年江西省住宿餐饮业零售额年平均增长额近 20%，达到 19.74%，远远高于全省 GDP 年平均增长速率（12.4%），2011 年住宿餐饮零售额增长速度更是高达 24%，2012 年其增幅为 22.4%（见图 4）。

从规模上看，2001 年江西省住宿餐饮业零售额仅为 66.86 亿元，而到 2011 年末则达到 431.4 亿元，短短十年间增长了五倍多，2012 年则达到 527.8 亿元。而从人均住宿餐饮零售额消费指标看，江西省 2001 年人均住宿餐饮零售消费仅为 159.74 元，而到 2011 年末则达到 961.44 元，2012 年达到 1175.91 元，突破 1000 元，增长了 6 倍多（见表 3）。

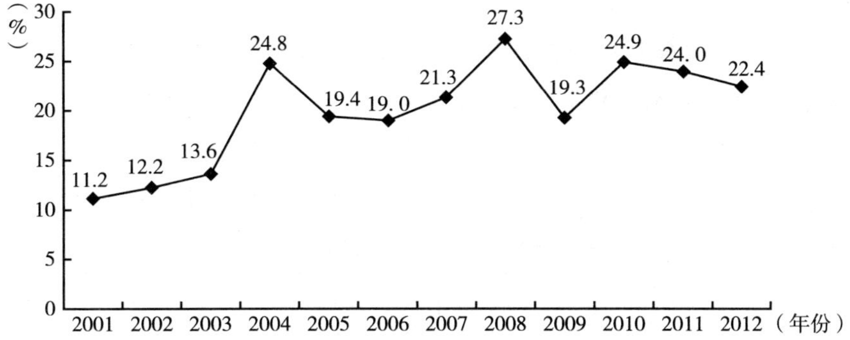

图 4　2001～2012 年江西省住宿餐饮零售额增长速度

数据来源：2001～2011 年数据来自《江西统计年鉴 2012》，2012 年数据来自《2012 年江西省消费品市场运行情况分析》（江西商务厅市场运行和消费促进处，2013）。

表 3　2001～2012 年江西省住宿餐饮业发展情况

年份	住宿餐饮业零售额(亿元)	增长率(%)	人均零售消费(元)	年份	住宿餐饮业零售额(亿元)	增长率(%)	人均零售消费(元)
2001	66.86	11.24	159.74	2007	183.47	21.33	420.00
2002	75.04	12.23	177.71	2008	233.55	27.30	530.78
2003	85.25	13.61	200.40	2009	278.59	19.28	628.55
2004	106.41	24.82	248.42	2010	348.03	24.93	779.95
2005	127.04	19.39	294.67	2011	431.40	23.95	961.44
2006	151.21	19.03	348.49	2012	527.80	22.35	1175.91

注：人均住宿餐饮零售消费是按江西省常住人口计算得到。

数据来源：2001～2011 年数据来自《江西统计年鉴 2012》，2012 年数据来自《2012 年江西省消费品市场运行情况分析》（江西商务厅市场运行和消费促进处，2013）。

尽管与其他餐饮业大的省份如广东、北京、山东、上海等地相比，无论是餐饮业规模还是人均指标，江西省餐饮业仍处于全国较低的水平，但不可否认的是，江西省餐饮业近十年已进入了发展的快车道，正蓄势待发。

2. 江西省餐饮业对经济增长的拉动分析

尽管江西省餐饮业规模相对于其他餐饮大省不大，但是由于其较强的产业关联性和带动性，其依然表现出对于经济增长的显著拉动作用，特别是在当前经济转型的时期，餐饮业对于经济发展的重要性更加被人们所认识。具体表现为对第三产业和 GDP 的经济带动作用、对社会消费品零售总额的消费拉动效应。

（1）江西省住宿餐饮业值在第三产业和 GDP 中的比重

从住宿餐饮业值在第三产业和 GDP 中的比重来看，江西省住宿餐饮业在经济发展中已经显露其自身的作用了。从表 4 可知，2000～2011 年江西省住宿餐饮业占 GDP 的比重基本保持在 3%～4%，且呈现上升的发展趋势，2011 年住宿餐饮业值占 GDP 的比例接近 4%，已成为经济中重要的行业。不仅如此，住宿餐饮业更是江西第三产业中的重要部门，2011 年其占第三产业的比重达到 11%。因此，尽管与其他发达省份相比，这一比例不算太高，但住宿餐饮业已然表现出其对于经济增长的作用。

表 4　2000～2011 年江西省住宿餐饮业占第三产业及 GDP 的比重

年份	GDP(亿元)	三产业值(亿元)	住宿餐饮业值(亿元)	住宿餐饮业值占GDP 比重(%)	住宿餐饮业占三产业比重(%)
2000	2003.07	817.17	60.108	3.0	7.4
2001	2175.68	883.56	66.8622	3.1	7.6
2002	2450.48	972.73	75.0374	3.1	7.7
2003	2807.41	1043.08	85.2549	3.0	8.2
2004	3456.70	1225.80	106.4138	3.1	8.7
2005	4056.76	1411.92	127.0375	3.1	9.0
2006	4820.53	1614.65	151.2142	3.1	9.4
2007	5800.25	1918.95	183.472	3.2	9.6
2008	6971.05	2355.86	233.5508	3.4	9.9
2009	7655.18	2637.07	278.585	3.6	10.6
2010	9451.26	3121.40	348.0315	3.7	11.1
2011	11702.82	3921.20	431.4012	3.7	11.0

（2）江西省住宿餐饮业、GDP 和第三产业值近年来的增长速度比较

从江西省住宿餐饮业、GDP 和第三产业值近年来的增长速度来看，2001～2011 年，住宿餐饮业的发展速度均明显快于 GDP 和第三产业的增长速度，特别是自 2004 年以后江西省住宿餐饮业保持将近 20% 的发展速度。2011 年江西省住宿餐饮业增长速度为 24%，高于全省 GDP 和第三产业的增长速度（12.5% 和 11.1%）（见图 5）。由此可以简单地看出江西省住宿餐饮业的增长对第三产业和 GDP 的增长具有显著的拉动作用。

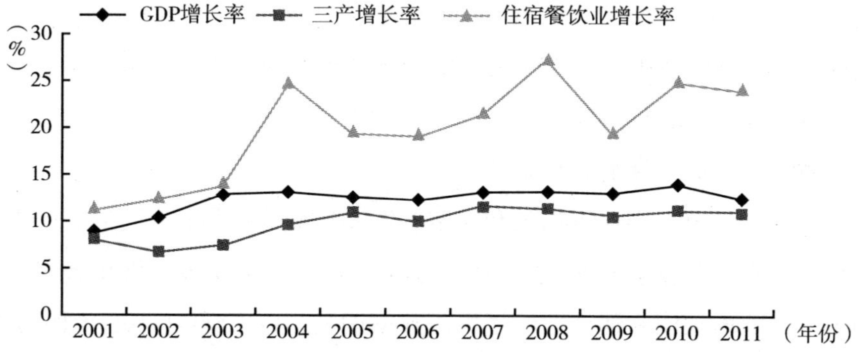

图5　2001～2011年江西省GDP、第三产业和住宿餐饮业增长速度

数据来源:《江西统计年鉴2012》。

(3)江西省住宿餐饮业对GDP增长和第三产业增加值的贡献率

从产业的贡献率来看,住宿餐饮业也表现出对经济和产业增长较强的拉动作用。由图6可知,住宿餐饮业对第三产业增加值的贡献率大部分年份保持在10%以上,平均贡献率保持在11.9%左右,与此同时,住宿餐饮业对GDP的贡献率也保持在3%～4%,由此,从这一简单的计量指标可以看出住宿餐饮业对于经济和产业发展的贡献率(见图6)。

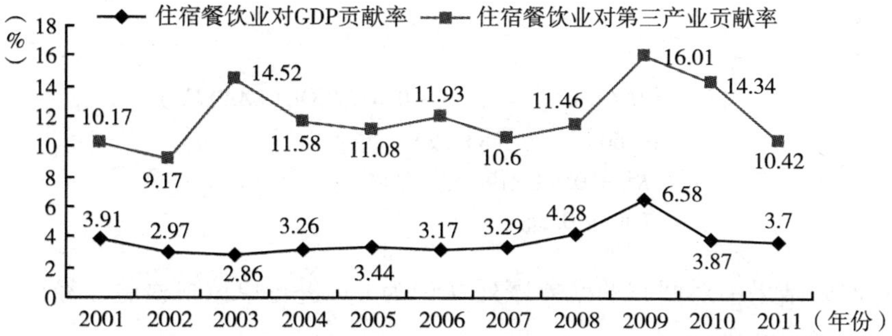

图6　2001～2011年江西省住宿餐饮业对GDP和第三产业的贡献率

注:产业贡献率指各住宿餐饮业增量与GDP、第三产业增量之比。

(4)江西省住宿餐饮业对经济增长拉动作用的模型分析

通过上述对经济计量指标的简单分析,可以初步看出,尽管江西住宿餐饮业的规模相对不大，但是其对第三产业的增长仍然具有重要的拉动作用。下面选用江西省 1990 ~2011 年 22 年来住宿餐饮业值和第三产业值的数据，通过利用 Eviews 6.0 计量软件，建立数学回归模型来精确测算江西省住宿餐饮业发展对江西省第三产业发展的影响系数。

首先，由于第三产业增加值和住宿餐饮零售额为价格相关变量，为此，根据《江西省统计年鉴》中的地区生产总值指数和商品零售价格指数对当年价格的第三产业增加值和住宿餐饮零售额数据调整为以 1990 年不变价格的数据。

其次，由于时间序列数据大多具有序列相关性，如果直接使用普通最小二乘进行模型（OLS）估计则会带来伪回归问题，因此，必须用单位根检验方法对时间序列数据（第三产业增加值和住宿餐饮业零售额）进行平稳性检验，本文采用 ADF 检验。

再次，在模型中记 SANCHAN 为第三产业增加值，CANYIN 为住宿餐饮业零售额。利用对数消除一定的趋势性，得到 ln（SANCHAN）和 Ln（CANYIN），D（SANCHAN）和 D［Ln（CANYIN）］分别为对应的一阶差分。依据 EVIESWS 6.0 检验分析得知，ln（SANCHAN）和 Ln（CANYIN）均为非平稳序列，存在单位根。

利用 OLS 对 ln（SANCHAN）和 Ln（CANYIN）进行 OLS 回归，得到如下回归结果：

$$\begin{aligned} &\mathrm{LOG}(SANCHAN_t) = 1.53 + 0.0.67\mathrm{LOG}(CANYIN_t) \\ &\quad (19.60) \qquad\qquad (84.52) \\ &\quad R^2 = 0.995819 \\ &\quad DW = 0.36 \end{aligned} \tag{2.1}$$

在回归结果中对回归的残差序列（记为 e）进行单位根检验，经试验得到如下适当的检验模型：

$$\Delta e_t = -0.292e_{t-1} + 0.604\Delta e_{t-1} \tag{2.2}$$

检验结果表明，在 1% 的显著水平上，e_t 为平稳序列，不存在单位根。这表明 Ln（SANCHAN）和 Ln（CANYIN）为（1，1）阶协整，二者之间存在着长期的均衡关系。据此，可以建立误差修正模型。由此，建立如下模型：

$$\Delta\ln(SANCHAN_t) = \alpha_1 + \alpha_2\Delta\mathrm{Ln}(CANYIN_t) + \alpha_3 e_{t-1} \tag{2.3}$$

经检验，模型残差项不具有序列相关性，最终的误差修正模型为：

$$\Delta\ln(SANCHAN_t) = 0.066 + 0.25\Delta\mathrm{Ln}(CANYIN_t) + 0.179e_{t-1} \tag{2.4}$$

从上述回归方程的估计系数可知，江西省住宿餐饮业与第三产业的发展呈正相关关系，其对第三产业的发展有显著影响。由此，可以验证，在其他条件给定的情况下，江西省住宿餐饮业零售额每增长 1%，相应的第三产业增加值将增长 0.25%。一方面，这表明了住宿餐饮业对于第三产业的带动作用；另一方面，这一弹性相对较小，也表明在当前还存在着诸多的限制因素使得餐饮产业的带动效应未能充分发挥。

3. 江西省住宿餐饮业对省内消费市场的拉动分析

住宿餐饮业属于居民消费市场的重要组成部分，是促进消费结构升级的重要行业。餐饮业的发展规模、速度和水平，往往直接反映一个国家、一个地区的经济繁荣和市场活跃程度。特别是国家扩大内需的一个重要的着力点在于促进居民消费，而居民消费的关键部分是促进住宿餐饮业的发展。对江西省来说，推动住宿餐饮业发展也是促进居民消费、扩大内需的重要着力点。

（1）江西省住宿餐饮业零售额占社会消费品零售总额的比重

从表 5 和图 8 可知，住宿餐饮业零售额占社会消费品零售总额比例自 1999 年以来逐年上升，平均保持在 10.08%，2011 年则达到 12.4%，住宿餐饮消费已经成为社会消费品零售总额的重要组成部分。

表 5　1999～2011 年江西省住宿餐饮业及社会消费品零售总额增长情况

年份	社会消费品零售总额（亿元）	增长率（%）	住宿餐饮业（亿元）	增长率（%）	住宿餐饮业占社会消费品零售总额比例（%）
1999	650.47	7.50	52.95	8.7	8.1
2000	704.87	8.36	60.11	13.5	8.5
2001	763.34	8.30	66.86	11.2	8.8
2002	832.71	9.09	75.04	12.2	9.0
2003	923.21	10.87	85.25	13.6	9.2
2004	1074.49	16.39	106.41	24.8	9.9

续表

年份	社会消费品零售总额(亿元)	增长率(%)	住宿餐饮业(亿元)	增长率(%)	住宿餐饮业占社会消费品零售总额比例(%)
2005	1244.89	15.86	127.04	19.4	10.2
2006	1448.19	16.33	151.21	19.0	10.4
2007	1718.93	18.70	183.47	21.3	10.7
2008	2141.79	24.60	233.55	27.3	10.9
2009	2484.43	16.00	278.59	19.3	11.2
2010	2956.21	18.99	348.0315	24.9	11.8
2011	3485.06	17.89	431.4012	24.0	12.4

数据来源：《江西统计年鉴 2012》。

而从江西省住宿餐饮业零售额及社会消费品零售额增长速度比较中，可以看出，除了 1999 年和 2011 年外，住宿餐饮业零售额的年增长率均高于社会消费品零售总额增长率，住宿餐饮业零售额增长率曲线位于社会消费品零售总额之上（见图 7）。在 1999 ~ 2011 年 11 年间的年平均增长率上，住宿餐饮业零售额平均增长率为 18.4%，高于社会消费品零售总额 14.5% 的年均增长率。

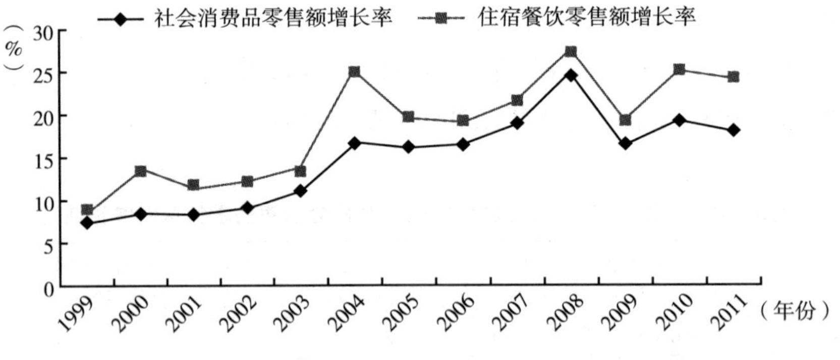

图 7　1999 ~ 2011 年江西省社会消费品和住宿餐饮业零售额增长率

数据来源：《江西统计年鉴 2012》。

（2）江西省住宿餐饮业对社会消费品零售总额增长的贡献率

住宿餐饮业零售额对社会消费品零售总额增长的贡献率等于住宿餐饮业零

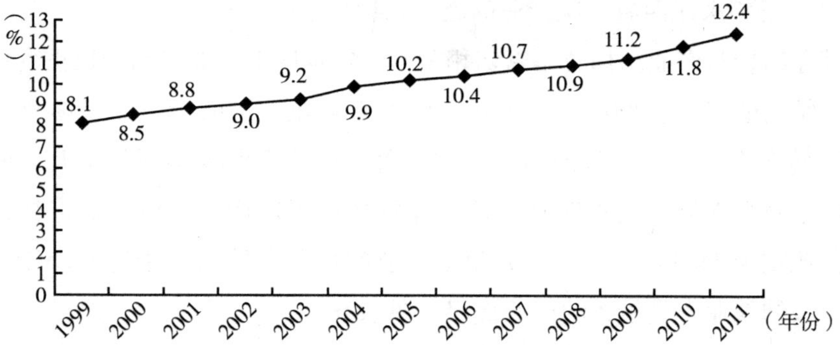

图 8　1999 ~ 2011 年江西省住宿餐饮业零售额占社会消费品零售额比例

售额的增量与社会消费品零售总额增量的比率。从这一贡献率来看，自 1999 年以来，江西省住宿餐饮业对社会消费品零售总额增长的贡献率持续上升，从 1999 年的 9.3% 上升至 2011 年 15.8%，这几年的平均贡献率达到 12.5%，由此可以看出，住宿餐饮业的发展对江西省社会消费品零售额的增长和扩大消费具有较高的贡献率（见图 9）。

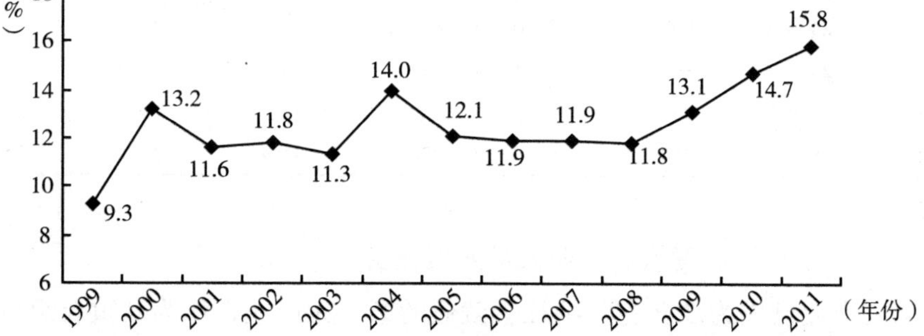

图 9　1999 ~ 2011 年江西省住宿餐饮业对社会消费品零售额的贡献率

4. 江西省住宿餐饮业对社会就业的拉动作用分析

餐饮业是劳动密集型产业，在解决劳动就业方面有着非常重要的作用，餐饮业逐渐成为创造就业的重要渠道，对于人口大省的江西来说，餐饮业对于解决劳动就业同样至关重要。

（1）近年来江西省三次产业的就业结构

就业结构与产业结构总是密切相关，一定程度上产业结构的比重变化决定了就业结构的变化。2001～2011年，江西省就业结构的产业分布逐渐由“一二三”转变为“一三二”的结构模式，第三产业从业人员逐年上升，成为创造和吸纳就业人员的重要部分。2011年江西省三次产业就业人员占社会从业人员的比重为34.4∶30.1∶35.5，第三产业的从业人员比重达到35.5%，成了江西省吸纳就业人员最大的产业部门（见表6）。

表6　2001～2011年江西省三次产业就业人数

年份	年末社会就业总数(万人)	一产（万人）	二产（万人）	三产（万人）	一产比重（%）	二产比重（%）	三产比重（%）
2001	2054.8	949.6	482.6	622.6	46.2	23.5	30.3
2002	2130.6	964.5	483.8	682.3	45.3	22.7	32.0
2003	2168.2	910.7	568.0	689.5	42.0	26.2	31.8
2004	2214.0	907.7	598.4	707.9	41.0	27.0	32.0
2005	2276.7	907.5	619.5	749.7	39.9	27.2	32.9
2006	2321.1	907.4	639.5	774.2	39.1	27.5	33.4
2007	2369.6	900.8	663.3	805.5	38.0	28.0	34.0
2008	2404.5	900.1	675.0	829.4	37.4	28.1	34.5
2009	2445.2	892.6	710.1	842.5	36.5	29.0	34.5
2010	2498.8	888.6	741.1	869.1	35.6	29.6	34.8
2011	2532.6	870.5	763.3	898.8	34.4	30.1	35.5

（2）近年来住宿餐饮业从业人员发展概况

第三产业已成为江西省吸纳社会就业的第一大产业，作为其重要组成部分的住宿餐饮业更是创造就业的重要产业部门。

一方面，就业规模方面，自2003年以来江西省住宿餐饮业从业人数保持在100万左右，2003～2011年经历了从增长到下降到恢复的“V”形的发展过程。2003～2008年江西省住宿餐饮业从业人数不断增加，从2003年的116万增至2008年的144.9万。受2008年世界金融危机的影响，江西省住宿餐饮业经营困难，从业人员开始有所下降，至2010年回落到2003年的水平，2011年开始随着整体经济环境的好转，住宿餐饮从业人数开始恢复增长，2011年住宿餐饮业从业人数为 128.66 万人（见表 7）。

另一方面，从住宿餐饮业占社会总就业人数和第三产业从业人数的比重也能看出其对于吸纳社会人员就业的作用。从表 7 可知，2003 ~ 2011 年江西省住宿餐饮业吸纳的社会就业人员占社会就业总人数的比重大体平均维持在 5.36%，而占第三产业从业人员的比重则平均维持在 15.89%，由此可以明显地看出住宿餐饮产业对于社会就业岗位，吸纳更多人员就业的重要意义。

表 7　2003 ~ 2011 年江西省住宿餐饮业从业人数占第三产业和社会就业总人数之比

年份	社会总就业人数(万人)	三产就业人数(万人)	住宿餐饮业就业人数(万人)	住宿餐饮业从业人数占社会从业比重(%)	住宿餐饮业从业人数占三产从业人数比重(%)
2003	2168.2	689.5	116.00	5.4	16.8
2004	2214.0	707.9	119.03	5.4	16.8
2005	2276.7	749.7	122.78	5.4	16.4
2006	2321.1	774.2	125.62	5.4	16.2
2007	2369.6	805.5	129.41	5.5	16.1
2008	2404.5	829.4	144.90	6.0	17.5
2009	2445.2	842.5	129.88	5.3	15.4
2010	2498.8	869.1	117.69	4.7	13.5
2011	2532.6	898.8	128.66	5.1	14.3

与此同时，从就业人数增长速度来看，除了受 2008 年经济危机的影响 2009 年和 2010 年有所波动之外，其他年份江西省住宿餐饮业就业人数的增长速度均高于社会总体就业人数的增长速度。这从一个侧面说明，住宿餐饮业本身是社会新增就业岗位的重要因素（见表 8）。

表 8　2003 ~ 2011 年江西省住宿餐饮业从业人员及社会就业人员总数增长率

年份	住宿餐饮业就业人员(万人)	住宿餐饮业就业人员增长率(%)	社会从业总人数增长率(%)
2003	116.00	—	1.8
2004	119.03	2.6	2.1
2005	122.78	3.2	2.8

续表

年份	住宿餐饮业就业人员（万人）	住宿餐饮业就业人员增长率（%）	社会从业总人数增长率（%）
2006	125.62	2.3	2.0
2007	129.41	3.0	2.1
2008	144.90	12.0	1.5
2009	129.88	-10.4	1.7
2010	117.69	-9.4	2.2
2011	128.66	9.3	1.4

（3）近年来江西省住宿餐饮业就业弹性系数

产业的就业弹性系数研究的是某产业的发展与就业增长之间的数量关系，它是指某产业的社会从业人员的增长率与经济增长率之间的比率。产业的就业弹性系数的经济含义是：某产业值每增长1%，该产业的社会从业人数能够增长多少个百分点。就业弹性系数越高，表明同样的产业增长率能带动更多的就业人数；反之，就业弹性系数越低，表明同样的产业增长率所能带动的就业人数越少。如果就业弹性系数为负值，即表明产业增长没有带来就业人数的增加，反而是减少（房敏，2007）。

由图10可知，一方面，虽然住宿餐饮产业具有极强的就业吸纳能力和潜力，但是目前江西省住宿餐饮产业对就业的拉动能力还不足，2004年住宿餐饮产业的就业弹性系数仅为0.105，表明住宿餐饮产业值每增加1个百分点，住宿餐饮产业的从业人数会增长0.105个百分点。所以，未来需要挖掘住宿餐饮产业吸纳社会就业的潜力，提高住宿餐饮产业的就业弹性系数。另一方面，从发展趋势来看，江西省住宿餐饮产业的就业弹性系数逐年上升，这也反映出住宿餐饮业的就业能力的上升。

（4）江西省住宿餐饮业发展对拉动江西省社会就业人数增长的分析

我们利用2001～2011年江西省住宿餐饮业零售额和江西省就业总人数的数据，通过Eviews 6.0经济计量软件，建立数学回归模型来精确测算江西省住宿餐饮业发展对江西省社会就业总人数增长的影响系数。我们建立的数学模型如下：

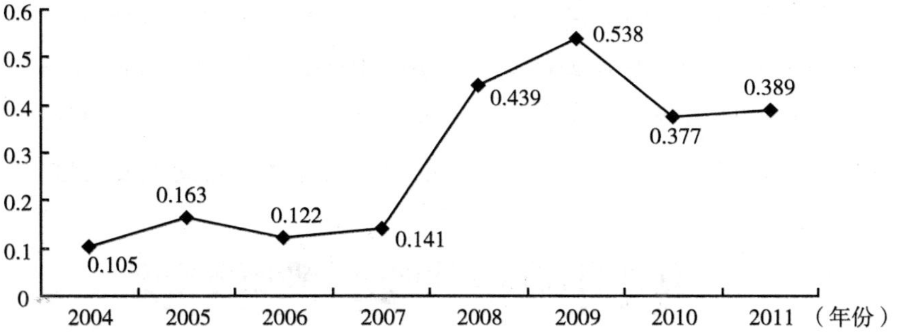

图 10　2004～2011 年江西省住宿餐饮业就业弹性系数

$$\mathrm{LOG}(SHEHUIJIUYE_t) = C1 + C2 * \mathrm{LOG}(CANYIN_t) + AR(1) + AR(2) + U_t \quad (2.5)$$

其中，*SHEHUIJIUYE* 为江西省社会就业人数，*CANYIN* 为江西省住宿餐饮业零售额，*AR*（1）、*AR*（2）为滞后调整项，U_t为误差项。

在进行模型回归之前，利用《江西省统计年鉴》中的价格指数对数据进行调整，消除价格影响的趋势。之后，利用 1999～2011 年江西省住宿餐饮业零售额和社会就业总人数的数据进行回归，得到如下方程：

$$\begin{aligned}\mathrm{LOG}(SHEHUIJIUYE_t) &= 7.23 + 0.140\mathrm{LOG}(CANYIN_t) + 1.17AR(1) - 0.49AR(2) \\ &\quad (109.3) \qquad (7.09) \qquad (5.54) \qquad (-2.28) \\ DW &= 1.64 \\ R^2 &= 0.970\end{aligned} \quad (2.6)$$

由上述回归统计量可知，回归结果较好，这表明江西省住宿餐饮业与社会就业人数有显著的正相关关系，对于创造就业有显著影响，并验证了在其他给定条件不变之下，江西省住宿餐饮业零售额每增长 1%，则全省社会就业人数将增加 0.14%。这一方面表明了住宿餐饮业对于增加就业起到显著的作用；另一方面，这一弹性系数相对较小，也表明江西省餐饮产业依然存在一些制约因素，限制了餐饮业充分发挥其创造社会就业的效应。

5. 小结

通过上述对近年来江西省住宿餐饮业发展概况及其在社会经济中的作用分析，可以得出，近年来江西省住宿餐饮业发展迅速，已经成为江西省第三产业，甚至是经济增长中的重要产业。特别是，其对社会消费品零售额的增长和社会就业机会的扩大具有较强的拉动作用，因此，在世界经济危机的大背景下，国家推行促进消费，扩大内需的政策，对于江西省来说，大力促进住宿餐饮产业的发展是促进消费，扩大内需，推动江西经济增长的重要力量。

三　江西省住宿餐饮业的产业服务密度

2007年中国社会科学院财贸所的荆林波和李蕊提出服务密度概念，将服务密度定义为某地区的服务业增加值与该地区的面积之比，以此计算单位面积的服务业增加值，其以全国287个地级及地级以上城市和31个省、区、市为研究对象，比较不同地区的服务密度，研究了影响不同地区的服务密度的因素，分析了地区的经济发展水平、人口密度、城市化水平、服务业增加值占GDP的比重等指标与服务密度之间具有相关的因素。廖斌（2010）用服务密度概念来计算广东省住宿餐饮业的产业服务密度，定义住宿餐饮业服务密度 = 地区住宿餐饮值/地区面积。

为此，这里参照上述计算公式利用江西省1980～2012年相关数据，来测算江西省住宿餐饮业的服务密度及其影响因素。

表9是1980～2012年江西省住宿餐饮业、地区面积数据及依据住宿餐饮业服务密度 = 地区住宿餐饮值/地区面积计算出的江西省住宿餐饮业服务密度，表示每平方公里面积所承载创造的住宿餐饮服务值。如表9和图11所示，江西省住宿餐饮业服务密度呈逐年上升趋势，1980年仅为0.09万元/平方公里，特别是2007年突破10万元/平方公里，之后餐饮业服务密度持续上升，至2012年达到31.62万元/平方公里，这表明2012年江西省每平方公里面积承载的住宿餐饮值为31.62万元。

尽管从时间的纵向来看，江西省住宿餐饮业的服务密度持续上升，表明其餐饮业的增加值不断增加，但是从横向的比较来看，江西省住宿餐饮业服务密度远远落后于其他住宿餐饮业发达省份。如广东省从2009年起餐饮业服务密度就达到125.33万元/平方公里（廖斌，2010），远远超过江西省。为此，进一步推动江西省餐饮产业的发展，提升餐饮业服务密度，使单位面积创造出更大的产出价值，成为下一步江西省餐饮业发展的重要目标。

表 9　1980 ~ 2012 年江西省餐饮业服务密度

单位：万元/平方公里

时间	餐饮业密度	时间	餐饮业密度
1980	0. 09	2001	4. 01
1985	0. 18	2002	4. 50
1990	0. 40	2003	5. 11
1991	0. 46	2004	6. 38
1992	0. 57	2005	7. 61
1993	0. 80	2006	9. 06
1994	1. 14	2007	10. 99
1995	1. 44	2008	13. 99
1996	1. 94	2009	16. 69
1997	2. 60	2010	20. 85
1998	2. 92	2011	25. 85
1999	3. 17	2012	31. 62
2000	3. 60		

注：2001 ~ 2011 年数据来自《江西统计年鉴 2012》，2012 年数据来自《2012 年江西省消费品市场运行情况分析》（江西商务厅市场运行和消费促进处，2013）。

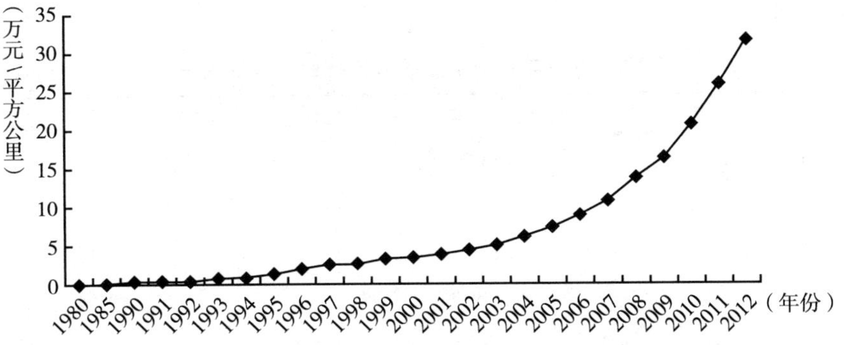

图 11　1980 ~ 2012 年江西省餐饮业服务密度

四　江西省餐饮业业态发展概况

通过上述分析可知，住宿餐饮业在社会经济发展、扩大社会消费、拉动社会就业等方面具有重要的作用。随着社会经济发展，住宿餐饮业各业态发展越来越完善，产业内部竞争也越来越激烈。

1. 江西省餐饮企业景气指数

从企业景气指数和绝对指数量来看，2011 年江西省住宿餐饮业的企业景气指数均在 100 以上，这反映出 2011 年后随着经济的复苏，住宿餐饮业的总体经营状况有所好转。且从季度趋势来看，从第一季度到第四季度，餐饮业企业的景气指数有所上升。

与此同时，从行业的横向比较来看，江西省住宿餐饮业的企业景气指数却是较低的（见表 10）。一方面，2011 年各个季度住宿餐饮业的企业景气指数持续低于江西省各行业总体的企业景气指数；另一方面，住宿餐饮业的企业景气指数也低于其他行业，为各个行业最低值。这又从另外一个侧面说明，2011 年江西省住宿餐饮业相对于其他行业来说，企业状况仍处于恢复期，其企业的经营状况并非是最好的。这一行业经营特征，从 2011 年住宿餐饮业企业家信心指数也可以反映出来。从表 11 可知，2011 年住宿餐饮业企业家的信心指数依然是全省各个行业最低的，餐饮业企业家对于未来的餐饮经营依然持谨慎态度。

表 10　2011 年各季度江西省各行业企业景气指数

类　别	一季度	二季度	三季度	四季度
总体状况	133.1	133.7	133.6	130.6
工业	130.6	133.5	132.1	128.9
采矿业	127.7	132.3	135.3	140.0
制造业	128.2	134.3	130.9	128.5
电力、燃气及水的生产和供应业	146.6	131.1	138.0	125.0
建筑业	126.6	128.9	123.4	125.2
交通运输、仓储及邮政业	140.6	137.9	137.9	133.5
批发和零售业	155.8	149.2	151.6	154.1
房地产业	128.5	118.4	124.9	104.4
社会服务业	121.4	125.0	132.1	114.3
信息传输、计算机服务和软件业	169.2	169.2	180.3	178.4
住宿和餐饮业	120.0	106.9	121.1	135.1

资料来源：《江西统计年鉴 2012》。

表 11　2011 年各季度江西省各行业企业家信心指数

类　　别	一季度	二季度	三季度	四季度
总体状况	139.6	135.0	133.5	130.7
工业	138.8	134.7	132.8	128.5
采矿业	148.8	129.9	156.6	143.1
制造业	135.9	134.7	129.6	127.1
电力、燃气及水的生产和供应业	152.9	140.4	144.5	133.5
建筑业	134.4	132.6	122.8	119.6
交通运输、仓储及邮政业	149.6	138.1	144.6	146.8
批发和零售业	150.6	145.5	151.7	154.0
房地产业	117.1	110.6	110.2	92.2
社会服务业	135.7	139.3	128.6	139.3
信息传输、计算机服务和软件业	183.1	166.4	177.5	184.0
住宿和餐饮业	130.0	120.7	121.1	126.3

资料来源：《江西统计年鉴 2012》。

2. 江西省限额以上餐饮企业及连锁餐饮企业发展概况

（1）总体规模

总体上看，2011 年江西省限额以上餐饮企业仅为 251 家，从业人数 24028 人，餐饮营业额为 321056.7 万元，相对来说，江西省限额以上餐饮企业较少，且营业规模不大，特别是与广东等餐饮业大省相比。

从业态方面看，2011 年江西省限额以上餐饮业主要以正餐服务业为主，快餐业和其他餐饮服务业为辅。2011 年正餐服务业有限额以上餐饮企业 242 家，所占比例达 96.4%，从业人员 21108 人，所占比例为 87.8%，营业额为 255340.6 万元，所占比例为 79.5%。因此，无论是从哪个指标来看，正餐服务业都是江西省限额以上餐饮业的主要业态。

从投资类型来看，2011 年江西省限额以上餐饮企业以内资企业为主，外资企业相对较少。2011 年江西省共有限额以上餐饮内资企业 238 家，所占比例为 94.8%，从业人员 19746 人，餐饮营业额为 245709.4 万元，所占比例为 76.5%。

从所有制类型来看，在占绝对比例的内资企业中，私营企业又是江西省限额以上餐饮企业的主导部分。2011 年江西省限额以上餐饮企业中共有 139 家企业，占所有内资企业的58.4%，其中私营餐饮企业的从业人数和营业额分别为12238人和151305.9万元，占内资企业的比例分别为62%和61.6%（见表12）。在内资餐饮企业中，私营企业超过了国有和集体等餐饮企业。这一方面是由于餐饮企业自身竞争性较高，进入门槛较低；另外一方面也说明私营企业在餐饮产业中占据主导地位。

表12　2011年江西省限额以上餐饮企业情况

餐饮业态	企业数（个）	比重（%）	从业人员（人）	比重（%）	营业额（万元）	比重（%）
正餐服务业	242	96.4	21108	87.8	255340.6	79.5
快餐服务业	6	2.4	2860	11.9	58587.6	18.2
其他餐饮服务业	3	1.2	60	0.2	7128.5	2.2
内资企业：	238	94.8	19746	82.2	245709.4	76.5
其中私营企业	139	58.4	12238	62.0	151305.9	61.6
外资企业	13	5.2	4282	17.8	75347.3	23.5
总　计	251	100	24028	100	321056.7	100

资料来源：《江西统计年鉴2012》。

（2）区域分布

从各省市区域分布来看，2011年江西省餐饮业主要集中在省会城市南昌市，其次是赣州、上饶、九江、新余等城市。2011年南昌市限额以上餐饮企业达94家，占全省的比例达到37.5%，住宿餐饮从业人员所占比例为32.6%，餐饮营业额所占比例为38.7%，居全省的首位。值得一提的是，九江市限额以上餐饮企业数量占全省的比例仅为9.2%，但该市餐饮营业额占全省的比例却高达12.7%。表13是2011年江西省各市限额以上餐饮企业分布的详细情况。

表13　2011年江西省各市限额以上餐饮企业情况

地　区	餐饮企业数(个)	住宿餐饮从业人员数(人)	餐饮营业额(万元)
全　省	251	66852	808936
南昌市	94	21773	313324
赣州市	27	6666	66353
上饶市	25	7373	102918
九江市	23	7118	102734

续表

地　区	餐饮企业数(个)	住宿餐饮从业人员数(人)	餐饮营业额(万元)
新余市	19	4161	63500
景德镇市	14	3150	35752
萍乡市	13	1730	22931
宜春市	12	4959	44000
吉安市	11	4262	45404
抚州市	7	3095	24586
鹰潭市	6	2565	19901

资料来源：《江西统计年鉴 2012》。

3. 江西省主要餐饮企业的运营状况

（1）餐饮企业财务状况

从企业财务数据来看，在绝对指标方面，2011 年江西省限额以上餐饮企业资产合计 368412 万元，主营业务收入为 311699.6 万元，主营业务成本为 176732.7 万元，营业利润为 21616.1 万元（见表 14）。

从财务相对指标来看，2011 年，江西省餐饮行业整体偿债能力较好，行业负债水平小幅高于全国平均水平；但是在赢利能力、运营能力、成长能力等方面均低于全国平均水平。在赢利能力方面，2011 年餐饮行业销售毛利率、营业利润率均低于全国平均水平，行业赢利能力较差；在营运能力上，江西省餐饮行业表现较弱于全国平均水平，各项指标均小幅低于全国平均水平；在成长能力上，江西省餐饮行业成长能力各项指标均劣于全国平均水平，其中行业销售收入增速成负增长态势（见表 15）。

因此，总体上看，2011 年江西省餐饮企业运营状况不理想，企业效益等方面都低于全国平均水平，面临较大挑战。

表 14　2011 年江西省限额以上餐饮企业主要财务指标

单位：万元

指标	金额	指标	金额
资产	368412.0	主营业务税金及附加	15824.0
主营业务收入	311699.6	营业利润	21616.1
主营业务成本	176732.7		

资料来源：《江西统计年鉴 2012》。

表 15　2011 年江西省餐饮行业主要指标与全国平均水平对比

单位：%

		全国	江西
偿债能力	资产负债率	67.5	55.7
	产权比率	2.1	1.3
赢利能力	销售毛利率	48.7	43.2
	营业利润率	84.8	67.2
营运能力	资产周转率	1.3	0.9
	流动资产周转率	2.9	2.8
成长能力	销售收入增速	17.5	-9.7
	总资产增速	17.5	15.4

资料来源：《江西统计年鉴 2012》。

（2）餐饮业职工工资持续上升，但仍低于全省平均水平

从企业工资水平来看，2003～2011 年江西省餐饮企业职工工资持续上升，劳动力成本逐渐成为餐饮企业的重要成本支出。从表 16 可知，2003～2011 年江西省餐饮企业在岗职工年平均工资从 7878 元/人上升至 18779 元/人，企业的职工工资水平涨幅明显。

尽管餐饮企业职工工资持续上涨，但是相对于其他行业来说，餐饮业的职工工资水平却是较低的，甚至低于全省各个行业在岗职工的年平均工资水平。2003～2011 年餐饮企业在岗职工的年平均工资低于全省的平均水平。2011 年餐饮业在岗职工年平均工资为 18779 元/人，而全省同期在岗职工年平均工资为 34055 元/人，远远高于餐饮业的工资水平。

由此，对于餐饮业来说就形成了一个新的难题。一方面，餐饮企业工资水平持续上升，使得餐饮企业的运营负担和成本压力增加；而另一方面，相对于社会总体的工资水平，餐饮企业的低工资水平又使得企业难以获得充足的人力资源保障，餐饮企业“用工荒”的问题依然严峻。这就要求餐饮企业在未来能够持续提高劳动生产率，这样既能提高工资水平和行业吸引力，也能提高企业对于高工资成本的应对能力和成本消化能力。

表 16　2003～2011 年江西省餐饮业在岗职工年平均工资

单位：元/人

年份	餐饮业在岗职工年平均工资	全省在岗职工平均工资	年份	餐饮业在岗职工年平均工资	全省在岗职工平均工资
2003	7878	10521	2008	13884	21000
2004	9076	11860	2009	15638	24696
2005	8362	13688	2010	17945	29092
2006	10996	15590	2011	18779	34055
2007	12477	18400			

资料来源：《江西统计年鉴 2012》。

（3）餐饮企业竞争力不强，缺乏餐饮龙头企业

总体上看，江西省餐饮企业竞争力不强，缺乏具有全国影响力的餐饮企业和餐饮品牌。中国烹饪协会每年定期发布全国餐饮百强企业，江西省直到 2009 年才有一家企业入围百强企业，而且排名十分靠后。2009 年南昌市独一处寿福城餐饮有限公司入围“中国餐饮百强”，列第 95 位，2010 年南昌市独一处寿福城餐饮有限公司继续入围“中国餐饮百强”，排名第 92 位。而到 2011 年“中国餐饮百强”企业中，一家江西餐饮企业都没有。因此，未来对于江西省餐饮业来说，着力打造餐饮品牌，提升江西省餐饮企业的影响力至关重要。

五　江西省餐饮业发展的主要措施

近年来，不仅在微观层面，江西餐饮企业发展迅速，而在政府和社会层面，餐饮业的重要性也被广泛认知。为了推动江西餐饮业的发展，政府、企业、餐饮协会等多方主体，积极努力，为餐饮业的发展积累了丰富的发展经验。

1. 出台《关于进一步加快发展餐饮业的意见》

2010 年 3 月，为弘扬餐饮文化，打造赣菜品牌，充分发挥餐饮业引导生产、服务民生、带动消费、扩大就业、促进经济发展的先导性作用，江西省出台了《关于进一步加快发展餐饮业的意见》，以推动江西省餐饮产业的发展。

一方面，明确提出了江西省餐饮产业的发展目标，为江西省餐饮业的发展指明了方向。具体包括：2010～2015年，实现全省餐饮业的增长速度高于全国餐饮业的增长速度，全省餐饮业零售总额年平均增长20%以上，占全省社会消费品零售总额比重达12%；培育出地方特色突出、年营业额5000万元以上的品牌餐饮企业30家，年营业额亿元以上的5家；全省餐饮业吸纳就业人口超过150万人。逐步形成以大众化餐饮为主体，各种餐饮业态均衡发展，总体发展水平基本与居民餐饮消费需求相适应的餐饮业发展格局。

另一方面，也提出了诸如制定餐饮业发展规划、开拓大众化餐饮市场、培育餐饮龙头企业、实施“创赣菜品牌四百工程”、推进餐饮业产业化建设、加大招商引资力度、积极推进早餐工程、加快餐饮业人才队伍建设等具体的发展措施，还提出了诸如简化餐饮企业宣传审批手续，为餐饮企业运输和消费者停车提供便利，落实工商用水、用电、用气同价政策等减轻企业负担、促进餐饮企业发展的具体保障措施。

《关于进一步加快发展餐饮业的意见》，为江西餐饮产业的发展提供了详尽的指导和发展动力。

2. 启动“创赣菜品牌四百工程”

中国赣菜是对江西地区具有浓郁地域特色的菜肴的统称，主要由南昌地区、九江鄱阳湖地区、赣南地区、赣西地区的地方菜，以及樟树药膳、赣南客家菜、鹰潭道教菜等特色菜组成。中国赣菜有三个显著特征：本地物产，突出本味，选用江西本地丰富的物产为主要原料烹饪加工菜肴，并保持原汁原味；汁浓味厚，咸鲜透辣。喜用酱油、黄酒、豆豉、辣椒、姜等做调料，菜肴汤汁较浓，口味偏重、鲜辣。技法多样，绿色健康。采用烧、焖、炖、煨、蒸等多种烹饪技法制作菜肴，且因江西生态环境优良，物产品质极佳，使菜肴“取之绿色，食之健康”。

现时，赣菜在全国并没有形成川菜、湘菜、粤菜等大菜系的影响力。为此，为打造赣菜，推动江西餐饮业的发展，江西省已将“振兴赣菜”纳入政府工作中。

2011年，江西省商务厅启动了“创赣菜品牌四百工程”，该工程旨在打造赣菜品牌、推动江西餐饮业发展，在全省范围内，委托江西省烹饪餐饮饭店行业协会集中认定了“100 家中国赣菜名店、100 个中国赣菜名菜、100 个中国赣菜名点（名小吃）、100 名中国赣菜名师大师”，以打造赣菜，提升赣菜整体档次和知名度，将赣菜推向全国。

自 2011 年 3 月 27 日在抚州启动认定工作以来，历时近两个月时间，全省 11 个设区市、47 个县（市、区），完成了“创赣菜品牌四百工程”，认定了“100 家中国赣菜名店、100 个中国赣菜名菜、100 个中国赣菜名点（名小吃）、100 名中国赣菜名师大师”。

3. 召开首届中国赣菜展示会暨江西餐饮业博览会

2011 年 10 月 14 ~ 15 日，在江西展览馆召开了首届中国赣菜展示会暨江西餐饮博览会，以此来推动赣菜、展示赣菜、提升赣菜的影响力。本次博览会，以“振兴赣菜，绿色餐饮”为主题，向社会各界充分展示中国赣菜深厚的文化底蕴、丰富的产品以及全省餐饮行业的良好形象，在江西展览馆内集中设展近 4000 平方米，集中展示“创赣菜品牌四百工程”成果，展示 100 家中国赣菜名店、100 个中国赣菜名菜、100 个中国赣菜名点（名小吃）、100 名中国赣菜名师大师。

此外，在本次博览会期间，还举行“振兴赣菜”高峰论坛、“中国赣菜品鉴晚会”、中国赣菜特色宴席展 23 台、江西餐饮特色产品展销和富有民俗风情和民间特色的表演和演奏等活动，共同推进赣菜的发展。

4. 实施餐饮服务食品安全监督分级管理

为保障餐饮服务安全，提高餐饮服务质量，2012 年江西省启动了餐饮服务食品安全监督量化分级管理工作，分别用大笑、微笑、平脸三种卡通形象来表示餐馆的优秀、良好、一般三个等级，对应 A、B、C 三个级别，A 为绿色大笑脸（优秀），B 为黄色微笑脸（良好），C 为红色正脸（一般）。政府监管部门不定期对餐饮单位从业人员、场所环境、设备设施、过程控制等食品安全管理状况实施动态指标量化评价并颁发公示牌。

对于评定检查的结果，政府规定了相应的处罚措施。年度等级评定为优秀（A 级）以下的餐饮服务单位，不得承担重大会议、重大活动餐饮接待任务；年度等级为良好（B 级）以下的餐饮服务单位不得接待 10 桌以上的聚餐；对经营条件差、食品安全隐患大，连续两年以上年度等级评定为一般（C级）以下的餐饮服务单位，严格限制其从事高风险的经营项目，严格控制其经营规模。

5. 举办“我最喜爱的20道赣菜”评选活动

为扩大赣菜影响，打响赣菜品牌，江西省商务厅、省烹饪餐饮行业协会于2012年11月6日启动了“我最喜爱的二十道赣菜”评选活动。

评选活动由各设区市商务主管部门、烹饪餐饮行业协会作为推荐主体，每个设区市推荐最具当地代表性的特色菜品5道，全省11个设区市共申报了55道菜品。借助网络媒体，省商务厅面向社会开展了为期一个月的大众评选，从55道参赛菜品中在网络上海选出了30道赣菜，在此基础上再组织行业专家进行最后的评审，评选出“我最喜爱的20道赣菜”。

6. 开展“江西省美食之街（乡）”评选活动

2012年，为推动餐饮业发展，以典型引导城乡餐饮网点建设，丰富江西省餐饮市场，满足大众消费，江西省商务厅在全省范围内开展“江西省美食之街（乡）”评选工作。于2013年1月评选出五个“江西省美食之街（乡）”，其分别为上饶市余干县、赣州市章贡区章江北大道、南昌市青云谱区象湖东岸美食街、九江市浔阳区庐山南路、宜春市袁州区正荣美食街。

7. 餐饮业银行刷卡费用下调

早在几年前江西省烹饪餐饮饭店行业协会响应河南、河北、山西、上海等22家省、区、市餐饮行业发起的号召，联合致函中国人民银行，建议取消刷卡手续费。2012年11月，央行下发通知，国务院已同意银行卡刷卡手续费标准调整方案，将于2013年2月25日起全面执行。新的收费标准维持了现行刷卡手续费行业差别化定价，行业分类主要分成餐饮娱乐类、一般类、民生类以及公益类四大类，总体下调幅度在23%～24%，其中餐饮娱乐类下调幅度高达37.5%。餐饮业银行刷卡费用的下调对于本已处在经营困难期的餐饮企业来说，无疑是一个十分有力的措施，有助于减轻江西省餐饮企业的成本负担。

六　对江西省餐饮业未来发展建议

目前，江西餐饮产业正蓄势待发，进入“十二五”时期，江西餐饮产业必将迎来更快的发展机遇。特别是当前随着中国经济的下行增长，餐饮企业各种成本高企，餐饮业整体进入“微利”时代。在这样的背景下，江西餐饮企业需要从多个层面来完善各种政策，抓住这个特殊的战略机遇期，开辟新的餐饮市场，推动江西餐饮产业做大做强，实现赶超崛起。

1. 制订江西省餐饮产业振兴发展规划

餐饮产业不仅是与普通居民日常生活息息相关的产业，也是拉动社会消费，扩大社会就业，推动社会经济增长的重要的支柱性产业。从本文对江西省餐饮产业的分析中可知，餐饮业对于带动第三产业发展、推动经济增长、扩大消费、创造就业岗位等具有十分关键的作用。

尽管，江西省已经出台了《关于促进餐饮业进一步发展的意见》，但这只是一个政府部门的指导意见，未来为了迎接餐饮时代的到来，应重视餐饮产业，高举高打，将其定位为江西省经济的战略支柱产业和人民生活满意的战略性产业。与此配套，积极制定《江西省餐饮产业发展振兴规划》，对江西省餐饮产业的发展做出统一的规划，将餐饮产业统一纳入城市发展总体规划和城市商业网点规划中，进一步推动“赣菜”的发展，推动餐饮产业的品牌化、特色化和产业化，提升餐饮产业竞争力。

2. 继续实施“振兴赣菜”工程，打造“赣菜”品牌

“赣菜”具有悠久的历史和浓厚的文化，早在20世纪80年代，三杯鸡、红酥肉、永新狗肉等赣菜曾经被列为国宴菜谱。因此，未来对于江西餐饮业发展来说，需要继续实施“振兴赣菜”工程，高举高打，举全省之力，打造“赣菜”品牌，以“赣菜”来统领江西餐饮产业的发展。具体说来，一方面需要继续深入挖掘和弘扬赣菜文化，推动赣菜在形式上和内涵上的创新，突出赣菜的特色。另一方面，制定赣菜菜系的标准化，在全国市场上加强赣菜的宣传和品牌培育，特别是加快餐饮与旅游业等其他行业的融合，共同宣传和提升赣菜的知名度，以打响赣菜品牌、振兴赣菜品牌。

3. 设立餐饮产业发展专项资金

现在江西餐饮产业仍处于发展初期，特别是“赣菜”的培育和打造更是刚刚起步，因此，政府应设立餐饮产业发展专项资金，每年定期从省财政中设立一笔专项的财政资金，用于江西餐饮产业发展，特别是“赣菜”的培育和振兴工程，从菜系的培育、到市场的宣传等方面给予财政支持，并对于那些餐饮产业中的创新者给予奖励和扶持。

4. 推动餐饮标准化

餐饮产业的规模化和品牌化发展，一个重要的内容在于推动餐饮业的标准化体系建设。未来应加快江西餐饮产业的标准化进程。一方面，组织和制定“赣菜”标准体系，包括从原材料的采购和供应，到厨师烹饪的控制与标准化、服务的标准化等，全面提升“赣菜”标准化水平，以推广赣菜。另一方面，加强“赣菜”中央厨房建设，加大餐饮工业化科技研发和创新，推进餐饮产业工业化流水生产，实现餐饮工艺的标准化与自动化。

5. 打造餐饮企业品牌，实施“走出去”战略

江西餐饮企业规模小，缺乏品牌知名度，在全国百强企业中罕见江西餐饮企业。未来应重点扶持本土品牌餐饮企业，培育“赣菜”餐饮龙头企业。一方面，努力培育一批赣菜餐饮企业，包括壮大和恢复一些本土的“老字号”的餐饮企业，创立企业品牌。另一方面，大力推行连锁化、规模化等现代化的经营方式，加快企业的规模化扩张进程。与此同时，努力推动实施江西餐饮企业“走出去”的战略，做到江西餐饮企业在全国的扩张和发展。

6. 强化餐饮业人才培养

目前中国劳动力成本面临上升的压力，而随着江西省餐饮产业的发展，餐饮人才的短缺成为餐饮业发展的瓶颈之一。因此，未来应该强化餐饮业人才培育体系。一方面高校和专业技术学校，应开设与餐饮相关的专业，培养餐饮人才，建立一支专业的人力资源队伍。另一方面，加强对现有餐饮从业人员的培训，完善餐饮产业人力资源管理体制。与此同时，有条件的餐饮企业也可以建立自己企业的培训学院，创新人才培育体系。

7. 实施一系列减轻餐饮企业负担措施

餐饮行业正面临一些成本提高和负担加重的压力，为此，政府应进一步实施一系列减轻餐饮企业负担的措施。一方面，在税收方面，降低餐饮企业营业税税率，减轻企业负担，特别是在餐饮业营业税改增值税试点工作中降低餐饮企业的增值税税率。对符合国家连锁经营条件的餐饮企业，按 15% 的税率征收企业所得税，推动餐饮企业的连锁化、集团化经营。另一方面，积极降低餐饮企业经营成本，降低餐饮企业水费、电费、卫生监测费等费用，实行餐饮业与工业用电、用水同价，扶持餐饮企业发展。

与此同时，应进一步清理行政收费，为企业减负，简化餐饮企业审批手续，制止乱收费、乱摊派、乱罚款现象，为赣菜开发和餐饮业发展创造良好的环境。此外，对餐饮企业在税收、融资、就业、土地使用等方面给予政策扶持，特别是在贷款贴息、担保贷款和授信贷款等方面给予餐饮企业金融支持。

参考文献

1. 房敏：《山西就业结构与产业结构均衡性分析》，《山西统计信息网》2007 年第 5 期。
2. 荆林波、李蕊：《服务密度的地区差异及其影响因素的分析——以中国地级及地级以上城市和省际数据为例》，《财贸经济》2007 年第 6 期。
3. 杨柳：《中国餐饮产业竞争力研究》，北京交通大学博士学位论文，2007。
4. 廖斌：《广东省 2010 年餐饮产业发展分析》，载于杨柳主编《中国餐饮产业发展报告（2010）》，社会科学文献出版社，2010。

B.9

餐饮企业信息化发展状况研究

赵晓嫣*

摘　要：

我国餐饮业的信息化建设已经走过十年历程，信息技术已经渗透到餐饮行业的点餐订餐、物流采购、成本控制、客户管理、厨房管理、财务管理等多个环节。近几年，餐饮行业进入微利时代，内部转型升级需求持续加强，加之外部市场竞争压力的日益加剧，共同加速我国餐饮企业信息化应用进程。随着企业对信息化应用认识的加深、投入的加大以及需求的进一步具化，我国餐饮企业信息化建设将会在信息化战略规划、一体化解决方案、系统个性化定制、数据共享、云计算和移动互联网应用等多个方面得到进一步完善和发展。

关键词：

餐饮　信息化　云计算　互联网

虽然近几年餐饮行业收入持续保持两位数的高速增长，但从 2012 年上半年开始产业发展出现营收增速放缓、经营成本上升、利润普遍下滑的发展困局。面对当前餐饮行业竞争局面的加剧和市场需求变化频率的加快，我国餐饮行业传统的粗放式、经验式的经营模式已不能适应当今“决胜于千里之外”的现代化企业的管理需求，餐饮企业的运营效率、市场响应速度和决策的科学性都亟待提高。餐饮企业信息化系统的应用和推广，不仅可以有效节省人力、控制成本、提高效率，而且能够提供更具人性化的服务和更先进规范的管理，为管理层提供经营决策的科学依据。合理运用信息化技术和应用

---

* 赵晓嫣，硕士，《餐饮世界》杂志社主任编辑。

系统提高企业的市场竞争力，助力企业向连锁化、规模化、标准化的方向加速发展，已成为越来越多餐饮企业突破发展瓶颈、营造新的利润增长点的重要实现途径。

一 我国餐饮行业信息化发展基本概况

（一）我国餐饮行业信息化运行特点与发展趋势

信息化建设已在我国走过了逾20年的发展历程，而餐饮行业是从最近10年才开始在管理流程中引入信息化建设。不过随着现代信息技术及网络技术的成熟与发展，越来越多的餐饮管理者意识到，在经营中引入功能强大、配套完善的信息化应用系统是餐饮企业在激烈的市场竞争中搏击制胜的必备利器，餐饮行业信息化运行特点和发展趋势态势成为餐饮企业开展信息化建设与改造时的重要参考与判断依据。

1. 餐饮信息化尚处起步阶段，多以事务性应用为主

据国内权威的信息化网络服务平台赛迪网的调查统计①，步入“十二五”阶段之初，我国餐饮业中运用餐饮管理系统的企业不到30%，实施成功满意率不到18%。与国内较早引入信息化应用系统的金融、证券等服务行业相比，我国餐饮业的信息化建设仍处在起步阶段。而且国内大部分餐饮企业的信息化应用仍较多地局限在事务性工作上，如PDA点菜、结账收银、库存管理等，真正涉及数据分析、流程优化层面的应用有待重视和提高。

2. 信息化新技术不断涌现，不断丰富产品种类

随着“十二五”期间国家对信息产业政策倾斜力度的不断加大，云计算、物联网、移动互联等各类信息化高新技术不断出现，并被快速地应用到各类信息化产品中。据不完全统计，专门面向我国餐饮行业的信息化技术产品已达上千种，从应用系统上，可分为ERP企业资源规划系统、CRM客户关系管理系统、SCM供应链管理系统、PMS运营管理系统、OPS在线采购库存管理系统以及OA

① 吴永毅：《餐饮连锁业信息化的瓶颈与突破》，《软件工程师》2010年第7期。

自动化办公系统等；从IT技术上，又可分为基于Java、iOS、Android、BS等系统开发出的应用软件；从应用对象上分，有客户管理系统、人员排班系统、物料采购监控、中央厨房管理系统等。再加上各类产品的更新与升级换代，国内市场上的餐饮信息化技术产品可谓层出不穷，目不暇接。餐饮信息化市场上产品和服务商百花齐放的局面，一方面为企业提供了更多、更自由的选择空间，但另一方面也意味着加大了企业的选择难度和投入风险。

3. 从单一环节的信息化应用向集成化方向转变

餐饮信息化在中国已经蓬勃发展了十年时间，发展初期主要是以单一的点菜、库存、财务管理软件的应用为主，近两年越来越多的餐饮企业开始使用ERP管理系统，对企业的人、财、物、进、销、存实施集成化管理，从而优化企业资源，达到资源效益最大化。

通过在ERP管理系统中引入RFID无线射频、WLAN无线局域网等技术，使信息的采集和传输更为快速便捷，进一步加强了物流采购、点菜、收银、订餐、外卖、配送等流程环节的相互衔接，搭建了一个动态协调、高度集成的信息化平台。

4. 大型连锁企业纷纷加强信息化连锁管理系统的应用

近些年，国内餐饮企业规模化扩张态势迅猛，连锁化程度不断加深，企业在信息化应用上也开始从单店独立使用向集团连锁化管理的方向转变。信息化应用上升到连锁管理系统的高度后，不仅可以让企业管理者随时了解各分店的经营状况，从而做出快速、科学、正确的经营决策，而且可以加强品牌的标准化实施，并精准地复制下去。

从2009年开始，很多大型连锁餐饮企业已开始采用最新型的基于B/S（Browser/Server，浏览器和服务器）结构的连锁管理系统①，用于总部对各地连锁分店的整体信息化管控。比如国内知名连锁餐饮企业净雅投入数千万元巨资，邀请IBM对其信息化管理系统进行改造与升级。

餐饮企业信息化连锁管理系统一般由以下几部分组成：单店的销售、库

① 《2012年零售及餐饮服务业信息化发展机遇、趋势及战略（下）》，《信息与电脑》2012年第6期。

存、成本管理系统，集团化的销售、成本和库存数据汇总系统，集团化的销售成本分析系统，统一的会员管理系统，物流配送系统，采购管理系统，客户预订及投诉系统，以及财务管理系统等。B/S 架构不需要借助任何虚拟网络（VPN）软硬件，通过互联网就可以随时查询全国乃至世界范围内任何一家分店的经营数据，也可以对所有分店的经营数据进行处理和分析。此外，根据不同的节庆假日或促销活动，集团系统可以集中向会员发送节日祝福，也可以有选择性地向不同地区、不同门店、不同级别的会员客户推送相应的促销信息。

5. 社会化媒体营销挖掘新的业绩增长点

截至 2012 年 12 月底，我国微博用户规模为 3.09 亿，微信用户突破 2 亿，用户行为的网络化、移动化让网络营销成为当下最时尚、最重要的营销方式之一。餐饮企业利用微博、微信等新兴的社会化网络媒体平台开展品牌塑造、客户拓展、优惠券发放、新店新品推介、订餐等活动或服务，虽然尚属起步阶段，但挖掘空间和发展潜力巨大。信息化营销不仅能够帮助餐饮企业找到新的业绩增长点，同时也可以有效降低企业的运营成本，提高运营效率。《2012 企业微博白皮书》表明，截至 2012 年，有近 5 万家餐饮美食类企业开通了新浪微博，约占总入驻量的 1/3。

6. 信息技术产品市场前景广阔

近五年来，我国餐饮业一直保持两位数的快速增长。2011 年我国餐饮产业营业收入为 20635 亿元，2012 年前 11 个月我国餐饮收入已达 20996 亿元，与上年同期相比增长 13.4%，而利润率却只有 8% 左右，赢利同比下降明显。行业内部转型升级需求的持续加强和外部市场竞争压力的日益加剧，共同推进餐饮企业向信息化、精细化、标准化的现代化经营方向上转变。信息化技术产品的应用和信息化管理模式的导入，不仅是餐饮企业降低经营成本、提高运营效率的有效途径，同时也是企业管理层优化发展模式、作出科学决策的重要依据。餐饮企业对信息化技术产品有着巨大需求。据赛迪网预测，今后 3～5 年，信息数字化技术产品在国内餐饮行业的应用将达到一个高峰，最大容量可达 2300 亿元，信息数字化产品的发展前景极为广阔。

（二）餐饮企业信息化应用情况抽样分析

为了更好地了解餐饮信息化应用的现实情况，《餐饮世界》杂志在2012年底对30家已经引入信息化管理系统的餐饮企业进行了走访，主要针对信息化应用领域、关注的方向、选择时的考虑因素、满意程度和应用过程中存在的主要问题等情况进行了问卷调查。受访的餐饮企业以大型连锁正餐、快餐和火锅类企业为主，其中连锁规模在10家店以上的占到受访企业的81%，93%以上的受访企业开展信息化建设年限在1年以上，70%以上的企业在3年以上。

在信息化应用方面，受访的所有企业均使用了收银系统和财务管理软件，70%以上的受访企业在点菜、物流采购、客户关系和公司内部办公等方面也都实现了信息化。手机订餐应用近两年刚刚兴起，还属于新鲜事物，只有30%左右的企业有所应用（见图1）。

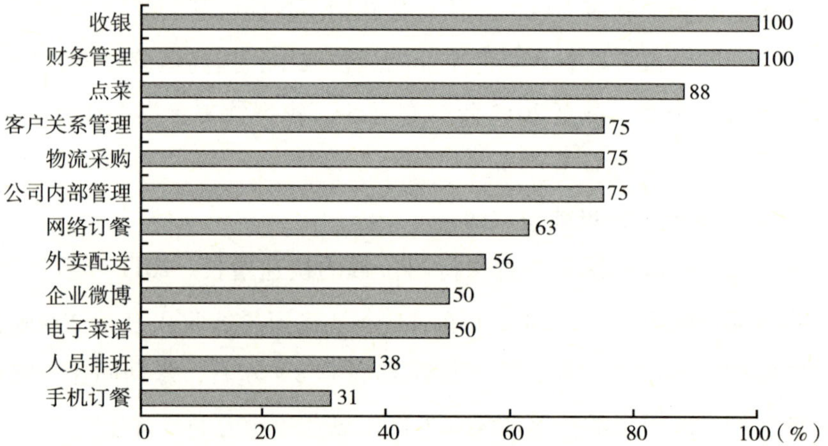

图1　受访餐饮企业信息化应用情况

在信息化软件和设备选择方面，供应商的资质和实力是企业进行选择时首要考虑的因素，系统功能的多样性、价格及成本以及系统维护的难易程度也都是企业考察、比较信息化应用产品优劣时考虑的重要项目指标（见图2）。

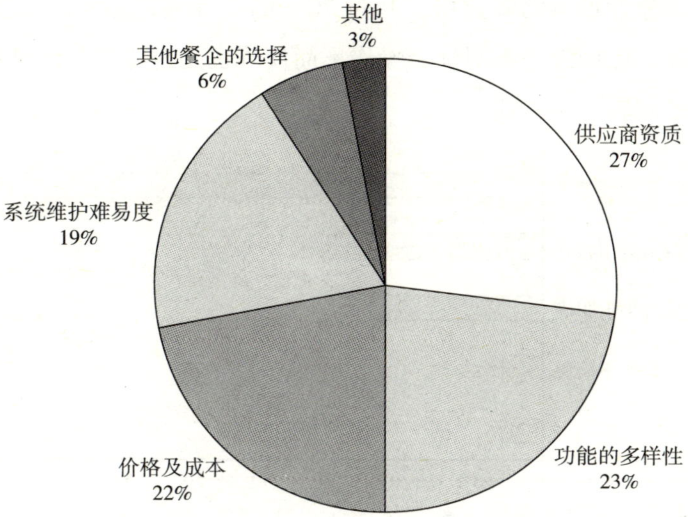

图 2　受访餐饮企业信息化产品选择主要衡量因素

在对所应用的信息化产品的满意程度方面，财务管理、收银和后厨管理三项的满意度相对最高，物流采购、成本控制和点菜等方面的满意度尚可，基本可以达到企业日常管理的要求，而客户管理和订餐外卖两项均没有达到及格分数线，离餐饮企业的预期要求还有较大差距，这两方面的信息化系统还有待进一步完善和改进（见图 3）。但总的来看，餐饮企业对信息化产品应用效果的整体评价不高，信息化系统的设计开发和功能完善还有很长一段路要走。

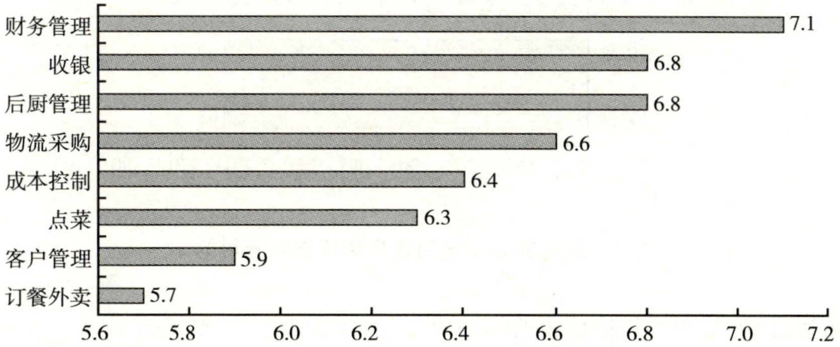

图 3　受访餐饮企业对信息化产品的满意程度

在信息化建设难点的调差中，超过70%的企业表示系统不能满足管理需求，费用较高、应用效果不明确、操作不简便等也是企业进行信息化建设过程中较为担心的问题（见图4）。

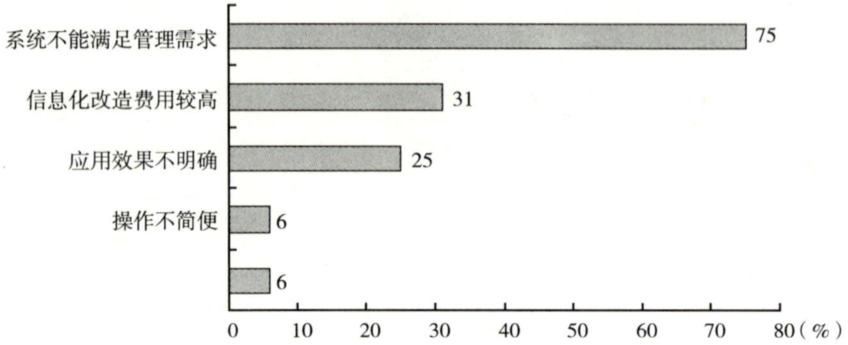

图4　受访餐饮企业信息化建设难点

在对受访餐饮企业进行信息化建设实施目的的调查时，80%的企业认为开展信息化建设可以有效提升企业运营效率并能实现集团和门店间的统一管理，70%的企业希望引入信息化管理工具后能开展市场数据分析，60%的受访企业想要通过信息化系统进行成本监控和客户数据的统计分析（见图5）。

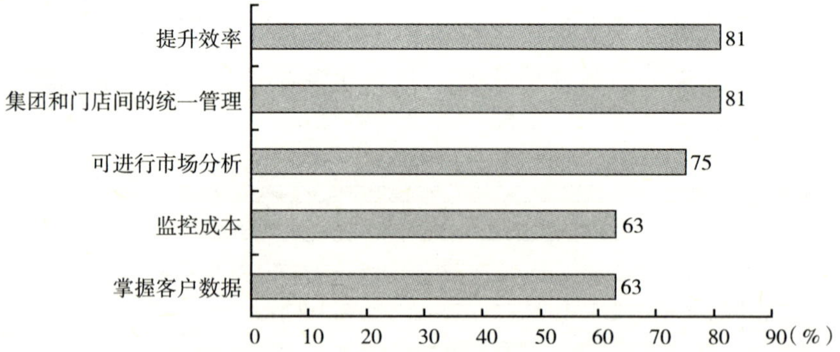

图5　受访餐饮企业对信息化建设实施目的

问卷最后是餐饮企业对餐饮信息化系统开发设计未来可完善方向的建议，大致分为三类：第一类是呼唤个性化开发，如希望能根据企业特色进行系统功能的更新和研发，希望增加与客户互动性软件的应用开发；第二类是完善售后服务，如希望软件的更新、维护、维修要有一条龙服务，并控制成本费用等；第三类是希望能提供面向连锁餐饮的一整套的软件开发体系，并建议程序要便于操作、管控、应用。

二　餐饮企业信息化主要应用方向

目前餐饮行业在信息化应用推广的速度和覆盖面上都有了显著提升，信息技术已经渗透到餐饮行业的点餐订餐、物流采购、成本控制、客户管理、厨房管理、财务管理等多个环节，在餐饮产业结构优化、转型升级方面发挥着巨大作用。

餐饮企业在信息化方面的应用主要可以分为信息化服务和信息化管理两个方向。信息化服务是从客户需求的角度出发，充分运用信息化工具，旨在为顾客提供更舒适、更便捷、更高效的服务体验。信息化管理则是从企业管理的角度出发，以信息化手段为依托、业务流程处理为基础，从而降低成本、提高利润的管理过程，涉及企业人、财、物等多方面的管控，餐饮 ERP 系统是其中最重要的一类管理系统。

（一）信息化服务

1. 点菜系统

（1）无线点菜设备

各种长相各异的手持式无线点菜设备是目前餐饮市场上应用最广泛的信息化工具之一，集信息无线传输、数据实时处理和实时监控于一身。PDA 点菜系统是另一类应用较广的无线点菜设备，也采用了无线通信技术，具有快捷、美观、效率高等特点。现在大多数无线点菜系统都和收银系统、后厨管理系统实现了互连，前台一下单，信息可以立刻传输到收银台的电脑上，自动核算出顾客消费的金额。通过自动分单功能，点单信息也会立即分传到凉菜、热菜、面点、主食配菜等相应的后厨区域，并打印出桌号，后厨根据系统的提示，可以立刻开始准备已下单菜品的原配料并开始烧制，从而减少服务员分单、送单的流程。无线点菜系统具有硬件设备相对简单、安装环境容易满足、投入不高等优点。

（2）智能电子菜谱

在绿色、环保、低碳等理念大行其道的今天，智能电子菜谱成为继点菜宝、PDA点菜系统等传统电子点菜设备后的新一代智能化点菜工具。电子菜谱以平板电脑或智能手机为载体，以WiFi等无线宽带传输网络技术为支撑，融菜品展示、点餐、后厨传输、结账等多种功能于一体。

电子菜谱一般具有菜品分类导航和智能排序等功能，并能显示丰富的菜品信息，如主要食材、做法、营养价值、卡路里含量等，顾客可根据自己的需求和喜好快速地查找、浏览和选择菜品。顾客也可在“我的菜单”等目录下随时查看已点菜品和消费情况，并自行增加或减少菜品。

此外，电子菜谱的一键更新功能，能大幅节省餐厅定期更换纸质菜单的费用成本。店家可选用图片、视频等多种手段对餐厅环境、优惠活动等进行更加立体生动的介绍和展示，也可植入其他商家广告，增加额外收益。由于电子菜谱是基于具有强大娱乐功能的平板电脑设备进行设计，所以顾客在等餐闲暇时还可使用电子菜单玩游戏、听音乐。电子菜单在为餐厅增添时尚元素，提高就餐档次的同时，也为用餐客户带来全新的用餐体验和更高效便捷的点餐感受。

2. 订餐服务平台

订餐平台是企业为客人提供准确周到的订位服务和外送服务的重要渠道，同时也是餐厅预估收入的重要信息来源，传统意义上的订餐平台主要分为两类：一类是餐饮类门户网站，消费者可以在该类网站上搜索各类感兴趣的餐馆信息，有些还支持评论和上传图片功能，如大众点评网、QQ美食等；第二种是专业预订平台，消费者可以通过电话或网络进行自助订餐或订位，如饭统网、无忧订餐网等。消费者通过传统预订平台订餐时，或多或少地存在着信息不对称的情况，如很难了解到商家最新的优惠活动、最新推出的菜品等。不过可以预见的是，随着电子商务网站应用模式和赢利模式的日趋成熟，专业性订餐平台将会迎来一次质的飞跃。

近两年，团购网站的兴起和火爆，不仅为餐饮企业开辟了新的销售渠道，成为新的利润增长点，而且也加快了餐饮行业在信息化应用方面创新的步伐。

此外，有些餐饮企业在官方微博上开通了私信订餐功能，但由于宣传力度、技术支撑和操作流程等问题，短时期内很难成为顾客订餐的首要方式。

虽然目前很多餐饮企业开通了订餐热线，但真正拥有自己的专业化订餐配送平台的企业却屈指可数，除了肯德基、麦当劳、必胜客等一些跨国大型连锁餐饮企业以外，湘鄂情、海底捞等一些国内引入现代化管理模式较早的连锁餐饮企业，在订餐平台的开发与使用上进行了有益尝试，不仅能满足顾客多样化的订餐需求，而且能自动建立顾客用餐习惯的数据库，根据顾客的偏好和禁忌进行推荐。

（二）信息化管理

1. 物流控制与成本管理

有些餐厅在用餐高峰时段常会遇到一些热销菜品因原料断货而影响出品的情况，精细化的物流采购和成本控制系统的应用，能很好地控制原料采购数量和菜品售卖量之间的供需平衡。物流采购系统主要是对餐厅物料的进销存方面进行信息化管理，是融供应商管理、采购管理、入库、账款管理、与前台联动销售、配送、盘存等物流供应链上主要环节为一体的信息化管控系统。通过物流采购系统，餐厅每天可将预订情况和同期数据进行比较，分析得出当天应当采购的原料种类、数量和价格，生成计划采购清单后直接发送给相对应的原料供货商。而成本控制系统可实现菜品动态销售量、原料进销存信息以及每道菜的原料搭配量三者间的信息共享，将后台的成本控制系统和前台的点菜系统相连，便可在前台随时反映出每道菜的可销售数，并自动推荐库存量大的菜品，估清售完的菜品，避免因缺货导致退换菜。

2. 客户管理

如何更有效地维系老客户、拓展新客源，是企业进入营运稳定期后需要考虑和解决的首要问题。餐饮企业的客户类型多种多样、需求喜好也不尽相同，面向不同层次、级别的客户采用不同的优惠策略和管理方式，是将新客户变成老客户、将老客户变成常客的策略性方法。CRM 客户管理系统能够对客户的消费形态进行系统分析，从而更有针对性地对不同消费类型的顾客开展不同方式的优惠活动，如打折、积分、储值、信用卡优惠等。CRM 客户管理系统一般支持会员卡的发放，通过刷卡系统即可区分不同级别的会员客户，提供相应的优惠规则。

客户管理系统还可以根据企业营销活动的定位，在客户数据库中筛选出满足活动对象要求的客户：如本月过生日的客户、纪念日客户、30 天未来店的客户（即将流失客户）等，通过短信平台，自动将营销信息发送到目标客人的手机上。

3. 厨房管理

厨房信息化管理主要体现在两个方面：中央厨房智能化烹饪设备和后厨管理系统。中央厨房智能烹饪设备能够系统化解决连锁餐饮企业食材选料、加工、烹制的标准化问题，根据主辅料的规格、重量和菜品配方等信息设置统一的标准化程序，增强餐饮企业的扩张复制能力。如湘鄂情旗下快餐连锁品牌“味之都”在 2012 年 6 月引入烹饪机器人，将各种传统菜肴的烹饪步骤分解编制成程序代码并植入机器人，机器人就能根据预先设定的程序大批量、快速地出品各种不同菜肴，从佐料配量、火候到菜品色泽、口感、营养成分全面实现标准化。

后厨管理系统可以更合理地完成厨房出菜流程，自动分单功能可将点菜单自动分发到厨房各个档口，每个档口只打印该档口制作的菜品而不会互相干扰；控菜功能在传菜区域打印相应区域餐桌的总单，供厨房出菜确认，并可依此调度后厨出菜的效率，系统会自动提示上菜次序、上菜延迟、上菜节奏等，从而实现对厨房出菜流程的调控，提高顾客满意度和翻台率。

后厨管理系统还能对菜品销售数据进行全程跟踪与汇总分析。月底时，通过查询系统的查询和数据分析功能，可以将一个月内所点过的菜按数量或金额进行排名，统计出最受欢迎的菜品、不受欢迎的菜品、每道菜的原料用量，并通过分析手段核算出每道菜的毛利率，以助管理层制定出一套既迎合顾客品位又保证企业发展的菜单体系和定价策略。

4. 财务管理

餐饮企业在账务上具有日收支频繁、类目多、分类细等特点，专业便捷、协同高效的财务管理系统的应用，不仅可以提高财务管理的流程效率、降低管理成本、缩短处理周期、提高分析的精准度，而且能让财务人员从烦琐的记账、做报表的工作中解脱出来，投入到部门稽核、预算审核、资金调度等能产生管理价值的工作中去。

餐饮财务管理集中体现在对销售数据的后台处理与分析方面，主要包括销售统计、销售分析、财务审计等内容。销售统计功能是对日常销售情况进行汇总，形成财务报表，通过报表企业管理者可以及时准确地掌握前台的销售情况，对日常运营进行控制。销售分析功能则对数据进行分析加工，由图表、表格等方式直观地显示出菜品销量、客户流量和销售收入等信息。企业经营者可以从中发现并及时解决经营中存在的问题。财务审计功能主要是对经营过程中涉及打折、免单等收支行为进行追溯与审核，从而实现对经营流程合理有效的管控。

5. 餐饮 ERP 系统

餐饮 ERP 系统是一套建立在信息化基础上，以业务处理为基础、以客户为中心，以降低成本、提高利润为目标的管理计划。餐饮 ERP 最大的特点是能实现经营决策中信息的共享。企业引入 ERP 管理系统后，通过信息的共享，可以实现企业资源的充分利用与调配，使原料供应、物料管理、菜品销售、财务结算、人力资源等形成一个有机协同的整体，及时准确地向管理者传递餐饮企业的顾客、员工、供货商以及投资者的数据信息，从而提高运营水平、建立高效供销链和提高客户服务水平。

三　餐饮企业信息化发展中的难点与问题

近几年，我国餐饮产业信息化进程不断加快，实施全程可控的精准化、集约化的管理既是企业发展的内在需求，也是市场竞争的必然结果。但餐饮信息化在快速发展的过程中也还存在很多难点，如缺乏整体规划、经营者认识不到位、产品设计与实际需求难匹配、软硬件投入比例失衡、信息数据共享不畅、信息化服务商专业化水平偏低等，都是严重掣肘餐饮行业信息化顺利实施的关键性问题。

（一）缺乏信息化发展的整体规划

餐饮信息化建设从来就不是一件可以一蹴而就的简单工作，而是一项系统繁杂的工程，涉及企业整体战略发展规划、流程控制、组织机构、管理模式等多个方面，而现阶段许多餐饮企业对信息化系统的引入或开发仍具有较大的随机性和随意性，没有从长远发展的需求角度和整个企业的战略高度上，制定适合企业中长期发展的信息化建设规划。

（二）经营者对信息化管理缺乏了解

国内一些餐饮企业是从几张桌子的小店发展起来的，经营初期依靠管理者的个人能力和实践经验，基本上就能应对经营中的大部分问题。这些餐饮经营者普遍文化水平不高，管理观念陈旧，对信息化工具不了解或不重视，认为用电脑收银、用 POS 机结账、用点菜宝下单就是信息化的全部，或是存在信息化投入过大可能收不回成本的想法，严重阻碍了餐饮企业信息化建设的步伐。

（三）产品功能设计与企业实际需求难匹配

信息化服务商所开发的软件和餐饮企业所需要的产品，往往很难实现无缝对接。从技术层面上讲，现代信息化技术的成熟度已经可以满足大部分企业的基础性经营需求，但几乎没有一款产品能够满足企业的所有应用需求，不是有些功能闲置，就是达不到企业预期效果。难点在于供应商不愿或很难根据餐饮企业的实际应用需求进行进一步开发，因为根据一家企业的特定需求进行开发不仅要投入额外的人力、财力和时间，导致开发成本和产品售价的上涨，而且这种定制产品有一定的局限性，很难符合其他企业的使用需求。而餐饮企业在购买不知实际应用效果如何的产品时也会比较慎重，很少有企业愿意接受高于市面产品价格的开发费用，大多数企业最终还是会选择购买现成的信息化产品。

（四）信息化改造投入较高，软硬件投入比例严重失衡

国内餐饮企业在信息化改造的投入费用上仍相对较高，并且软硬件投入比例严重失调①。现阶段一项基础的信息化改造的费用很少会低于 8 万元，配置

① 根据中国电子政府网（www. e-gov. org. cn）发布资料整理而成。

先进的系统和设备的价格则要更高。其中集成与安装的比例为8%～10%，软件开发的投入约为10%～12%，近80%的资金是用于硬件购买。而据世界银行的统计，发达国家信息化建设的投入一般为三七开，30%用于硬件购买，70%用于软件和服务。更有些餐饮企业投入重资买了一大批硬件设备，而到安装调试好准备正式使用时，又发现设备已经落后，若更新就需再投钱，陷入进退两难的窘境。

（五）信息数据共享不畅，导致资源内耗、决策滞后

虽然不少餐饮企业在物料采购、库存、后厨、前台销售、顾客预订等多个环节都已导入了信息化管理，但各环节之间的信息数据共享程度不高，常会导致信息不畅、资源内耗、决策滞后等情况的发生。例如近期顾客的预订信息和菜品销售情况没有及时传递给物料采购部门，而库存数据和后厨管理信息也没有与前台销售实现共享，当遇到节假日或用餐高峰时段，一些热销菜品就会很容易出现原料不足、供应不上的情况，造成改单、退单情况的增加，这不仅增加了前台服务人员的工作量，采购部门也要临时增添人员加班采购并支付加班费，造成管理成本上升、员工重复劳动以及顾客抱怨不满等一系列的问题。

（六）餐饮信息化供应商专业化、规模化程度不高

与其他行业相比，餐饮行业具有业态丰富、产业链长、流程复杂、管理环节众多等特点。所以餐饮行业信息化产品的开发，更需要专业化、经验丰富、运营稳定、了解行业特性的信息化服务商，它们不仅能提供符合企业自身发展需求的最佳解决方案，而且还能提供长期、完善的售后咨询和维修支持服务。但目前的情况是不少其他行业的信息化服务商，看到餐饮市场的巨大潜力，不经市场调研便仓促上马，大张旗鼓地涉足餐饮信息化产品的开发，不仅缺乏经验和成功案例，而且在技术、人员和资金链等方面都没有足够保障。此外，由于信息化产品开发投入大、周期较长、回报较慢等原因，餐饮信息化服务商的成长速度偏慢，规模上也远不及餐饮企业的规模化发展速度。

四　餐饮业信息化应用发展未来趋势

我国餐饮业的信息化经历了四个发展阶段①，第一个阶段是单机时代，通过收银下单；第二个是局域网阶段，能够在单门店中共享动态的数据；第三个阶段是基于互联网的连锁管理运用，总部和门店以及门店和门店之间数据流通；第四个就是移动互联网阶段，目前还处在基础阶段，仅限于电子菜谱、手机点餐，还没有扩展更多具体的应用。

虽然目前我国餐饮行业的信息化应用还处在较为基础的发展阶段，对移动互联网的应用才刚刚起步，但随着认识的加深、投入的加大以及需求的进一步具化，餐饮行业的信息化将会进入系统化、连锁化、移动化的全新应用时代，在信息化战略规划、一体化解决方案、系统个性化定制、数据共享、云计算和移动互联网应用等多个方面将会得到进一步完善和发展。

（一）制定信息化战略发展规划

餐饮信息化建设是一项以高新技术为支撑、以发展需求为导向、以协同管理为依托、以超前意识为指引的系统化工程。企业在不同的发展阶段会对信息化软硬件提出不同的要求，因此企业要根据自身的发展目标、发展战略和各部门的目标与分工，综合考虑当前信息技术的发展水平和已实施信息化企业的预期与成效，全面系统地提出企业信息化发展的长远目标和战略规划，以期能够满足企业各个阶段发展的内在需求，实现经营模式和信息化进程的协调发展，为加速企业信息化建设提供有力指导。

由于餐饮信息化建立中复杂性、关联性和系统化等特性明显，在确立信息化规划方案之前，只有对信息化建设的必要性、可行性以及备选方案进行论证与评价，才能为信息化战略规划的制订提供有价值的参考依据。此外，在制订连锁餐饮企业信息化发展规划时，应按层次规划、按模块化设计，还应满足现有模块叠加和新模块扩展的未来升级需求。

① 朱明坤：《信息化提升餐饮连锁管控能力》，《信息与电脑》2012 年第 8 期。

（二）包含整个产业链的一体化解决方案

目前，大部分餐饮企业还是较多地局限于某个领域或某几个领域的局部信息化建设。而局部信息化建设缺乏与企业战略发展相匹配的系统规划和整体应用，不仅应用效果可能达不到预期，还可能导致重复投资或多次投资。以行业发展趋势为依据，以企业长期目标为导向、短期成效为考量、实际需求为主要出发点，基于整个产业链的智能信息化应用系统的开发与构建，将是未来发展的重点。

（三）根据企业自身特点进行个性化定制

不同业态的餐饮企业经营需求也不尽相同，不同发展阶段的同一家企业的管理需求也会随企业规模、结构的升级而有所变化。这就需要餐饮信息化服务商能根据餐馆酒楼、快餐店、休闲餐厅、火锅店等不同业态企业的管理模式和经营特点，提供全面、成熟的个性化解决方案。

有些企业虽然现阶段或近期没有销物流追踪或客户管理等需求，但随着业务的增加或规模的扩大，今后也可能会提出类似方面的要求，所以开发能支持二次开发、具有良好扩展性的模块化信息管理系统，根据新需求随时添加或链接的新模块，将是今后信息化应用系统开发时的重要思路和设计方向。

（四）各环节间信息化数据共享进一步加强

目前涉足餐饮信息化软件开发的公司大多还是按照功能模块，比如订餐、点菜、收银、库存管理、客户管理、成本管理等主题来进行划分和设计开发。单独环节的信息化应用虽然可以解决局部的管理问题，但还不足以解决企业整体管理效率和成本的问题。只有实现每个环节的信息共享，才能达到企业实施信息化的根本目的。

比如将手机订餐平台与客户管理系统、财务管理系统进行数据共享，当客人订餐时，订餐平台可以通过客户数据库中客人以往的消费习惯、口味偏好、饮食禁忌等，自动为客人推荐适合的菜品和宴席搭配，这样不仅能让顾客体验到体贴、专业的点餐服务，而且通过有数据支撑的推荐性消费可以有效增加餐厅的营业收入，通过与财务管理系统的数据共享还能实时对每张订单的成本和毛利率进行监控和核算，从而实现对整体经营情况的实时掌控和经营策略的优化调整。

（五）信息化服务将向垂直化和平台化两个方向延伸发展

现今餐饮信息化应用越来越多元化，很难有一家信息化服务商开发的产品能够覆盖所有应用领域，满足所有企业的发展需求，所以未来信息化服务会向垂直化和平台化两个方向发展①。垂直化发展是以餐饮管理流程中的某一环节为切入点，比如智能点菜、物流采购、订餐平台等，在该环节信息化应用系统的开发上不断深挖和细化，完善系统的技术成熟度和功能设置，争取满足餐饮企业在某一应用领域上的多样化需求。

平台化服务则是通过较强的整合能力，对各类现有的主流信息化产品的优势进行充分比较和创新式整合，为餐饮企业提供贯穿全产业链的信息化解决方案。这也为一些新创立的信息化服务公司提供了开拓市场的良好发展契机。

（六）物联网、云计算加速餐饮业信息化创新

作为国家七大战略性新兴产业之一，以云计算、物联网、三网融合、下一代互联网为代表的新一代信息技术已成为政策重点扶持的对象。云计算在消费、支付方面的革新性应用，使消费者借助手机、平板电脑、交互电视等一切既便捷又安全的终端完成支付交易成为可能。2011 年，星巴克在美国 7 大城市推出 Mobile Pour 服务②，借助云技术和 LBS（Location Based Service，基于位置的服务）应用技术，可为移动中的行人随时提供星巴克咖啡。消费者使用手机上的 Mobile Pour APP 下单后，LBS 对移动中的预订者进行定位，然后通过星巴克的云计算系统，计算出预订者 10 分钟后可能离哪个星巴克分店最近，并向此家分店发出送货指令，不一会儿星巴克的服务生就会踩着轮滑送上新鲜出炉的现磨咖啡。

2011 年 4 月，工信部和财政部联合出台物联网专项基金相关管理办法，设

① 朱明坤：《餐饮 ERP 管理模式的核心》，《信息与电脑》2011 年第 11 期。

② 星巴克官网，http：//www. starbucks. com/blog/introducing-starbucks-mobile-pour。

立首个物联网专项基金，“十二五”期间该基金将发放50亿元项目经费。物联网和RFID射频技术的深度开发与广泛应用，将逐步实现设备应用和企业管理的有机结合，为餐饮业全产业链协同信息化带来全新性的发展机遇与重大变革。

（七）移动互联网引领餐饮信息化新浪潮

中国互联网络信息中心（CNNIC）最新发布的统计报告显示，截至2012年12月底，我国手机网民规模为4.2亿，较上年底增加约6440万人，网民中使用手机上网的用户占比由上年底的69.3%提升至74.5%①。

手机、平板电脑等移动终端已成为大众获取生活信息、进行日常交流、产生消费行为的重要方式和渠道。随着3G用户的与日俱增，移动自助服务也将成为顾客订餐、点餐的首选方式。当客人外出就餐时，可先通过移动终端上预装的客户端应用软件，浏览餐厅的电子菜谱，获取打折优惠、新菜上市和新店开业等资讯。客人进店后即可通过移动终端获取密码的方式，得到自助点餐的权限，再通过无线网络将电子菜谱下载到终端上，进行自助点餐操作，经由服务员确认，即可上传至后厨。移动自助服务将凭借更强的互动性、更低的订餐成本和更强的计划性，在餐厅和消费者之间架起一座移动的桥梁，掀起一场股掌间的餐饮信息化新浪潮。

参考文献

1. 吴永毅：《餐饮连锁业信息化的瓶颈与突破》，《软件工程师》2010年第7期。
2. 《2012年零售及餐饮服务业信息化发展机遇、趋势及战略（下）》，《信息与电脑》2012年第6期。
3. 朱明坤：《信息化提升餐饮连锁管控能力》，《信息与电脑》2012年第8期。
4. 朱明坤：《餐饮ERP管理模式的核心》，《信息与电脑》2011年第11期。
5. 《第31次中国互联网络发展状况统计报告》，http：//www.cnnic.cn/hlwfzyj/hlwxzbg/hlwtjbg/201301/t20130115_38508.htm。

① 《第31次中国互联网络发展状况统计报告》，http：//www.cnnic.cn/hlwfzyj/hlwxzbg/hlwtjbg/201301/t20130115_38508.htm。

B.10

餐饮消费者品牌偏好分析

温俊伟*

摘　要：

餐饮品牌是餐饮企业重要的无形资产之一，是餐饮企业的一面金字招牌。消费者对品牌的偏好主宰着消费者的购买动机，并决定了一个品牌的形成和其最终的命运。因此，研究消费者的品牌偏好就显得非常重要。本文从产品、环境、服务、形象四个方面论述了餐饮市场中消费者对品牌的偏好特点，并对这些偏好的形成原因进行了进一步探讨，清晰地阐明了消费者与品牌之间的关系，最后提出了应对这些偏好的六种有效策略。

关键词：

餐饮品牌　消费者　思路

著名广告大师大卫·奥格威曾指出：品牌是产品属性，是产品名称、包装、价格、历史以及广告方式的无形总和，是消费者对产品一切感觉的总和。由于餐饮消费市场的特殊性，其品牌的载体往往会有别于其他消费，而不单单只存在于产品中。一个餐厅开门迎客，它不光提供产品的消费，它同时也在销售着服务和环境。因此，就产生了环境的品牌、服务的品牌、价格的品牌和企业的整体品牌。

在现实生活中，品牌因消费者的层次、消费意识以及使用品牌的经验不同而在其心目中产生差异。这种差异可体现在品牌与非品牌的商品中，体现于同一品牌和不同的品牌中；也可体现在同一消费者对众多商品或众多同类型品牌

---

* 温俊伟，自由撰稿人，主编过唯高餐饮经费丛书和卓烨餐旅至尊丛书，已出版餐饮管理专著七本。

的不同感受之间，体现在不同的消费者之中。比如，同是一碗面，有品牌和非品牌之分，有不同品牌之分，有对同一品牌的不同感受之分。有差异，有不同的感受，就会产生偏好。这种偏好是消费者在购买过程中心理活动的结果，这种结果主宰着消费者的购买动机，往往决定了一个品牌的形成和其最终的命运。因此，研究这种偏好就显得非常重要，它影响着餐馆在创立怎样的品牌，如何创立品牌，如何保持品牌的旺盛的生命力等一系列的策划与经营活动，影响着餐馆能否保持持续发展的势头。

品牌也堪称餐馆生命力的重要元素。餐馆若拥有了众多的品牌产品，而环境、服务、价格等方面也可圈可点，就会在消费者心目中逐渐形成对餐馆的整体品牌认知，当具备这种认知的消费者越来越多的时候，这些品牌最终就会成为餐馆的摇钱树。那么从心理学的角度看，研究消费者对品牌的偏好，实质上就是要使餐饮经营者懂得如何去迎合这种偏好，并以此有的放矢地去研究自己的经营行为，使消费者认知品牌，购买品牌。所谓偏好又可以说是情感上的特别喜爱和信赖，它是品牌与品牌，品牌与非品牌在消费者心中斗争的结果。它会导致消费者放松对风险的警惕，在行为上做多次购买和情不自禁地向社会宣传。这是由品牌在消费者心目中的魅力效应和情感效应决定的。感觉上的满足，是偏好产生的开始，当这种感觉多次重复，就会凝聚起强烈的偏好。

在餐饮市场，很多消费者都有一个共同的习惯，当他们发现了一个好餐馆，这餐馆可能是食品的味道特别好，价格又与他们的消费能力相称，或者在产品质量还可以的基础上，环境颇具特色，又或者提供的服务令他们感动等，那么，在一段时间里，当还没有其他地方能取代这餐馆在他们心中的位置时，他们都会频繁地光顾这家餐馆，并且会本能地在亲友之间做宣传。可见，品牌的形成及消费者对其的偏好，全在于商品对消费者的吸引程度，当被吸引的人越多，被吸引得越深，消费者对品牌的偏好就越强烈，品牌的魅力就越大，品牌的光环效应就越明显。

餐饮的消费，明显不同于其他日用百货的消费，随着时代的发展，餐饮的目的已远远超出果腹而在于享受美食和享受生活的欢乐了。某餐饮成功人士就提出过一些新颖的观点。他说：我们经营餐饮业，就要把卓越的感受奉献给顾客，这是我们企业的核心价值观，具体地说，就是要关注客户，把营养、健康、欢乐、和谐带给社会；我们经营餐饮，就要为社会搭建一个沟通的平台，为家庭制造和谐和欢乐，每个员工都应该有这样的使命感。购买日用百货带来的享受往往是满足自身精神上的需要。比如使用一个世界名牌手袋或手表以抬高自己的身价，显示自己的档次、品位和富有，引起旁人的羡慕，从而获得精神上的满足。而餐饮的消费，不光只通过视觉的感受提供精神享受，还要通过口感、嗅觉、听觉的感受获得生理上的快感。而且，餐饮消费经常会带着宴客、欢聚的成分，因此，这种享受，往往就是群体性的同时享受。所以，一旦餐馆的产品、环境、服务等品牌给客人留下深刻的美好的印象，其品牌偏好便会辐射型地迅速扩散，为餐馆带来无穷的收益。

下面，本文从几个方面分析餐饮市场中的消费者对品牌的偏好以及这些偏好的形成和特性。

一　产品品牌偏好

宴请主人自身与欢聚者享受产品带来的愉悦，享受自己宴请的客人对产品的赞叹，从而享受因此而带来的欢乐，是餐饮消费者消费的最终目的。而消费者的品牌偏好是影响餐馆生意的最重要的因素，这种偏好的形成基于以下几个方面：

1. 菜品的造型

菜品的造型，即菜品带来的视觉形象、听觉形象和嗅觉形象。这是餐饮产品给消费者的第一印象。一道菜端到跟前，第一印象很重要，那感觉就像相亲的人看到对方第一眼，常常会把感受相对固定下来，并对后来的感觉起着左右的作用。菜肴的“相貌”得体，很能满足消费者的面子心理，尤其是宴请的主人。第一感觉好了，食欲和享受欲顷刻之间被激发起来，偏好就开始萌芽了。视觉形象包括菜式中各种原料颜色的鲜艳、和谐，盛器的形状和颜色与菜肴内容的相称，菜肴装碟的造型，碟边的卫生等。设想一下，当冒着热气的鲜红色的辣椒、翠绿的芹菜、黑色的木耳、白色的淮山、黄褐色的回锅肉像一块圆圆的大蛋糕似的堆放在雪白的圆碟子上，碟子的边又整齐洁白可人，并端到你面前的时候；当热气腾腾、油泡翻滚、香气窜鼻的啫啫食品在你面前吱吱作响时，你是否会被这象征着金木水火土的五种颜色交错成的和谐的美，被有声有色有香的美景所吸引呢？现在的餐馆都逐渐重视盛器的使用了。高档餐馆讲究盛器造型、色彩的新颖，特别是一些名贵的菜肴，常常配之以精美的盛器；中小餐馆则很多强调风格、品位，多讲究其款式、颜色、造型与餐厅的装修风格和食品风格相对称，比如一些很有乡土气息的餐馆，就常采用粗瓷大碗，以新鲜感诱发客人的喜好。这些都是以产品魅力诱发食客偏好的元素。

2. 菜品的分量

菜肴的分量是客人衡量菜品的消费是否值的一个很重要的要素。如果每道菜的分量都出人意料地少，每碟菜都吃得精光，主人还有什么面子？客人又怎能尽兴？AA 制的人们又怎能从中享受到聚会的欢愉？主人、客人、所有人的面子心理和价值心理都不可能得到满足，好感就自然无从衍生。广东人对于他们满足的餐饮消费常用“抵食大件”来称赞，意即分量足够，买得值！好的造型，加上令人满意的量，会令客人对这道菜品的满足感更上一层楼。

3. 菜品的味道

味道是餐饮产品的灵魂。所谓味道主要是指口感或味蕾的感受。菜肴讲究的是形、色、香、味，其中，味道至关重要，是形成消费者品牌偏好不可或缺的因素。一道菜品，摆得再好看，分量再充足，但若味道不好，都会被“一票否决”，形、色、香皆因之黯然，其留于消费者心目中的好感也会被一扫而光。但若这道菜一进口就齿颊留香，令客人赞不绝口，那么，原来的好感马上就会被几何级地加分，就算前三种元素略为逊色也无妨。这道菜的品牌形象就会瞬间在消费者心目中确立，并随其活动在社会中不断扩散。

4. 菜品的选材

餐饮消费者对于品牌菜式的偏好，往往也来自菜式选材的偏好。他们往往希望能尝到一些鲜美的而以前又未尝过的食材。广东省佛山市有一家餐馆，原来经营亏损严重，调整领导班子后，新班子锐意在出品上创新，要在材料上做到人无我有，从而使品牌菜式也实现人无我有。有一道只有他们才生产的品牌菜式叫蒜子焖西江鲶鱼，颇受高消费客人追捧，其原料就是只在珠江水系的西江的某段水流才生产的，肉质特别细嫩鲜滑。由于他们的努力，还采购回了一斤重一只的元贝、三四斤重一只的新鲜游水墨鱼、个头大而价钱便宜的大虾等别的餐馆没有的原材料，并在海鲜池把这些活体形象地展示出来，同时又通过精心的烹调，创造出一个又一个受食客青睐的响当当的品牌。因此，这家餐馆在一年多的时间里宾客如云，成功地扭亏为赢。这是他们因应了今天的食客对材料的广度和精美度要求越来越高的偏好而取得的。

5. 菜品的价格

一个餐馆的价格体系，也能够成为消费者心中的品牌。一般来说，物美价廉（当然，这廉是相对的，不同经济地位的人群有不同的标准）是一个正常的消费市场中买卖双方的共同追求。在物美的基础上，谁的价格低廉，谁便能夺得更多的市场份额。打折优惠、团购优惠、开张优惠、节假日促销等活动的策划，无不在价格上做文章。只要产品质量过得去，价格越实惠就越有吸引力。这是市场的普遍规律，是人性所决定的。就是身家亿万的富豪也不喜欢被宰的感受。这是任何一个以消费者身份出现的人的本能。靠领着一份普通工资过日子的芸芸众生就更不用多说了。在一些中低档餐厅，健身一族（那些每天早上健身，然后中午到餐馆 AA 制进餐的人们，多是退休老人）是主要的消费群体。经常会听到他们在做群体性消费“大挪移”时的习惯性语言：“我们去试试××餐厅吧，那里更便宜，东西也一样好吃!”

6. 菜品的宣传

一家餐馆，对于陌生消费者来说，他们对其品牌一无所知，因此也就无所谓品牌偏好。很多餐馆都用宣传的方式加速他们对自家品牌的认知和形成偏好。宣传的方式可以多种多样，最直观的方法是把各道品牌菜式的实物放于长条形桌子上展览，点菜员则在一旁加以扼要和精确地说明，以利于消费者形成偏好；也有的餐馆制作图文并茂、美轮美奂的菜牌或灯箱，让食客舒舒服服地坐在座位上慢慢欣赏和浏览。在这一过程中，随着对这些品牌菜式的选材情况、有关典故、烹调特点和价格档次的逐步了解，他们心目中的最初的偏好也就渐渐形成，有魅力的宣传能使品牌顷刻间在消费者心中形成偏好。此方式对于那些对自己将要光顾的餐馆一无所知或不太了解的客人特别管用。这种魅力来自生动形象的文字和富于诱惑力的图片。而且抓住了消费者最关心的重点：

无公害的肉品、口感奇佳、补而不腻。另一种宣传就是点菜员绘声绘色的生动描述，也同样能促成消费者对自己餐馆有利的品牌偏好。有些在公路边新开的餐馆的经营者还很聪明，他们让亲友或邻居把车免费停放在餐馆门口一段时期，以造成很多过路客消费的假象，有效地影响客人的选择，因为客人都偏好门口停放着很多车的餐馆。这些都是帮助消费者形成偏好的触媒。全聚德当初能火，与它们在电视台和报纸做大量宣传是分不开的。

二　环境品牌偏好

对于很多高端消费者来说，除了对菜品的要求比较高外，他们尤其偏爱环境优异的地方。比如，同是西餐，同是品牌西餐店，彼此的味道差不多，他们肯定要根据自身需要选择那些环境比较适合自己的餐厅。因为，环境色彩的搭配、餐厅内装饰的风格、光线的设置、悬挂物或摆设的韵味、桌椅的款式、摆设的设计、吸音的效果、过道的宽敞度等都能激起客人的情绪反应，直接影响着客人的舒适感。至于客人偏爱怎样的环境，则各有不同的侧重面，有些喜欢趋向自然，有些崇尚文化包装，有些钟情古色古香，有些则喜爱洋气堂皇……餐馆采用怎样的风格，那就要看看他们把自家消费群体的定位置于哪个层次了。

1. 趋向自然

返璞归真是富起来了的现代人的一种时髦追求。餐饮业的服务目标，已远远超越仅为填饱客人肚子的低层次需要。人们对就餐的环境越来越讲究。很多有一定消费实力的餐饮消费群体在不断地寻求着自然或近似自然的就餐环境。于是，乡村田园的天然秀色成为了餐馆营造环境的很重要的一个方面。

广州近郊有一座小岛，经营者利用原有的大水塘做文章，围绕着水塘，有一半是水榭般的餐厅，一半在岸上，一半伸出到水塘上，栏栅、金字架、房顶、地板、杯碗全用木做，原始质朴。围绕水塘的另一半是一间又一间彼此隔着几米距离的杉皮木屋。这些木屋全都建在塘边的水上，可供用餐小憩甚至小住，面向水塘的一侧，还有用木栏杆围着的小阳台，可供食客观赏荷塘景色。再细看这些餐厅和客房，全都宁静地掩映在荔枝、龙眼树中。树林里还有一条小河，河两岸亦有很多间类似的杉皮客房藏身在墨绿的树丛中，并把另一半延伸到小河上。小河上有两座线条简单、无任何雕饰的木拱桥，小河边的树下系着几条小舟，野趣盎然！

这里人气兴旺，不提前预订根本就享受不到这里的消费。政府部门还把这里当作定点接待重要客人的地方，附近的一些文化单位，也看中了这里优美的环境和精美的出品，几乎把一些客房和大厅那边的房间包了下来。之所以如此，除了菜式丰富，味道诱人，原材料都是本地农家出品，极少污染，因而很受欢迎外，主要是餐厅景色优美、环境接近自然，因而空气十分清新，俨然一个大氧吧。都市人来到这里，感受到的是自然、安宁、轻松、自由、朴素的环境，本能地把一切烦恼都丢到脑后，全身心都得到放松。

2. 文化包装

文化包装是品牌策略的一部分。餐饮行业环境的文化包装，是把文学、艺术、科学等方面的理念引入到餐饮文化里，找到彼此最好的结合点，把社会各类文化气息融入餐饮文化之中以凝聚特别的魅力，让人能在雅致的环境中进餐，从而产生快感，形成偏好。环境里面也包含着很多细节，比如用餐间的亮度与空气的流通、洗手间的卫生、餐具的光洁度、家居摆设的疏密度、地板是否会有油腻感，等等。有时，一个细节也会造成客人偏好的产生或消失。

三　服务品牌偏好

服务，是餐馆销售的一个重要内容。菜品的销售要通过服务来实现。因而，消费者对菜品、环境品牌的偏好，也会受到服务好坏的影响。如果服务恶劣，其已形成的偏好心理也会大大减分。人是有感情的高级动物，需要尊重，而服务能体现出餐馆对客人是否尊重。广州有一家叫和苑的餐馆，产品精致，环境也让人舒服，但这都还不足以使人特别留恋，最让人钟情的是它的服务。点菜、餐中服务、餐后送客每个环节都充满温馨。

四　餐馆的整体形象品牌偏好

对于一些各方面都不错，整体形象已形成品牌的餐馆，消费者在选择的时候也会存在偏好。其偏好主要表现在以下几个方面：

餐馆的知名度越大，对消费者偏好的影响就越大。因为人们会想，知名度如此大，一定是被很多人都认可的结果，选择它大概不会错。

亲身体验过的品牌餐馆会更受偏爱，因为相信自己总比相信别人更可靠。

餐馆所处的地段也很重要，同是品牌餐馆，交通顺畅，有较多的交通选择、容易到达的餐馆会更受青睐，如地铁口、客运站、公交车密集的交通枢纽等。从简从易，力求避开繁难乃人之常情。

门面较为堂皇、气派或装点得有点韵味的，门口迎宾小姐漂亮有礼的餐馆更能给人以信任感，因为门面能引起人的不同感受，如果门面猥琐，人们就会产生厌恶感，很多人就会联想：大概菜品也不会好到哪里去！

菜系适合自己以及共同进餐的朋友或者你要宴请的人们的餐馆。比如，不能吃辣的硬逼着他们要吃川菜或者湘菜，那就不是享受，而是受折磨了。

人气兴旺的餐馆。它会使人产生这样的联想：既然有那么多人都到这里消费，这地方肯定有它的长处，选它一定不会错。

五　品牌偏好的特性

世界上任何事物都不会一成不变的。不要以为餐馆一旦成为品牌或拥有了品牌，就会一劳永逸。消费者对品牌的偏好也会随着时间、餐馆自身素质的变化或者市场的变化而变化。市场的竞争非常激烈，你有产品的优势，人家会学你，甚至超过你；你有价格的优势，人家也会想方设法降低成本与你拼一拼；环境、服务等方面也是一样，菜系可以增加，服务和环境也可以升级。当消费者发现在市场竞争中你已远远落在后面的时候，就会毫不犹豫地抛弃你而“爱”上别人。市场上，从来没有永远忠诚的消费者。

品牌偏好也有地域性。中国地广民众，菜系繁多。不同地域，口味大相径庭。一个地方的品牌，到了异地就不一定吃香。最典型的事例就是中华老字号全聚德烤鸭店在北京十分红火，可异地扩张却屡屡受挫，有些甚至黯然退出当地市场。笔者到过美国，尝过那里的肯德基和麦当劳，口味与广州的绝对不一样。笔者喜好吃红烧乳鸽，出差哈尔滨时，朋友就请我到一家高级餐馆去品尝，餐馆标榜这是正宗粤菜做法，还说很受当地人欢迎。可一进嘴，却完全不是那么回事。看来，每一个地方都有该地方的习惯口味、消费方式，品牌异地经营大多需要按照当地人的偏好做一些调整，因为，各地方的人大多偏爱当地感受惯了的口味。

品牌偏好也会随消费者的喜新厌旧（这是最基本的人性）的情感而变化，不管什么品牌产品，都会有吃腻了的时候。当有新的品牌出现时，偏好就会转移。此乃“食无定味，适者为珍”是也。如果与非品牌比较，品牌自然容易受到客人的偏爱。比如同一产品，口感、卖相差不多，价格差不多，就餐环境也差不多，人们会偏好品牌产品，因为品牌的一个很重要的元素是信誉。消费者会这样联想，非品牌味道虽然也好，但是因为还缺乏对它的认识，不知道这好味道是怎样弄出来的，他们会怀疑是否会使用了很多对身体有害的添加剂。品牌的偏好也有从众性。受从众心理驱使当消费者在缺乏充分认知的情况下，大多会选择从众。品牌偏好还有求新性。新开一家餐馆或新创立一个品牌产品，总会有人乐于试新。

通过以上分析，我们明白了消费者对于品牌偏好的存在、形成、特点及其对餐饮企业持续发展的直接影响，我们要做的便是制定好应对此种偏好的策略并加以实施。

1. 首先应建立创品牌的意识。

有意识才会有行动。没有品牌就不能形成消费者的品牌偏好。有人曾如此形容过，一元一元地赚钱，到形成品牌资本时就是百元千元甚至万元地赚钱了。这说得也许夸张了一点，但不无道理！

2. 品牌偏好存在于消费者的内心。

对同一品牌，不同的消费群体会有不同的感受，因此餐饮企业对自己的主要消费群体一定要做出准确的定位，以求得到最多的受众，并以他们的偏好引领餐馆的发展。

3. 做好品牌销售的记录和分析。

挖掘出消费者的偏好，好留劣汰，根据这种偏好日渐更新、完善品牌产品的菜单。

4. 持之以恒地吸收消费者对餐馆的批评和建议。

从中分析消费者的偏好，并按此偏好对本企业的品牌策略做出必要的调整。

5. 持之以恒地开发新品牌和发展已有品牌以满足消费者求新的偏好。

可以设立专人到别的品牌店见识其各项品牌产品、品牌环境以及服务，然后借鉴开发。

6. 以各种方式方法加强品牌的宣传，以最快的速度提高品牌的知名度。

B.11

中小型餐饮企业转型升级路径选择

吴永杰*

摘　要：

中小型餐饮企业是中小企业群体中很重要也很特殊的一个组成部分，在满足人民生活需求和创造社会就业等方面发挥着重要作用。本文从企业自身的角度，结合具体的实例，从产品的升级转型、服务的升级转型和管理的升级转型三方面论述中小型餐饮企业应该如何通过自身能力实现升级转型。

关键词：

餐饮　中小企业　升级　转型

目前，中小型餐饮企业生产成本高、招工难、利润低、创新能力差、技术含量低等困难束缚着餐饮企业的发展，不突破这些瓶颈，餐饮企业就无法发展，因此升级转型已是当务之急。餐饮企业的升级转型既需要企业自身的努力，也需要政府的支持，本文从企业自身的角度，结合具体的实例，从产品的升级转型、服务的升级转型和管理的升级转型三方面论述中小型餐饮企业应该如何通过自身能力实现升级转型。

一　产品的升级转型

（一）餐饮产品的标准化

中小型餐饮企业由于受手工操作为主、经营规模小的限制，产品制作一般是

* 吴永杰，硕士，上海旅游高等专科学校烹饪与餐饮管理系副主任，主要从事烹饪教育与餐饮管理研究工作。

师徒传承，厨师凭经验、感觉、勺功和个人喜好来烹制食品，缺乏统一、系统、规范的产品标准，很容易发生偏差。在知名的连锁餐饮企业中，产品的标准化可谓是企业的生命。“大娘水饺”从江苏常州市的一个只有25平方米的小餐馆，发展成为遍布江苏、上海，并成功进军北京及海外市场的中式快餐品牌，目前已经拥有150多家直营连锁店。虽然光从数量上或许还不能称之为“老大”，但在当今的中式快餐企业中，“大娘水饺”无疑是最有活力的企业之一①。公司内部的《管理手册》厚达300多页，涉及各类保证产品规格和质量恒定的“标准化”内容。

（二）产品的差异化

产品的标准化固然重要，但千篇一律的标准化，就丧失了产品的个性化。所谓“众口难调”，就是不能满足特定人群的特殊需求和食客的猎奇心态。在当前竞争白热化的餐饮行业，产品的差异化，有别于同类产品的比拟性，利用差异化策略形成产品特色，无疑也是一项制胜法宝。

从传统中式小吃转型成西式餐点，或在西式餐点中加入中式元素，这样的多元化经营已被不少企业所实践。作为杭州最受欢迎的本土餐馆之一的外婆家，就推出了以面包为主题的新菜色，还取了个有趣的名字“面包会有的”，让不少顾客大呼新奇。而知名的“洋快餐”肯德基结合中国特色推出了豆浆、油条等中式餐点来吸引顾客。然而，隔行如隔山，如何在新领域中向那些已经发展较成熟的企业抢市场？杭州天可汗食品有限公司的“差异化”竞争就是典型。几乎所有餐饮企业都会利用新口味、新菜色来打响“头炮”。

为了区别于可莎蜜儿、85度等一批西饼行业中的“名牌”，“恩点工坊”看到了不少新颖的品种，例如口味甜中带点酸的乳酪蛋糕，各式以原汁原味纯天然为卖点的花茶等。为了创出品牌，在研发上要着实下番心思，企业要走得长远必须依靠研发团队。

（三）食品安全保障

食品安全问题已是我国目前民生问题的头等大事。“地沟油”、“滥用食品

---

① http：//www. canyin. com/zixun/canyinfangtan/news－10183. html.

添加剂”等已让国人“谈食色变”。随着我国人民生活水平的不断提升，饮食已不是简单的填饱肚子的基础生理需求，已经演变到追求养身和健康的精神需求层面。餐饮企业顺应时代潮流，抓住消费者的这一消费心理，顺势出击，把食品安全放首位，打造个性化和人性化的餐饮品牌，也是实现餐饮企业升级转型的一条捷径。现如今，很多餐厅都推出明档点菜，取消菜单点菜，让顾客看到实样点菜。更有“明档厨房”问世，顾客在餐厅用餐就可以看到厨师现场操作烹调，让顾客放心，又有“亮点”，因为，“亮点”就是“卖点”。

（四）通过品牌塑造升级转型

中国餐饮企业已经从对品牌的“一无所知”发展到今天的品牌“无所不在”。20 世纪 80 年代，中国餐饮企业迈出了品牌建设的尝试性步伐，纷纷摒弃“酒香不怕巷子深”的旧思维，各展所长吸引客户。2001 年中国加入 WTO 后，各类大大小小、或风格独具或雷同类似的品牌层出不穷地出现在媒体和销售场所。

目前餐饮竞争已从产品层面上升至企业层面，产品品牌已无力负荷，公司品牌逐渐兴起，引起业界和学界的重视，并在中国市场中初露锋芒。公司品牌的演变路径千变万化，各企业由于特殊情况的存在也可能演化出极特殊的内部演变规律，企业需要从组织整体入手创造差异化、吸引利益相关者、开展公司营销以提升企业竞争能力①。在此也期待中国企业在以公司品牌为核心的品牌管理路径上做出更精彩的创新实践。

二　通过服务创新实现升级转型

作为典型服务性行业的餐饮业，服务对于中小型餐饮企业的成功具有非常重要的作用，甚至起到画龙点睛的神奇效果。而一些传统的中小型餐饮企业，只注重餐饮产品质量，忽视服务质量。殊不知，餐饮产品质量分为食品的有形产品和服务的无形产品两点。有时作为无形产品的服务更具重要性，因为现代

---

① 胡笑红：《中国“真功夫”崛起珠三角》，《京华时报》2007 年 6 月 18 日。

餐饮消费已转变成精神层面需求领域，优质的服务、良好的沟通、妥善处理投诉、塑造品牌等都与服务质量和服务创新息息相关。

（一）服务理念的创新

服务创新的第一点就是服务理念的创新。传统的服务理念还停留在“顾客就是上帝”这一层面，而实际服务过程中根本就不会考虑“上帝”的感受。有的餐饮企业把服务理念收集装订成册，但它永远躺在抽屉里，根本没有落实执行。有的餐饮企业把服务理念作为培训教材，对新员工进行教育培训，仅仅是一种形式而已，说穿了，服务员脑海里根本没有服务意识。如遇顾客因服务差为由投诉而不埋单时，管理员往往会站在服务员和酒店利益的立场与客人争辩得面红耳赤。

真正要实现服务理念的创新，第一要把服务理念移植到每位员工的脑海里，并实时告诫和督促，而管理员的服务理念创新是最主要的，否则，无法贯彻执行；第二要站在顾客的立场换位思考，自动积极地为顾客着想，而不是被动消极地等待顾客的投诉。

（二）通过增加服务项目提升附加价值

餐饮产品有其内在的价值，其外在的价值就是产品的价格，价值是否等于价格，或者说价值是否超过其价格，让顾客有物有所值或物超所值的感受，在这方面餐饮企业应该努力做到在价格一定的情况下，挖掘更多的内在价值，从而增加产品的附加值，这也应该是餐饮企业升级转型的一大举措。

与其他企业不同，餐饮企业的特点在于同时向顾客提供食品和服务，因此，不光是把食品做得更好吃可以让顾客更满意，以新颖周到的服务解决顾客在就餐活动各个环节遇到的问题也是增加附加价值的重要手段。比如，受欢迎的餐厅往往客满为患，虽然通过预订等手段可以解决这一问题，但是，顾客到达后不能马上入席必须在门外等待也是一个普遍的问题。为了解决顾客在等待期间的枯燥问题，海底捞的举措新颖别致，受到消费者的好评，也一度成为海底捞成名成功的代名词。海底捞在等位时的跳棋、水果，免费的擦鞋、修指甲服务，还有愉快而有创意的服务员，为产品增加附加值。杭州湾海景大酒店专心研究祝福用语，形成了非常有特色的“上菜服务”，在送上菜品的同时，送上温馨祝福，增加顾客的满意度。

三　管理转型升级

（一）通过管理理念创新升级转型

传统管理未成理念体系，只停留在人管人或人管事这一层面，可以说是八分管二分理，这种理念已经过时，必须创新，必须升级。而创新的管理理念倡导“二分管八分理”，重点放在“理”上，理就是梳理，理顺关系，其中客户关系是最重要的，同时也蕴藏着深厚的企业文化。创新是企业的生命。创业、创新、争创一流，这就是全聚德的三创观念，要做就一定做到最好。历史上全聚德一直在不断创新、改革。烤鸭并不是全聚德发明的，但敞开式挂炉烤鸭就是全聚德的创新。1993 年成立全聚德集团，从体制上为创新创造了良好的条件。现在的全聚德虽然是一家上百年的老企业，但发展和管理都完全现代化①。

（二）严格控制成本

1. 实施预算管理

酒店推行全面预算管理，餐饮部以实现成本率、毛利率指标控制为基础，制订出指标的预算计划，分解到月、周、日并每天将经营实际发生的情况汇总与预算计划对比，看是否完成预算指标，及时改进和克服存在的问题，按照预算计划安排相关工作。

2. 落实成本管理责任制

酒店以餐饮成本率、毛利率指标作为考核餐饮部经营业绩的硬指标；餐饮部为确保成本率、毛利率预算指标的完成，实行管理人员层层负责、项项指标落实到员工，并严格按指标完成情况与奖金挂钩。层层负责、人人有责的成本

① http：//www. canyin. com/zixun/canyinfangtan/news－10244. html.

管理责任制既给员工压力，也激发了员工搞好成本控制工作的积极性，形成了全员节支降耗的良好氛围。

3. 严把采购关

降低餐饮成本，把好采购关是关键，传统的采购方式对采购环节缺乏有效的控制和监督。使采购成本居高不下，造成大量效益的隐性流失。它的浪费比其他环节上的浪费更为惊人。应加强采购工作的控制和监督，使餐饮成本控制在一个适度的平衡点上，为此必须建立一个有效的采购过程考核控制程序。按程序对采购人员的采购情况实行动态考核。首先建立采购报账考核表。其次，从采购人员的采购报单中找出所采购物品的报价，将名称、单价、规格、产地等登记在考核表中作为考核内容。再次，到市场上做市场询价调查，从物品的规格、质量、产地等几个方面进行比较，货比三家，一一登记入表。最后，汇总。先算出货物平均批发价，然后列出采购员采购货物单价，计算出采购员采购报价高出或低于调查平均价的百分比，从中考核采购人员的采购业绩。

4. 加强内部基础管理

餐饮部应规范成本核算制度、员工用餐制度；强化管理人员现场管理，加大成本控制工作督导检查和奖罚的力度，降低餐饮成本，达到赢利的目的。

5. 合理定价

在餐饮经营的过程中，价格对于餐饮经营者和消费者来说，都是极为重要的因素。成功的经营是主客双方均认为可以，双方受益的。任何一方不满意的经营，都是不成功的。要想以合理优惠的价位吸引顾客，就必须降低毛利率，如果毛利率降不下来，就菜价下不来，就难以吸引顾客。因此，毛利率要控制在经营者和消费者双方受益的指数上。菜肴价格要以中低档为主，做到合理、实惠，甚至经常开展一些让利活动，贵族菜平民化，使顾客的消费心理得到满足，心情舒畅，主动多点菜，成为回头客。

（三）通过信息技术升级转型

科学技术是第一生产力。的确，在现代酒店管理中，科学技术被广泛使用，特别是 IT 技术在劳动密集型的餐饮行业被运用到极致，甚至是高档酒店的专用和必用了，从而提升了品牌，增强了市场竞争力①。众所周知，国内外高星级酒店几乎清一色都使用 Fidelio 酒店管理系统，内资酒店业最常用西软、中软和泰能酒店管理软件。除此之外还有餐饮管理系统、专用的酒店财务管理系统、酒店专用人事管理系统和智能化弱电管理系统（包括背景音乐、程控电话、无线和宽带网络、消控、周界报警、电子巡更、身份证扫描、公安传输、无线 POS）等。餐饮管理软件为酒店管理节省人力资源，为酒店的高效管理提供数据备份分析、财务分析等一系列的科学技术统计和分析技术支持（见表 1）。“餐饮管理系统”分为前台收银、PDA 无线点菜、经理查询、会员管理、预订管理、库存管理、厨房分单打印和出菜扫描。就餐厅而言，现在大都已经无限网络全覆盖。特别是电脑点菜系统的便捷操作，为酒店增添了感情分和技术分。

除此之外，高档餐厅现在已普遍使用 IPAD 点菜，其代替了传统的菜单点菜，更新程度更快，图文并茂且清晰度高，受到高档客户群体和高档餐厅的特别偏爱，甚至是档次和身份的象征②。餐饮管理软件助推餐饮便捷高效，降低用工成本。

表 1 使用餐饮管理软件投资分析表

	传统手工操作	餐饮管理软件	节省人员	估算效益
传单速度	5～10 分钟/单	5～10 秒/单		
结算速度	3～5 分钟/单	2～8 秒		
传单分单员	3 人	电脑传单分单	3 人	3 人×1000 元/月×12 月=36000 元
服务员	面对客户服务时间 50%	面对客户服务时间 90% 提高客户满意度	5 人	5 人×1200 元/月×12 月=72000 元
收银员	6 人	4 人	2 人	2 人×1500 元/月×12 月=36000 元
财务稽核/统计	1 人	电脑统计	1 人	1 人×1200 元/月×12 月=14400 元
客流量	正常	提高 10%		增加 10% 收入

① http：//www. canyin. com/zixun/hangye/news－11655. html.

② http：//www. canyin. com/zixun/hangye/news－11670. html.

续表

	传统手工操作	餐饮管理软件	节省人员	估算效益
结算错单	时有发生	无		减少各种错误产生的损失，按照0.5%计算，营业额按照每天3万元计，一年减少损失3万/天×360天
飞单漏单	很难避免	无		
出品太慢	时有发生	杜绝		
字迹不清导致菜品出错	时有发生	杜绝		
传菜错误	时有发生	杜绝		
决策依据	凭感觉	靠数据		
合计	大大提高餐厅的效率，减少可预见损失		6人	无形增加收入20.9万元/年

（四）餐饮企业通过自身培训提升整体管理实现升级转型

中小型餐饮企业利润的急剧下降和人才的缺失是面临的主要问题。所谓要升级转型也只是口头上说说而已，并无实际举措，所以餐饮企业通过自身来升级转型有时往往是一句空话。殊不知，通过培训能够突破餐饮企业利润下降和人才缺失这两大瓶颈，我们常说培训非常重要，培训的终极目标就是“向培训要效益”“向培训要人才”。但一般中小型餐饮企业对待培训的普遍态度是“说起来重要”“忙起来不要”，没有真正把培训重视起来。

培训可分为外部培训和内部培训。外部培训是通过专门的培训机构和专业人员来讲座和教授，这也是一般企业所做的培训，这并不适合本企业的自身需求和长远发展。内部培训是企业内部建立培训机构和培训体系，根据市场需求和企业自身特点而量身定做的，具有很强的市场适应性和实用性。

例如，知名餐饮企业的内部培训体系。在世界品牌五百强中，有自己的培训机构的企业并不在少数。各个商业大亨都很重视自己团队的软实力，不惜花费重金给员工充电提升自身职业素质。餐饮行业，在中国一直被认为是一个低职业技能行业，但是随着人们消费水平的提高和市场竞争的激烈，相当多的餐饮高管为自己员工的职业修养头疼。麦当劳就将原本在香港的汉堡大学迁址到上海，以便更加便捷地培训中国内地的员工。而本土快餐大亨真功夫的米饭大学也在广州开学。上海麦当劳汉堡大学是麦当劳全球第七所培训机构，麦当劳计划投资2.5亿元人民币，在5年时间内，为麦当劳的5000余位管理人提供运营和领导管理培训。

（五）通过加盟连锁升级转型

中小型餐饮企业大多是单体餐饮店，规模小，采购成本高，品牌影响力弱，抗风险能力极差，很容易在激烈的餐饮市场竞争中被淘汰。虽说“船小易调头”，但要真正做到升级转型，小舢板是永远战胜不了航空母舰的，单体的中小型餐饮企业的自身力量也是相当有限的，必须借助外来力量助推。而加盟连锁就是一种快速而高效的捷径。通过加盟连锁，降低采购成本，提升餐饮企业品牌影响力，增加利润，提高抗风险能力。成千上万的小舢板联合起来，能对抗军舰乃至航母的打击，在竞争激烈的市场上占有一席之地。

2004年7月，蔡达标的真功夫全球华人餐饮连锁正式成立，第一家真功夫餐厅也在广州东山口开业。“从外部来看，在激烈的市场竞争中，一般企业大都采用降价的策略”，但伴随真功夫诞生的，却是套餐增大产品分量，价格从17元涨到22元，一下子提升到与麦当劳、肯德基同等的竞争水平，蔡达标说，从双种子到真功夫，这是自己迈出最艰难最关键的一步。真功夫目前在全国发展到1000家门店，已经成为中式快餐第一品牌。

2006年，一品世家旗下第一家“疯狂面馆”在北京默默扎下了根。2010年，遍布中国1800多家分店的火爆经营告诉我们，这里发生了一个个创业奇迹①。“疯狂面馆”是一品世家正在打造的，以“传统与时尚、美味与健康”为主题的快餐连锁店。在加盟商的扶持方面，一品世家颇有心得。对于中小投资者来说，“资金”和“风险”向来是首先要考虑的。为了打开市场局面，一品世家更是借助品牌优势，斥巨资在央视、卫视、强势平面媒体等进行立体式宣传，使加盟商赢在起跑线上。

（六）通过海外扩张和国际化实践升级转型

随着中国经济的迅猛发展，特别是加入WTO之后，国际间经贸往来进一

① http：//www.canyin.com/zixun/mingqifengcai/news－11474.html.

步加强。作为全世界第二大经济体的中国，国内企业纷纷走出国门，进军国际市场。运用中国人的智慧和才能，结合国外的客源市场、物流优势、品牌优势、人力资源优势，借助外资和管理经验，实行海外扩张和进行国际化实践。2011 年 4 月 26 日，百胜餐饮集团已与该公司接洽增持股权①。2010 年中国餐饮百强企业排行榜显示，百胜中国和小肥羊分列第一和第三位。为了实现进军世界级企业的目标，小肥羊开创了另一种途径，引入海外同行作为自己的战略投资人②。2004 年 12 月 9 日，中国快餐连锁企业，江苏大娘水饺有限公司在澳大利亚的第一家连锁店开业了。海底捞在美国已发展第一家分店，但美国还不是唯一的目的地，海底捞的海外发展路径希望由美国扩展至北美，再发展到欧洲、东南亚等地。海底捞已有上市的打算，海外扩张与上市无疑将形成良性互动。

① http：//www. canyin. com/zixun/qiye/news－11640. html.

② http：//www. canyin. com/zixun/qiye/news－11649. html.

B.12 石家庄餐饮业人力资源管理现状分析

周静莉　尹汝龙　邵东风*

摘　要：

针对餐饮业人力资源管理方面的调查问卷的结果，分析探讨石家庄餐饮企业人力资源管理存在的问题，并提出有利于企业发展的研究对策。

关键词：

石家庄　餐饮业　人力资源管理

石家庄市是伴随着铁路的兴建而逐渐发展起来的一座新兴城市。明、清两代，石家庄还是一个小村庄，1968 年，河北省省会由保定迁移石家庄。石家庄作为河北省的政治、经济、文化和科技中心，是一座综合性的中心城市，其经济持续快速发展和人民收入水平的提高，以及对社会餐饮的需求能力不断增强，为石家庄餐饮业的繁荣发展奠定了基础。餐饮市场的竞争，不外乎资金投入、经营理念、环境设施、菜品风味、营销策略、服务水准和价格定位等几个方面，而这一切又集中体现在人才（含经营管理型人才与技术型人才）的数量和质量，但是通过调查研究，我们发现有诸多问题在阻碍着餐饮人才的发展。

为了更好地了解石家庄餐饮业人力资源管理，我们对石家庄的餐饮市场做了一个小范围的调查。调查对象包括市内星级宾馆的餐饮部门、连锁饭店、私营餐馆等，问卷调查共 400 份，作废 35 份，有效问卷为 365 份。

---

* 周静莉，河北师范大学旅游系教师，副教授，经济学学士，教育学硕士，主要研究方向为旅游经济管理；尹汝龙，河北师范大学旅游系教师，全国餐饮业国家级评委，主要研究方向为烹饪与营养；邵东风，石家庄信息工程职业学院教师，理学硕士。

一　石家庄餐饮业人力资源现状

（一）调查对象

共调查了 365 人，其中男性 84 人，女性 281 人，男性占 23%，女性占 77%。

（二）年龄结构

21～30 岁这一年龄段的员工最多，占 39%；31～40 岁的占 27%；20 岁以下的占 18%；40 岁以上的占 16%。中专及以下学历的约占总人数的 64%；高中学历的约占总人数的 30.9%；大专学历（包括进修取得的学历）的占总人数的 4.1%；本科学历的占总人数的 1%。

（三）工作年限

从餐饮从业人员工作年限来看，2 年以下工龄的新员工占 40%；3～5 年的占 30%；5 年或更久的员工占 30%；管理层面的员工这点显得尤其突出，5 年以上员工占了绝大多数。

（四）制度建设

调查表明饭店星级越高，人力资源制度建设越完善。约有 11% 的旅游饭店编制了员工手册，有明文的人员招聘制度、奖惩制度、竞聘上岗制度，并制定了饭店人力资源规划。而有近 21% 的饭店还停留在过去传统的人事管理基础上。有绩效考核的饭店占 36%，没有绩效考核的饭店占 64%。

（五）员工流失

饭店业员工的流失率普遍较高。流失的原因主要是员工对薪水、福利、环境、条件以及升迁机会等不满意。20～30 岁这一年龄段的员工流失率最高，而这一年龄段的员工占饭店员工总数的比重较大，其流动对饭店管理的影响较大。其次还有少部分员工流失是因为饭店经营效益下降，为控制其经营管理成本而被裁减。

（六）激励现状

饭店对员工进行工作激励的占64%，没有工作激励的占36%；奖励激励方式占92%，其他激励方式占8%。

二　石家庄餐饮业人力资源发展存在的问题

（一）人员结构的偏差

从人员结构和学历结构来看，餐饮业显然是传统的劳动密集型产业，人力集中。由于面临新时期的挑战，有必要重新审视目前这种基本构架。特别是从可持续发展的角度来看，人力结构有岌岌可危之表象，迫切需要改善整个餐饮业的人力资源结构状况。

（二）餐饮从业人员的整体素质偏低

餐饮业中有接近24%的员工还是初中或以下学历。大部分为中专学历，大学阶段的大专和本科学历寥寥无几。这一方面是由于国内文化消费观念的原因，大学生耻于做服务员，不愿从基层做起。餐饮从业人员的学习氛围不够浓厚，大部分的从业人员还没有意识到低学历所带来的困难。未来的餐饮业将向科技、信息、健康方向发展，从人力集中向技术和专业服务价值集中，如果要面对未来，需要从制度着手，发挥相应制度的激励导向作用，从整体上提升整个餐饮人力的基本素质。

（三）显示了较为严重的接班人危机

一个令人担忧的现象是，餐饮高级管理人员（包括主管）工龄基本上都是2年以上甚至更久，也就是说，目前酒店餐饮的核心骨干成员都是经过较长时间的培养而来，但缺点是学历偏低，只有领班层才有一些高学历的员工，但占的比重极小，高学历的员工一时还无法上升到更高的岗位，或者说，高学历的员工成长空间太小。在餐饮行业里有个说法是“三三型”的餐饮人才概念：三年的专业教育；三年的技术学习和经验积累。从我们的统计来看，也验证了这个说法有一定的道理。仅有专业知识并不足于胜任餐饮经营管理的重任，没有一定时间的经验积累是很难担当重任的。餐饮人才的培养之路，没有快速复制的捷径可走。这对人力资源部门的工作提出了更大的挑战。

（四）餐饮从业人员流失率高

人力资源是餐饮业生存和发展的保证，是饭店竞争制胜的关键因素，员工的工作过程就是产品的生产与提供过程。石家庄餐饮业对人力资源开发的重视程度不够，对如何开发人力资源认识不足，人力资源开发的手段方法落后，尤其是培训作为开发的重要手段没有发挥应有的效果。因循守旧，创新意识较弱，未体现现代化人力资源管理，对员工的管理也未从落后的人事管理向人力资源管理转变，这使员工得不到合理提升，必然选择流动来达到目的。一线操作服务层员工流动最为频繁，由于这部分员工目前缺口很大，加之其在饭店中的经济待遇较低，而劳动强度又高，往往导致熟练员工的流动频繁。

（五）考核管理与提升机制不足

考核和提升机制是餐饮业人力资源管理的一个重要问题。从员工个人来讲，主观原因中收入太低只是其中之一，求得个人的发展空间（职务、培训等）是他们选择离去的主要缘由。他们中大部分是对前途不满意或得不到升迁机会而离开饭店的。造成这一现象的主要原因是饭店人力资源机制存在问题。人力资源的培训不被重视，石家庄餐饮业中五星和四星饭店基本都设有人力资源部和培训部，长年不间断进行培训工作，但大多数培训缺乏新颖性和创造性，培训方式方法不具吸引力，内容也不丰富。低星级饭店中很多没有人力资源部和培训部，人员招聘、培训管理一般都由饭店总经理办公室和营销部负责。饭店考核和提升机制的不完善，决定了员工的工作时间有限，流动是必然的。那些想得到提升或想有一个发展机会的员工就必然会选择流动来寻找一个得到提升的机会。

（六）薪酬水平普遍偏低

餐饮从业人员平均工资为1200元/月，但一些临时工、学徒工就更低，只有300~600元。一些员工在寻找到了能够提供更高报酬的企业后，就有可能选择跳槽。大量民营酒楼的兴起，为一些老员工的外部发展提供了更多的选择。但是简单的薪酬上调，绝对不是一个激励性的竞争机制的标志，怎么做到能者上，平者让，庸者下，一方面规模性地导入竞争机制，培养新的餐饮人才；另一方面又要较好地解决目前的师徒团体壁垒带来的排斥问题，这是值得深思的地方。

三　石家庄餐饮业人力资源管理开发对策

人的管理是最根本的管理，抓人的素质管理，对餐饮业的发展起着至关重要的作用，因为它是保证服务产品质量、提高餐饮业效益的根本所在。

（一）采用“性格特征聘用法”

员工选择不当是导致员工跳槽、人员流失的首要原因，并直接导致人力资源管理成本的上升。因此，在选拔员工时，应首先对空缺的职位进行细分，按照岗位的不同特点选拔符合其性格要求的员工。此外，任用那些充满激情、快乐、友善的员工总是正确的选择。里兹·卡尔顿酒店利用高预测方法确定岗位候选人，通过“性格特征聘用法”的精心选拔后，每一个岗位上的员工都是高效率的，他们不仅不遗余力地使顾客满意，并可以参与自己工作区域内的计划制订。在过去的几年中，里兹·卡尔顿酒店减少了近一半的人员流动。

（二）实施“人性化”管理，完善考核和提升机制，稳定饭店员工的心态，提高员工对饭店的忠诚度

国外饭店管理专家已提出将饭店传统意义上的CS（Customer Satisfaction）战略向ES（Employee Satisfaction）战略转变，即只有拥有满意的员工，才有满意的客人。餐饮业员工的高流动率是目前存在的普遍现象。餐饮业应在经营

管理中倡导“员工第一”的人本思想。员工追求的不仅仅是一份理想的工作，而且是有发展前途的事业。提高员工的团队精神，维持长期而有效的激励。及早建立具有特色的激励文化，培养员工良好的自我激励行为。加强员工与饭店的沟通，保持诚信。培养团队合作精神，提高员工对饭店的忠诚度。根据自身的实际情况，关注员工职业生涯规划，使员工可以看到自己未来的发展目标，将个人目标与饭店目标相连，让员工对饭店前景充满信心和希望，并为有远大志向的优秀人才提供施展才华，实现自我超越的广阔空间，在促进员工自身发展的同时，也使餐饮企业得到不断发展。

（三）实施以人力资本投资驱动的发展战略

重视对员工的人力资本投资，健全人才培养机制，从而使其具备一种终身就业能力。越来越多的研究表明，对餐饮业或是其他企业来讲，起关键作用的并非传统意义上的实物资本，而是人力资本。即在餐饮效益递增中的全部要素贡献部分中，人力资本的贡献率正在不断递增，有的甚至要大于50%。近年来，不少品牌发展结果已经验证了这样一个事实，餐饮业人力资本贡献率的大小，与其对人力资本的投资能力和对人力资本的重视程度相关。石家庄餐饮业要想在激烈的市场竞争中立于不败之地，必须加大对餐饮业人力资源的开发强度，优化中高层管理人员队伍结构，强化对全体员工的学历教育和在职培训的投资力度，促使石家庄餐饮业由物质资本驱动向人力资本投资驱动的阶段转变。如针对培训，首先应做好培训的需求分析。即按照员工的需求差异（优势、基础、劣势等）拟定可行的培训方案，并且实施有效的评估。制定出正确的培训战略和计划。培训的内容应体现出及时性、多样性等特点。根据员工的需求进行培训，使员工真正通过培训受益，达到培训目的和效果。

（四）建立和完善饭店职业经理人制度

饭店职业经理人制度是国外普遍采用的一种用人机制，旨在通过严格的认证和监督管理，规范与提高饭店中高层管理人员素质，促进饭店业人力资源整体质量的提高并为行业的发展储备相应的高素质人才。石家庄餐饮业真正形成完善有效的职业经理人制度尚需更大的努力，特别是在市场认证机制和监督机制上还存在不少问题，需要加快建设步伐，以便及早形成石家庄餐饮业真正的职业经理人队伍，为石家庄餐饮业的崛起和腾飞提供高素质的经营管理人才。

（五）把核心能力植入人力资源体系，彻底改变传统的薪酬设计理念

传统的薪酬体系只能消除员工的不满意，却不能达到激励员工的目的。因此，薪酬要与能力和工作绩效挂钩，以激励员工的工作动机。首先要明确商业战略，例如假日酒店的商业战略是“提高营业额，使运营成功，重新构建和统一机能，壮大酒店基础，培养优秀的企业文化，进一步发掘战略优势”。然后对面试中发掘的个人能力进行认证，证实其有助于商业战略的成功。再把核心能力与人力资源体系相整合，只有能力完全被整合到所有体系中，包括招聘、培训、绩效考评、奖励、领导力发展、继承计划和职业规划，才能取得最大的成功。最后，以能力为基础制定资薪体系，并将能力体系引入新员工的认识环境中。假日酒店使用能力体系，成功地转变了其海外子公司的企业文化，并使人力资源战略与公司战略和薪酬体系保持一致，五年来其利润一直保持增长，客户满意度很高，而且员工流失率也很低。

（六）员工职业生涯规划

餐饮业应该对每一位员工设计其职业发展规划，尤其是对大学生等高素质人才的职业发展要有一套明确的规划方案，使其能够看到未来发展的方向和目标。在招聘时，应该选择有潜质并热爱工作的人力资源，按照其性格特点和兴趣爱好，分配到某个部门，给予其一段时间的基层工作锻炼，如果达到了特定指标要求并通过评审，可以提升到一定的职位，这样，通过不断地磨炼，将其培养成优秀的管理人才。例如美国假日集团在孟菲斯市设假日酒店大学，假日集团的经理都得在这里进行为期2～5周的学习。喜来登集团在全世界3个大洲设有5个培训中心用以训练中高级管理人员。这样的培训将有助于留住人才、激励人才。

综上所述，我们可以清楚地了解到，石家庄的餐饮业虽然有广阔的市场，但是石家庄的餐饮企业就业门槛低，员工水平参差不齐，服务质量不够高，经

营管理水平还有待提高。如何应对国外餐饮企业的竞争呢？对于石家庄大多数餐饮企业来说，也只能努力做大做强，调整好整个企业内部的人力、物力、财力，通过企业内部信息的流通尽可能降低成本，并掌握好市场的动向，为客户提供更优质的服务，来吸引广大消费者，从而促使企业健康地成长下去。

参考文献

1. 张秋娈：《河北省旅游饭店的结构与合理性研究》，《河北师范大学学报》2002 年第 4 期。
2. 温汉生：《企业人力资源管理的创新发展策略》，《现代情报》2005 年第 4 期。
3. 叶伯平：《餐饮业人力资源管理》，清华大学出版社，2006。
4. 万蓬勃：《我国餐饮企业人力资源管理体系的构建研究》，2006 年第 18 期。
5. 〔美〕加里 · 德斯勒：《人力资源管理》，中国人民大学出版社，2003。
6. 蒋丁新：《饭店管理》，高等教育出版社，2002。
7. 杜洋、徐鹏飞：《中小企业如何开展有效的人力资源管理》，《机电信息》2003 年第 4 期。

B.13

餐饮厨艺与文化产业融合研究*

王 莉 冯玉珠**

摘 要：

厨艺与文化有着天然的不可分割的联系，酒店餐饮厨艺与文化产业相互依存、共生互融、互动共进。在继承传统，弘扬中华厨艺的同时，要高度重视文化产业的巨大联动作用，将文化产业的文化理念、文化创意、文化价值融入酒店餐饮厨艺的研发、设计与销售、品牌等高端环节，提高餐饮产品的附加值；在发展文化产业时，要运用相对成熟的餐饮业已经搭建起来的巨大市场平台，开拓文化消费市场，将文化与经济有效地结合起来，提高文化产业和酒店餐饮厨艺的附加值，实现经济利益的双赢。

关键词：

厨艺 文化产业 融合

厨艺即厨房的艺术，厨师的艺术，烹调的艺术，享受生活的艺术。文化产业是指为社会公众提供文化、娱乐产品和服务的活动，以及与这些活动有关联的活动的集合。具体可以分为核心层（新闻、出版、广电和文化艺术等传统文化产业）、外围层（网络、娱乐、餐饮、广告、健身与体育业、职业教育与培训业、时尚设计业、会展等新兴文化产业）、相关层（提供文化用品、文化设备生产、销售和出租业务的行业）等。推进酒店餐饮厨艺与文化产业紧密融合、共同繁荣，既是我国餐饮经济发展的客观要求，也是推动文化大发展大繁荣的必然要求和重要途径。

---

* 基金项目：河北师范大学人文社会科学校内科研基金一般项目（项目编号：S2011Y26）。

** 王莉，河北石家庄市人，河北师范大学旅游学院讲师，主要从事烹饪学研究；冯玉珠，河北井陉人，河北师范大学旅游学院教授，主要从事旅游餐饮文化研究。

一 厨艺与文化有着天然的不可分割的联系

中华厨艺与中华文化具有千丝万缕的联系，哲学、政治学、伦理学、军事学、医学以及艺术理论、文学批评，无不向传统厨艺借用概念，甚至获得灵感。中华厨艺作为中华传统文化的重要组成部分，历史悠久，博大精深，绚丽多彩。

厨艺是一种特殊的文化，灿烂的民族文化乃是中国厨艺文化的底蕴，可以赋予菜肴更深厚的文化内涵。我国菜肴丰富多彩，气象万千，粤菜的清新秀丽、湘菜的豪放夸张、苏菜的婉约纯洁、鲁菜的浓郁浑厚等，正是其文化的一种侧面体现。厨艺与文化的和谐与包容，厨艺与文化的融合与彰显，在吃中品位文化，在喝中体味文化，才是中国厨艺的永恒魅力。①

如今，在厨艺中体现文化，已经成为新一代厨师追求的目标之一。全国各地的风味菜、传统菜、创新菜、江湖菜、民间菜等一系列菜肴，从制作到成菜，不仅仅是使人从原来的色、香、味、形中陶醉，而且还可享受浓郁文化的真谛。当客人可以从某一菜肴开始认识一个地方、一个民族、一个观念、一个名人时，其厨艺与文化便达到了一个高尚的境界。而要达到这样的境界，必须将文化的精髓融入菜肴的制作之中。

厨艺与文化产业相互依存、共生互融、互动共进。在大力推进餐饮业发展的同时，要高度重视文化产业的巨大联动作用，将文化产业的文化理念、文化创意、文化价值逐渐融入厨艺的展示、菜品的研发、品牌的塑造等环节，提高餐饮产品的附加值；在发展文化产业时，要运用餐饮业已经搭建起来的巨大市场平台，开拓文化消费市场，将文化与厨艺有效地结合起来，提高文化产业和餐饮产品的附加值，实现餐饮产业与文化产业的双赢。

二 厨艺与文化产业融合的模式

（一）厨艺影视剧

影视是电影艺术和电视艺术的统称，是现代科学技术与艺术相结合的产

---

① 李乐清：《烹饪与文化》，《烹调知识》2007 年第 10 期。

物。通过画面、声音、蒙太奇、故事情节等语言来传达与表现。厨艺和影视剧的关系一直很密切，影片也很多。将厨艺融入影视剧不仅可以丰富影视的内容，而且有助于厨艺的传播。目前，反映厨艺的影视剧不少，如《满汉全席》《食神》《佛跳墙》《美食家》《饮食男女》《料理鼠王》《美味情缘》《美味关系》《味浓情更浓》《情迷巧克力》《恋爱中的厨师》《美女食神》《魔幻厨房》《真味小厨王》《大长今》等。[①]

（二）厨艺类节目

厨艺类节目是以厨艺为节目核心，为观众介绍厨艺技巧和饮食文化等的生活服务节目。随着人们生活水平的不断提高，人们对饮食的要求也越来越高，随之而来的是厨艺节目播出量的不断扩容和节目内容涉及范围的不断扩大。据调查，2011 年电视频道上有近 200 档饮食类节目播出，播出总量达到 2.86 万小时。近年来播出的厨艺类节目，按其内容大致可分为两类，分别是厨艺展示类、厨技竞赛类和综合服务类。其中厨艺展示类以展示节目主角，一般是展示厨师、美食达人或者是邀请来的明星或百姓的厨艺技巧为主要内容，是开办较早，节目内容最为常见的一类饮食类节目。厨技竞赛类也以展示厨艺为主，但节目形式较为特别。节目以个人或单位（小组）为参赛主体，进行厨技的比拼，展现参赛者的厨艺技巧，宣传饮食文化的博大精深。综合服务类是融美食推荐和厨艺展示于一体的一种节目形式，现在很多饮食类节目都选择这样的方式来呈现。这类节目或是以板块来区分不同的节目内容，如四川经视频道的《吃 8 方》和武汉电视台的《家有厨星》，两档节目均有厨艺展示的内容，同时还要为观众提供美食资讯服务。[②]

（三）菜模展演

卖车有车模，卖房有房模，如今卖菜有了菜模。菜模一是指菜的模型，

① 翁燕然、陈山、陈宇：《美食与电影有个约会》，《电影》2007 年第 12 期。

② 刘牧媛：《厨艺美食类节目透析》，《广告主（市场观察）》2012 年第 5 期。

主要应用于店前展示以及各类产品的配套展示，产品采用可塑性强、不易变质的高分子复合材料聚合而成，从而再现各种菜肴。菜模可以反复使用，大大增添产品形象，是高回报率强有力的促销工具。北京喜花郎仿真模型科技中心、上海岩井食品模型有限公司、北京君钰嘉科技有限公司、福州东方一郎仿真菜模型工艺有限公司等专业制作各种仿真食品模型菜模模型，产品适用于各酒店餐厅、美食城、西餐厅、快餐店、日韩料理及其他餐饮机构。二是指表演菜模的人员用演艺的形式把菜品生动地介绍给顾客，这种形式最早出现于2005年的保定会馆。菜模表演的艺术表现形式不同于普通服务员的介绍菜品，菜模加入表演，集舞蹈表演、灯光、音乐艺术于一体，容易让客人接受。菜模这种动态的艺术表现形式把菜品文化与当今最流行的演艺销售结合起来，可以把菜品更好地推向市场。菜模，让菜品的宣传推广与演艺文化找到最佳结合点。

菜模的出现，不但在我国的餐饮业是个创举，也是模特领域的一个新的拓展，菜模这一形式把餐饮文化和模特艺术融为一体，这在中国是首创，在世界也是极为罕见。同时，又为模特学员开辟了餐饮业这一新的就业市场。

（四）厨艺表演

自20世纪90年代初以来，国务院侨办为关心和支持海外华侨华人生存发展、帮助侨胞中餐业从业人员提高工作技能，每年都派出厨艺团到海外开展中餐厨艺交流培训。通过“文化中国·中华美食”厨艺表演，展示中华饮食文化的博大精深，增强中华饮食文化在海外的影响力。目前，国务院侨办已向海外组派厨艺团十多批，先后到访北美、南美、欧洲等20多个国家和地区，受到当地海外侨胞及国外友人的热烈欢迎。

厨艺团所到之处都在当地侨社乃至主流社会产生了轰动效应。为当地中餐从业者举办的厨艺培训班往往一位难求，有的地方甚至将培训课堂办进了大学，吸引大批“洋学生”前来学艺；一些主流媒体也给予大幅报道，甚至还邀请名厨到电视台进行现场表演。在一些国家，总统、总理、外交部长等当地政要也经常应邀出席观看厨艺团表演，品尝中餐佳肴。

经过多年的积累，国务院侨办组派的中餐厨艺培训表演团受到海外侨社及主流社会的普遍欢迎和高度认可。作为为海外侨胞生存和发展服务的有效手段，中餐厨艺培训表演活动在提高海外中餐业整体水平、扩大中餐文化影响、促进侨胞居住国主流社会对中餐的认识、推动华侨华人经济发展及促进中外文化交流等方面发挥了重要而独特的作用。

厨艺绝活是具有几千年积淀的中华美食文化中重要的智慧积累、科技结晶和民俗展示，是我国珍贵的非物质文化遗产。2006 年，经中国烹饪协会批准，中国烹饪协会名厨专业委员会直接管理的“中华厨艺绝技表演团”成立。①“中华厨艺绝技表演团”的主要任务是应邀参加国内外行业组织和餐饮企业举办的美食节、美食展、盛事庆典、烹饪竞赛和开业、店庆等活动，进行献艺表演，现有演示员 100 多名，他们个个身怀绝技，令人称奇叫绝的演示体现了中国饮食文化的博大精深，表现了中国厨师的高超技艺。现共有精彩的表演节目 120 余项。主要项目有：“空中抛勺炒菜”“骑单车头顶刀削面”“九十米一根萝卜丝”“80 秒快速杀鸡炒鸡丁”“蒙眼拉面”“豆腐雕”“大刀面”“手擀金丝面”“气球上切肉丝”等。2011 年，中华厨艺绝技表演团先后 11 次派出表演团队，累计进行了 41 场绝技表演，演出项目达 69 个。可谓是海内海外、天南地北，到处活跃着他们的身影。

（五）展示炊厨器具

厨艺的展示离不开色彩纷呈的炊厨器具。现代炊厨器具具有鲜明的特质，它属于设计文化和饮食文化结合成的一种新的文化现象，有着特定的功利属性。作为现代炊厨器具，它的造型意识、加工手段、材料运用必须满足现代人使用的要求，同时还要适应人们的审美习惯，因此，形成了独立的审美特征。中国炊厨器具之美，美在质，美在形，美在装饰，美在与馔品的和谐。

炊厨器具融合于文化产业，主要是举办炊厨器具展和建设博物馆。2004

---

① 红叶：《传承中华餐饮业非物质文化遗产——“顺峰中华厨艺绝技表演团”成立》，《中国食品》2007 年第 1 期。

年6月24日，由广州市旅游局、市文化局、市商业局和中国国家博物馆联合主办，西汉南越王博物馆承办，湖南省博物馆、湖南省考古研究所协办的《美食配美器——中国历代饮食器具展》在西汉南越王博物馆隆重开幕。这次展览展期为半年，共展出138件（套）珍贵文物，包括食器、炊具、酒器等，分别由中国国家博物馆和湖南省博物馆及考古所提供。这些饮食器具包罗万象，其中，有独具地方特色的制作，也有罕见的舶来品，全面而具体地展示了中国饮食器自新石器时代至清代的演变过程，反映了中国饮食文化的发展历程，展现了中国古代饮食文化的广泛性、多元性和不同的时代特征。再如，成都川菜博物馆展出了从战国至现代的3000多件川菜饮食器皿，这些藏品在使用功能上可分为煮食器、盛食器、酒器、用餐器、茶具，从材质上可分为青铜、牙骨、陶、瓷、铁器、木、竹等。另外，藏品中还包括了与川菜有关的文字介绍和书籍、图稿等。

（六）专业菜谱设计与制作

菜谱是认识酒店的窗口，是宣传菜式的媒介，是饮食文化的载体，是品位档次的象征。伴随着餐饮业的高速发展，个性、美观、高档次的菜谱成为酒店的第一名片，是酒店文化展示的载体，是实用性与艺术性的结合，已成为增加客流量的法宝。

早期的点菜形式是店小二式的吆喝，后来，饭店渐渐发现依靠店小二式的吆喝，这种形式其弊端越来越大，于是又有了挂牌的形式，即把饭店有的特色菜、推销菜做成牌子挂在前台掌柜的地方，客户可以根据每天挂的牌子来点菜。再后来，用纸做成菜单的形式就发展了起来。纸质菜单菜谱由手写到打印成黑白菜谱，发展到今天以彩色菜肴照片、文字说明、印刷装订成册，形成今天精美菜谱是近十余年来出现的新生事物。然而，餐饮企业广泛使用的纸质菜谱却存在更换周期频繁、制作时间过长、无法及时调整菜品信息等诸多不足。而且制作成本越来越高，有的甚至超过每本上千元，还要耗费大量的精力、财力，于是又出现了电子菜谱。

现在菜谱的制作与摄影、设计、印刷、信息等行业融合，产生了许多专业化的菜谱制作机构，将厨艺展示在精美的菜谱上。

三　酒店餐饮厨艺与文化产业融合发展的策略

（一）充分认识厨艺与文化产业融合的意义

推进酒店餐饮厨艺和文化产业融合发展，既是餐饮经济发展的客观要求，也是把餐饮业培育成现代服务业不可或缺的重要方面，同时也有利于把文化产业建设成为国民经济支柱性产业。酒店餐饮厨艺与文化产业融合，不但可为各自产业的发展注入新的活力和动力，而且两者融合发展形成的餐饮文化产业更是具有非常广阔的发展前景，是体验经济时代最具活力的产业之一。各有关利益方既要通过发展餐饮业服务于推动文化大发展大繁荣的国家战略，又要紧紧抓住国家推动文化大发展大繁荣的重要机遇，进一步增强对酒店餐饮厨艺和文化产业融合发展重要性的认识。把握机会主动参与融合，寻找自己的发展空间，开发高价值、高品质的餐饮文化产品，推动中华厨艺和社会主义文化大发展大繁荣。

（二）建立和完善工作机制，制订规划，加强政策扶持和宏观指导

目前，厨艺和文化产业的融合虽取得了一定进展，但仍然存在着领域不宽广、机制不顺畅、政策扶持不到位等问题，厨艺文化发展现状与当前日益增长的市场需求还不完全适应。为此，各地餐饮业和文化主管部门要制订厨艺和文化产业融合发展规划，特别是要落实好《中共中央关于深化文化体制改革，推动社会主义文化大发展大繁荣若干重大问题的决定》、《文化产业振兴规划》以及《商务部关于“十二五”期间促进餐饮业科学发展的指导意见》（商服贸发〔2011〕438号）等文件精神。各级餐饮业主管部门在制订和修订本地区餐饮业发展规划时，要注重增加或丰富厨艺文化发展的内容；在指导餐饮行业工作和餐饮企业建设时，要注重餐饮与文化的结合，善于运用各地丰富的文化资源；在指导餐饮产品开发时，要注重突出文化特色和文化内涵；在指导餐饮文化企业的发展中，要注重体制和机制的改革创新。

（三）提升文化素养，培养厨艺和文化创意兼备的复合型人才

“推动社会主义文化大发展大繁荣，队伍是基础，人才是关键。”要加快推动厨艺和文化产业的融合发展，就必须建立起有利于餐饮文化人才快速成长的人才培养机制。首先，要高度重视对餐饮从业人员的培训工作，餐饮从业人员的文化素养很大程度上决定了餐饮文化产品的质量和消费者的感知。餐饮从业人员的文化素养包括文化底蕴、服务意识、服务能力、心理素质、职业道德等方面。其次，餐饮类院校要发挥教育与培训资源的优势，与有关企业合作，根据文化创意餐饮人才的需求，构建一个专项人才培养模式。按照产业融合对复合型人才需求的特点，科学合理地设立相关课程与专业，培养出宽口径、厚基础的复合型人才。此外，要营造有利于餐饮文化人才发展的社会环境，吸引国内外餐饮文化创意人才前来创业、就业，加快培养造就德才兼备、锐意创新、结构合理、规模宏大的餐饮文化人才队伍。

（四）利用厨艺类非物质文化遗产资源优势，开发餐饮文化产品

厨艺类非物质文化遗产是人类非物质文化遗产的重要组成部分，也是餐饮企业的重要资源和餐饮企业文化精髓的记录。目前，入选国家级非物质文化遗产的厨艺类项目达200余种。对传统厨艺类非物质文化遗产，一要通过生产性保护方式，加以合理利用；二要注重原真形态的展示；三要通过编排，使其成为具有地方民族特色和市场效益的餐饮文化节目。

参考文献

1. 李乐清：《烹饪与文化》，《烹调知识》2007年第10期。
2. 翁燕然、陈山、陈宇：《美食与电影有个约会》，《电影》2007年第12期。
3. 刘牧媛：《厨艺美食类节目透析》，《广告主（市场观察）》2012年第5期。
4. 红叶：《传承中华餐饮业非物质文化遗产——“顺峰中华厨艺绝技表演团”成立》，《中国食品》2007年第1期。

环球扫描

Global Overview

B.14

美国餐饮业发展情况

赵晓嬿*

摘　要：

餐饮业在美国的国民经济中占有十分重要的地位，2012年全美餐饮业销售收入达到6343亿美元，对国民经济的贡献率达到4%，从业人员约占到美国劳动就业总量的10%。现阶段美国餐饮产业呈现出应用信息化、饮食本土化、订餐个性化、菜单双重化、概念进口化和健康饮食的发展特点，这些也将成为餐饮业未来几年的主要流行趋势。在美国异彩纷呈的餐饮文化和健全严格的食品安全管理体系下，中式餐饮如何发现市场机遇、发掘文化特色、发挥自身优势、正确经营定位是扩大美国中餐影响力的重要突破口，也将是美国中餐业者寻求更多发展机遇的重要基础。

关键词：

美国　餐饮　食品安全

* 赵晓嬿，硕士，《餐饮世界》杂志社主任编辑。

美国是多民族共存、多种文化交融的移民国家，随着各国移民和各族裔文化的不断涌入，美国的餐饮呈现出丰富多变的饮食口味和多姿多彩的餐饮文化。近几年，随着美国经济的复苏和就业率的回升，美国餐饮行业的经营状况得到极大回升和改善，对美国经济和国民生活产生着重要作用和深远影响。

一　美国餐饮产业的基本情况

（一）美国餐饮产业整体规模

餐饮业在美国的国民经济中占有十分重要的地位。2012 年美国餐饮业销售收入达到6343 亿美元，相比2011 年同期增长3.3%，对国民经济的贡献率达到4%。食品和饮料供应场所销售同比增长超过7.3%（见表1），截至2012 年11 月，餐桌服务型餐厅和柜台或自助式饮食场所的销售增长显著，分别达到8.9% 和5.7%，高出食品和饮料零售商店5.4 个和2.3 个百分点（见表2）。

表1　2007～2012 年食品和餐饮业销售收入

分类	2007 年	2008 年	2009 年	2010 年	2011 年	2012 年	2012 年同比增长(%)
食品和饮料零售商店(百万美元)	547837	569735	568841	581972	613908	634343	3.3%
食品和饮料供应场所(百万美元)	444551	456102	451070	466001	493501	529603	7.3%
餐桌服务型餐厅(百万美元)	195505	196641	192766	197193	213019	(*)	(*)
柜台或自助式饮食场所(百万美元)	186001	194260	195233	203997	214051	(*)	(*)
饮品供应场所(百万美元)	153812	160875	161512	168166	20569	(*)	(*)

注：数据为根据价格指数变化进行调整前的数据。(*) 表示该分类下统计数据暂缺。

资料来源：美国统计局（http://www.census.gov/），根据行业分类数据整理。

全美现有大大小小的餐饮企业98 万家，从业人员超过1300 万人，约占美国总劳动人口的10%。美国劳工局公布的最新数据表明，2012 年美国食品和饮品服务场所新增就业职位超过28.6 万个，占美国新增就业总数的15.5%，仅次于专业和商业服务、医疗保健和社会救助两大行业位列第三（见图1）。

表 2　2012 年 1～11 月分季度食品和餐饮业销售额

行业分类	2012 年					同比增长(%)
	一季度	二季度	三季度	10 月	11 月	
食品和饮料零售商店(百万美元)	152362	158877	159040	52850	53531	3.45
食品和饮料供应场所(百万美元)	127194	135597	134100	44077	42964	7.42
餐桌服务型餐厅(百万美元)	56540	59150	58097	18656	18541	8.85
柜台或自助式饮食场所(百万美元)	53794	57658	57949	19085	18523	5.71
饮品供应场所(百万美元)	5271	5619	5793	1783	1761	7.37

注：数据为根据价格指数变化进行调整前的数据。

资料来源：美国统计局（http://www.census.gov/），根据行业分类数据整理。

而食品和饮品服务场所的就业增长率为 2.9%，是 1.4% 的美国整体就业增长率的两倍之多，位居所有行业之首（见图 2）。餐饮业营业收入和提供就业的增长率都再次超过美国整体经济增长速度，餐饮业无疑将再次成为拉动经济增长和创造就业的强大动力。

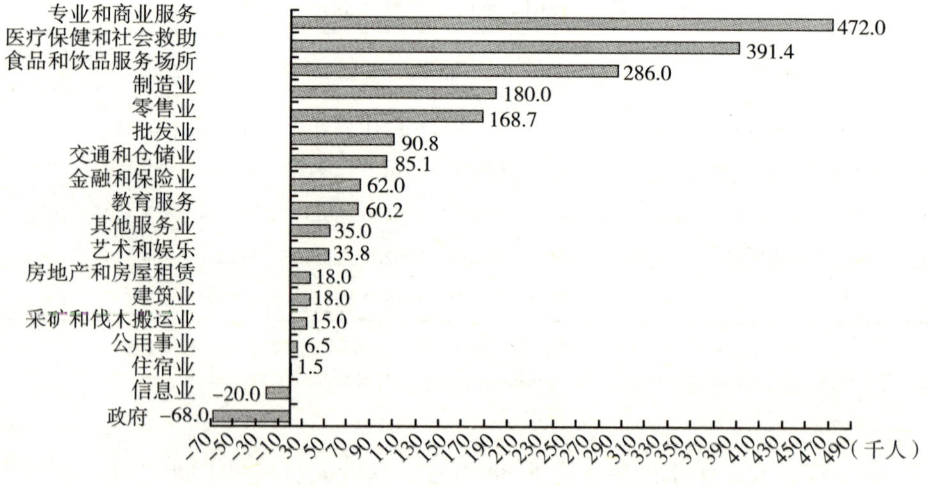

图 1　2012 年美国各行业新增就业

资料来源：美国劳工局（http://www.bls.gov/news.release/pdf/jolts.pdf）。

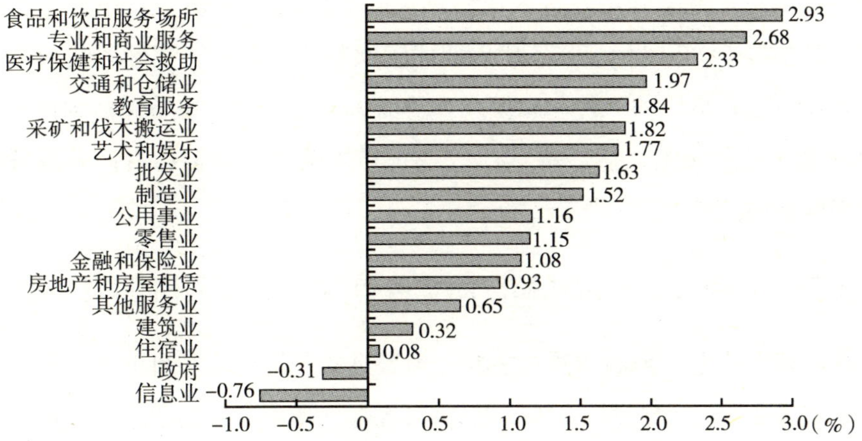

图 2　2012 年美国各行业就业增长速度

资料来源：美国劳工局（http：//www. bls. gov/news. release/pdf/jolts. pdf）。

（二）中小企业数量居多，大型连锁企业市场占有率比较高

美国餐饮企业的规模普遍偏小，超过 70% 的餐馆是以夫妻店或家庭作坊为代表的中小型企业，员工人数不到 20 人。但美国餐饮行业的集中度却较高，美国 50 强餐饮企业的营业额占比高达 20% 以上，排在前 4 位的正餐企业收入占比是我国的 10. 4 倍，快餐业十强企业收入占比是我国的 3. 3 倍①。美国大型连锁餐饮企业以标准化的连锁经营模式、雄厚的资金投入、完善健全的管理结构、发达的市场营销网络以及超强的品牌和文化塑造意识，不仅在本国餐饮市场占有举足轻重的重要地位，而且成功实现全球化快速扩张，肯德基、麦当劳、星巴克等美国本土餐饮连锁品牌时常占据国外餐饮市场可观的市场份额。

（三）快餐和休闲饮料增长迅速，与正餐平分秋色

正餐、快餐和休闲饮料业是美国餐饮业的三种主要业态。快餐业在美国已有 40 余年的发展历史，自 20 世纪 70 年代起进入高速增长期，巅峰时期市场

① 苗海燕、殷永生：《餐饮业品牌建设中有形展示之物质因素分析》，《商场现代化》2008 年第 26 期。

份额高达47%。随着快餐业进入成熟期，收入增速开始逐步收敛，与正餐业的增速日趋接近。20世纪90年代后期休闲饮料业兴起后，逐渐取代快餐成为美国餐饮业增长最快的一种业态模式。目前，美国正餐、快餐和休闲饮料业营业额占比分别为50%、43%和7%[①]，快餐和休闲饮料业合计占据美国餐饮市场的半壁江山。

（四）餐桌式、柜台式和自助式各有特点，满足不同消费人群

在经营形式上，美国的餐馆主要分为餐桌式、柜台式和自助式三种。大多数餐桌服务式餐馆的菜单分点餐、全餐和特餐三类，点餐的菜单一般按食材种类划分，如分为鱼类、肉类、色拉和蛋类等，顾客可以自由点取；全餐包括开胃菜、主菜、沙拉、甜点和汤，也可自由选用；特餐是每天制定几款份饭，包括一道用肉或鱼做的菜，另外配上色拉、面包等。在餐桌服务式餐馆就餐需要支付15%~18%的税费，其中点餐花费最高，特餐相对便宜。柜台式餐馆包括汉堡店、小吃店、熟食店、午餐室等，出售汉堡包、三明治、面包圈、炸薯条、意式馅饼等食物，多以套餐形式出售，类似国内的快餐店。自助式餐馆因其品种多样、价位划算且用餐卫生方便，深受美国饮食人群的钟情与喜爱，也因其人力投入少，管理相对简单，而成为众多餐饮投资者经营的首选。美国自助餐的规模一般较大，可同时供二三百人用餐，菜品从西餐比萨、日本寿司、印度咖喱、海鲜冷盘到中式餐点应有尽有，价位选择空间较大，从十几美元到四五十美元均有。

二　美国餐饮产业运行特点

根据对全美数十位餐厅主厨、餐馆老板、饮食教育者和食评家的广泛调查，美国餐饮协会梳理出美国美食与餐厅的潮流趋势[②]。

---

① 根据网络公布数据整理。

② 《2012美国菜单主要流行趋势》，http：//www. ausfoodnews. com. au/2011/12/16/u-s-survey-identifies-kids-nutrition-and-local-sourcing-as-top-menu-trends-for-2012. html。

（一）信息化应用更广泛

在消费趋势的调查中，一系列的数据表明，消费者对餐饮方面的信息化应用和科技软件持有浓厚的兴趣。在经常光顾餐桌服务型餐馆的消费者中，超过一半的人表示他们会选用电子支付的方式结账，44% 表示愿意使用电子点餐系统，接近 1/3 的人希望能用手机进行支付，40% 愿意用 iPad 等平板菜单进行点餐，更有一半的消费者表示会选择用智能手机浏览菜单、点餐及订餐。现阶段只有不到 10% 的正餐餐馆能提供这些服务，而此项数据在快餐类餐馆中只有不到 2%。现在越来越多的餐馆经营者已经意识到，科技手段在促进消费和吸引消费者方面的强大功效，54% 的餐桌式餐馆和 48% 的快餐餐馆的经营者表示，他们将在 2013 年引入更多能与消费者面对面交流的信息化技术程序和应用系统。

（二）回归本土化饮食口味

美国是世界各国美食会聚和饮食文化相互融合的国度，各种食材和烹调技法五花八门、应有尽有，比如意大利的通心粉和馅饼、德国的羊肉片、欧洲的干贝和面饼、中国的炒面、印度的咖喱饭菜、墨西哥的烤肉以及数不胜数的其他美食，美国民众在遍尝世界各地美食时，对具有浓厚家乡特色的美式食品仍然偏爱有佳。美国餐饮业协会的调查报告和另一项由国际知名咨询公司 Mintel 主导的市场调研均显示，美国消费者对于本地特色食物的需求愈加强烈，有超过 70% 的消费者表示他们更愿意到提供本地特色食物的餐厅中就餐，超过 60% 的用餐者将食材是否来自本地作为挑选餐厅的主要考虑因素。本地特色菜肴越来越多地出现在提供餐桌式服务餐馆的菜单中，与以往不同的是，现在更为追求“精细化烹饪”，在菜单上标榜“手工制作”或者“家庭风味”的食物更加受到消费者的青睐和欢迎。

（三）更加注重健康营养

随着经济的快速发展和人们健康意识的提升，越来越多的美国人开始重视合理饮食和健康膳食。餐馆经营者敏锐地观察到消费者在健康饮食上的选择变化，有超过80%的消费者表示近两年餐馆在营养、健康方面得到极大改善①。

（四）菜单选择双重化

在Mintel关于美国餐馆菜单趋势的报告中②，除了饮食本地化和烹制精细化外，双重化选择的菜单、个性化订餐服务和新品概念进口化等也都入选2012年美国餐饮业的主流趋势，这些方面也将对美国食品和餐饮行业产生持久深远的影响。

虽然消费者越来越注重饮食健康，但一定时期内仍不太可能去苛求菜单的绝对健康，同时，餐饮业也不太可能提供绝对健康的菜单。然而消费者在点菜时还是希望能多个选择，双重化选择的菜单逐渐流行。一方面，菜单中会突出让人胃口大开、食欲大振的美食菜肴，但同时也会考虑到与健康营养相平衡；另一方面，餐饮经营者会在菜单中同时标注高低两种价位，为消费者提供价格上的多重选择。

（五）订餐服务个性化

美国的饮食文化可谓千姿百态，消费者的需求也是千变万化。如何能最大限度满足消费者的各种个性化需求，最行之有效的方法就是让消费者拥有能决定自己用餐体验的能力。个性化客户订餐系统由于在菜单设计上具有更大的灵活性，因而受到更广泛的消费者的使用与青睐。

（六）新品概念进口化

对于美国许多跨国连锁快餐企业而言，国内的快餐市场已趋于饱和，销售增长和赢利主要来自国际化市场的运营。许多跨国餐饮企业新品的概念和产品测试通常开始于国外，好的理念先由国外发起再引回美国主流市场，如麦咖啡

① 《2012美国家庭调查报告》，http：//www. restaurant. org/images/pressroom/forecast2013/Nutrition Takes Center Stage. jpg。

② 《2012美国餐馆食品服务五大趋势》，http：//www. prnewswire. com/news-releases/five-foodservice-trends-from-mintel-set-to-shape-restaurant-menus-in-2012-135046913. html。

McCafe 和麦当劳近期推出的 McBites，最开始都是源自澳大利亚，在当地市场大受欢迎后才引入美国市场进行售卖。鉴于国际市场的广泛性和重要性，在未来一段时间里，进口化仍将是一大流行趋势。

三　2013 年美国餐饮产业预测

美国餐饮业协会发布的《2013 年餐馆业预测报告》中称①，尽管餐馆业的挑战仍将持续，但 2013 年餐馆业预期的增长将会超过美国的就业增长，由此表明美国餐饮业内人士对未来发展的乐观与信心。报告表明，尽管在经营环境上仍然面临众多挑战，但全美现有的 98 万家餐馆在 2013 年的销售收入预计仍将再攀新高，达到 6605 亿美元，比 2012 年增长 3.8 个百分点，此数据意味着餐馆业实际销售额将连续第 4 年实现增长。

在劳动力就业方面，餐馆业将会继续成为解决美国劳动就业的第二大行业部门，餐馆业从业人数将达到 1310 万人，连续第 14 年超过美国整体就业增长速度。从更长远的角度看，美国餐饮业协会指出在未来的十年中餐馆业预计将能新增 130 万个就业机会，2023 年餐馆业从业人数将会达到 1440 万人。

尽管餐馆服务业在 2013 年预期会有较大增长，但经营者仍将面临一系列挑战。餐馆业主认为最大的挑战将来自行业以外的环境变化，包括食品成本、经济形势和卫生改革。首先，过去 3 年食品批发采购成本持续上涨，在未来的一年食品批发采购成本将进一步增长，这无疑会给餐馆经营带来巨大压力，约 1/3 的销售收入将用于购置食品和饮料。其次，经济衰退和就业萎缩也会影响到消费者手头可支配的现金收入，进而对餐馆业的整体经营带来冲击。现阶段消费者外出就餐的意愿持续低迷，约 2/5 的消费者表示他们会减少到餐馆就餐的频率。此外，卫生方面的改革措施也会给一些餐馆的经营者带来额外的成本压力，新制度规定所有食品零售业或者餐馆业的员工都必须参加有关食品服务、运输、储存等方面的安全培训，通过食品安全法的考试并取得合格证。新

① 美国餐饮业协会发布的《2013 年餐馆业预测报告》，http：//www. restaurant. org/pressroom/social-media-releases/release/？page = social_ media_ 2013_ forecast. cfm。

规实施后餐馆在人力成本上的投入将要达到销售收入的1/3，这部分成本的增加意味着餐馆经营者要在本就微薄的3%～5%的税前利润中扣除额外的费用支出，可谓是雪上加霜。

全美餐馆协会首席执行官 Dawn Sweeney 表示，餐饮行业极强的外部适应能力和经营方式的灵活多样，使其在持续低迷的经济环境下，也能为国民经济发展提供强有力的支持。而餐饮经营者展示出的创造力和革新意识，使餐饮行业在整体压力的环境下能够很快找到恢复增长的新出路。

四　美国餐饮产业运行环境

（一）管理机构层次清晰，职能明确

美国从1997年开始，在全国范围内实行从农田到餐桌的食品安全管理策略，农业部、环境保护署、食品和药品管理局及卫生部门等多个部门都要参与食品安全的管理，各机构的职能分工主要以食品安全风险因素为对象进行科学划分，比如餐饮消费环节监管部门负责对食品交叉污染、储藏存放不当导致的致病微生物超标进行控制，而农业部门则对食品农药残留量进行监测。另外，为了加强各机构之间的协调与配合，美国还先后成立了“食源性疾病突发事件应急协调小组”和“总统食品安全委员会”①。

美国联邦政府与州政府相关部门主要负责制定食品安全的法规与标准，除对奶和奶制品等高风险食物监管外，一般不直接监管餐饮业的食品安全。美国当地餐饮业食品安全的监督管理是由县（郡、市）级政府卫生部门具体负责。联邦政府相关部门制定的餐饮食品安全的规定，只有各州政府采纳后，才能在该州内生效。美国的食品安全体系看似复杂，实则运作协调、联系紧密、信息畅通、灵活有效，不仅各级监管机构最大限度发挥监管职能，而且切实有效地维护着消费者的利益。

① 刘秀兰、陈立章：《美国餐饮服务食品安全监管分析》，《中国现代医学杂志》2011年第13期。

（二）健全的法律监管体系

美国餐饮业法律法规十分健全，从建筑、消防、卫生、税收到从业资格面面俱到。餐饮企业开业前必须取得卫生许可执照，企业的食品安全负责人必须通过地方卫生部门8小时以上的培训，餐馆每季度和每半年要接受消防和卫生部门的严格检查，检查只限于几个重要的量化指标，公正、高效，且具有极强的操作性。此外，卫生部门还会根据餐厅的容积率对就餐人数进行限定，并发放就餐人数规定证书，餐厅同时段就餐人数不得超过限定人数①。

（三）严格的食品卫生安全标准

美国对饮食卫生和食品安全的严防管控在全球范围内都享有盛名，在采购、验收、存储、备餐、烹制、服务以及垃圾处理等各环节都有严格的规定。以俄亥俄州食品安全标准为例，其中既有对食物来源、规格、保存及烹制程序的严格规定，如对各类食物加热、解冻、冷冻、冷却的温度及时间均有详细说明；也有对厨具设备设计、数量、安装、操作、清洗消毒的条款，比如厨房应该配有足够数量和容量的排气系统，地面到固定厨具底部的高度不低于6英寸（15厘米）等；还有对餐饮雇员健康、个人清洁、卫生习惯的详细规定，如雇员须用符合规定的清洁剂对手和暴露在外的手臂进行至少20秒的清洁。

（四）覆盖全面的风险防范体系

每年美国联邦食品机构都会商定一个覆盖广泛、内容详尽的年度采样计划，以检测食品中的药物和化学品的残留情况。当遇到食品安全风险事件紧急爆发时，风险管理系统就会通过全国范围的电信网络启动各个级别、层次的食品安全防范系统，保护公众远离由不安全食品引起的健康风险。此外，从源头上保障和控制食品安全才是最有效的预防措施，美国一直推崇“以预防为主和以科学为基础”的风险管理理念，比如在饲料成分控制系统中明确规定禁

---

① 罗文青：《美国餐饮卫生安全监管培训情况的调查分析》，《中国卫生监督杂志》2009年第3期。

止给反刍动物喂养动物性蛋白质以防止疯牛病的进入①，专门制定《贝类产品卫生计划》，加强海水污染检测，划分可养殖海域，防止因食用受污染的贝类而导致食物中毒事故的发生。

美国餐饮企业内部的质量保证体系也添加了餐饮业食品安全的保险系数。美国大型连锁餐饮企业，如美国百胜餐饮集团，设有专门的质量保证部门，负责本企业的食品安全管理；中小型餐馆则需具有 1 名以上的具有相关资格的食品安全管理员。

五 美国中餐发展现状与未来前景

中餐在美国有 150 多年的发展历史，它不仅仅是华人在美赖以生存的重要手段，也是传播中华文化的重要载体，已成为美国多元族裔饮食文化中不可或缺的重要组成部分。

（一）中餐在美国本土化特征明显

美国的中餐大致可分为中式中餐馆和美式中餐馆两大类，前者大都位于华人聚居区如唐人街等地，服务对象主要为华裔人群，后者则以美国本土居民为主要服务对象，开设在美国人居住区或办公区周边。经营方式分为堂食、中式快餐、外卖、中餐自助等。

目前美式中餐不论是连锁程度还是受欢迎程度，都较中式中餐略胜一筹。很多在美国“走红”的中国菜已经被打上了美式口味的印记。全美最大的中餐连锁集团——老张华馆，经营者与厨师皆是没有中餐文化背景的西方人，口味和菜品本土化趋势明显，添加奶酪的四川鸡薄饼和甜品巧克力长城备受欢迎，已成为美式中餐的代表菜式。在加州很多老字号中餐馆中一般都是两套菜单，一套是专门为寻求家乡味的华人准备，麻婆豆腐、水煮鱼等每一盘都很正宗，一套则为典型的美式中餐，其中的招牌菜如左宗棠鸡和甜酸肉均找寻不到正统的中餐血统。

---

① 南俊华：《美国餐饮业食品安全管理考察报告》，《中国卫生监督杂志》2005 年第 1 期。

而许多中式中餐馆，由于中西方文化方面的差异与原材料获取渠道上的限制，也为了迎合美国多元化的餐饮消费市场和西方人的饮食习惯，在原材料选用、制作方法、菜品口味等方面进行了较大调整，开始走融合路线，引入泰国菜、印度菜、越南菜等其他亚洲菜系的元素；有些中餐馆为了赢得更多本地顾客，或多或少地将西餐的烹饪手法和代表食材引入中餐制作，与通常意义上所指的中餐概念相去甚远。

（二）中餐在美发展挑战与机遇并存

近几年，美国中餐馆的数量大幅攀升，年均增长保持在5%左右，高于同期美国餐馆的增长速度。2010 年美国中餐馆的数量已达4.6 万家，是日本餐、韩国餐、泰国餐、越南餐、印度餐等各类餐馆总数的2 倍，比美国本土麦当劳门店数多2 倍以上，中餐馆年营业额超过200 亿美元，约占美国餐饮业网点与营业额的3%和8%[①]。被誉为世界三大美食之一的中餐，在美国这个吸纳、融合世界各地多元饮食文化的餐饮大国中占有一席之地本不应是难事，但与中餐尚算可观的产业规模相比，拥有较高知名度或是具有一定连锁规模的中餐馆却少之又少。

中餐在海外发展主要面临的挑战：第一，来自行业的竞争压力，日本菜、韩国菜、泰国菜、越南菜等其他亚洲菜系近几年来大行其道，进一步挤压中餐的市场份额。第二，中餐发展的内在问题，大多数华人中餐馆经营者缺乏开拓市场的资金与动力，且在语言和对本土饮食文化的了解等方面也不占优势，大多数中餐馆的经营还停留在粗放式的中低端经营方式上。第三，食材来源受限使经营者不得不改变或放弃一些中餐的特色与传统，并在原材料使用、制作流程、加工环节等方面寻求能适应本土环境的解决和替代方式。第四，较高的劳动力成本，使许多中小型中餐馆放弃引进薪资较高的专业烹饪技术人员和管理人员，而选择雇用低廉的学生和非法劳工，菜品创新与服务水平止步不前，甚至每况愈下。第五，餐饮的经营环境受限。美国对餐饮经营有着严格的法律规定和卫生要求，对从包装、配送、储藏、烹饪到餐厨垃圾处理等环节都有明确

① 根据美国中餐协会2010 年发布的数据进行整理。

规定，进一步增加了经营的难度，规模化连锁经营更是难上加难。

由于近几年经济不景气，美国人外出就餐意愿下降，外卖与中餐自助更多地受到美国本土居民的青睐。中餐多元化的经营方式一定程度上拓宽了美国民众接触与了解中餐的渠道。

（三）美国中餐找准定位，才能找到出路

“熊猫快餐”是美国知名的中式快餐品牌，定位美国大众消费，菜单上通常只列出宫保鸡丁、芥蓝牛肉等十几道美国人耳熟能详的中餐菜式，这些菜制作标准统一，味道较为符合美国人的口味和快餐习惯，且价格实惠，目前“熊猫快餐”已发展成为美国最大的中式快餐连锁企业。“呷哺呷哺”是来自台湾的吧台自助式火锅连锁经营品牌，在国内京津沪三大城市拥有百家连锁店。其每人单独使用一个小锅涮食的用餐方式，很符合我国古代的分食制思想，既卫生又方便，在美国洛杉矶的分店一开张就受到热捧，用餐高峰经常要排队等位。同样位于洛杉矶的小肥羊火锅店也非常受欢迎，小肥羊 Hacienda Heights 店于 2010 年正式落户美国洛杉矶，在锅底口味上延续了小肥羊的自身特点，但在菜品上进行了大胆创新，新添了 20 余种菜式，目的是满足不同族裔客人的就餐需求。装修上也突破了传统意义上中餐厅的装修风格，现代气息中隐藏着传统元素，国际流行中结合着草原文化，营造出小肥羊的特色就餐环境。

近几年，日餐、韩餐的崛起，给中餐带来巨大挑战的同时也给中餐业者指出了一条发展方向，努力提高就餐体验感与舒适性，设法打开进入当地高档星级宾馆的大门，开拓中高端市场，是增加中餐在美国主流消费群体中受欢迎程度和影响力的有效途径和有益尝试。

可见，根据自己特质找准经营定位，在美国竞争激烈的餐饮市场中分得一杯羹并不是一件难事。如中式快餐以美国大众消费为定位，则发展空间并不小；若准备经营高档的餐厅，则需要具备一定的美国文化特质，如菜品的改良，点餐、配餐与消费方式的本土化，舒适用餐体验和服务环境的塑造。面对激烈的市场竞争，正确的经营定位是中餐突出重围的关键因素，也是今后中餐经营者努力的依据与方向。

B.15 台湾餐饮业发展现状及趋势分析

阎希娟*

摘　要：

台湾餐饮业近几年来发展较快，表现为企业连锁经营及国际化程度较高，上市企业业绩良好，火锅等业态具有较强竞争力。台湾餐饮企业经营者大多重视培育和推行企业文化，重视标准化建设和走多品牌营销的道路。未来台湾餐饮业将更加注重性价比、食品安全与消费者健康，在生产与经营上会更加集约化，也将以高科技手段促进餐饮营销。

关键词：

台湾　餐饮业　现状　趋势

一　台湾餐饮业的分类

根据台湾“行政院”主计处“行业标准分类（第九次修订）”的定义，台湾餐饮业是指“从事调理餐食或饮料提供现场立即消费之餐饮服务的行业”，而外送、外带、餐饮承包等服务也属于餐饮业。餐饮业还可细分为餐馆业（小吃店、火锅店、快餐店、牛排店、日本料理店）、饮料店业（非酒精饮料店与酒精饮料店）、餐饮摊贩业（小吃摊、面摊、冷饮摊、快餐车）、其他餐饮业（团体餐饮及餐饮承包服务，如伙食包作、员工餐厅、空厨公司、宴席承办、团膳供应等）。

---

* 阎希娟，硕士，《餐饮世界》杂志社副主编，主要从事餐饮企业经营管理及饮食文化方向研究。

二 台湾餐饮业发展现状

（一）行业发展速度较快，淘汰率高

近十年来，台湾餐饮业发展迅速，从人才、业态、技术、资金、原料到客户都有所突破，形成创业新硅谷。在经济普遍低迷的情况下，餐饮业却保持着较好的增长势头。近三年的统计资料显示，台湾餐饮业保持着稳定的增长趋势。表1显示，近三年来，台湾餐饮业无论是总体营业额还是细分业态的营业额基本呈上升趋势，其中餐馆业的成长幅度和贡献最大，营业额约占行业整体的八成左右。

表1 台湾餐饮业营业额及增长率（2009～2011年）

类别	2009年		2010年		2011年	
	营业额（新台币亿元）	增长率（%）	营业额（新台币亿元）	增长率（%）	营业额（新台币亿元）	增长率（%）
餐饮业	3218	0.04	3447	7.14	3721	7.94
餐馆业	2717	0.15	2916	7.33	3167	8.60
饮料店业	358	-0.79	379	5.99	397	4.85
其他餐饮店	143	0.02	152	6.31	157	3.11

资料来源：台湾经济部统计处：《商业及服务业动态调查年报》，2012年。

由于餐饮业的设备投资金额相对不高，因此它已成为很多创业者优先考虑的行业，每年都有着众多的投资者进入餐饮业，但真正经得起市场检验，能够在消费者中建立口碑的却寥寥无几。根据台湾财税部资料中心的统计，2010年，约75%的餐饮企业年度营业额在50万～500万元新台币；营业额在2亿元新台币以上的餐饮企业仅有61家，占整个行业的比例为0.05%。从经营时间上考量，约50%的餐饮企业经营年份在五年以下，约80%的企业经营年份在10年以下，竞争激烈，淘汰率高，是台湾餐饮业的特点之一。

（二）连锁经营发展迅速，休闲饮品、快餐、小吃盛行

如果以经营形态区分，台湾的餐饮业大致可分为“独立经营”与“连锁经营”两大类。独立经营的特点是各餐厅之间没有连锁关系，在生产和经营方面各自独立，有较大弹性。连锁经营则是指企业具备两家以上相似的门店，且能够对各门店提供仓储、采购、广告、营销等方面的指导与协助。1982 年，麦当劳进入台湾。麦当劳不仅把西式快餐带入了台湾市场，更重要的是把一种崭新的连锁商业模式和经营理念引入了台湾餐饮业。与一般独立餐厅比较，连锁餐饮业拥有大量采购从而压低成本的优势、与餐饮院校联盟取得优质人力资源的优势以及在营销方面统一反应的优势等，从而成为竞争激烈的餐饮市场中首选的经营形态。

台湾连锁餐饮业数量由 2006 年的 283 家增加至 2010 年的 526 家，翻了近一番；2010 年总店面数达到 4292 家，比 2009 年增加了 17. 2%①。显示出近年来台湾餐饮业加盟连锁方式的蓬勃发展。连锁餐饮的主要服务类型可分为咖啡简餐、各式餐厅、中式小吃、休闲餐饮、早餐专卖店、快餐店等。

从表 2 中可以看出，休闲饮品（83 个）、快餐店（71 个）和中式小吃（70 个）占据连锁品牌数量的前三甲，主要是因为这些业态的投入资金相对较为低廉，创业风险小，加之适应消费者快速的生活节奏而易于生存；另外，早餐专卖店也较多，达到 11979 家，与台湾消费者八成人外出用早餐的消费习惯相吻合。以平均消费 45 元新台币计算，台湾早餐市场每年可达到约 2000 亿元新台币的规模②。

表 2　2010 年台湾主要连锁餐饮服务类型概括

	品牌(个)	总店数(家)	每一品牌平均店面数(家)	直营(家)	加盟(家)
咖啡简餐	50	1717	34. 34	627	1090
各式餐厅	222	2814	12. 68	1482	1332
西式餐厅	43	255	5. 93	215	40

① 台湾连锁暨加盟协会：《2011 台湾连锁店年鉴》，台湾连锁暨加盟协会，2011。

② 林慧淳：《巷口早餐怎样吃得巧?》，《康健杂志》2012 年第 160 期。

续表

	品牌(个)	总店数(家)	每一品牌平均店面数(家)	直营(家)	加盟(家)
日韩餐厅	39	643	16.49	409	234
东南亚餐厅	7	43	6.14	40	3
中式餐厅	48	483	10.06	235	248
牛排馆	18	349	19.39	143	206
火锅馆	54	912	16.89	314	598
茶餐厅	13	129	9.92	126	3
中式小吃	70	4357	62.24	761	3596
休闲饮品	83	5313	64.04	666	4647
早餐专卖店	30	11979	399.30	118	11861
快餐店	71	3117	43.90	1633	1484
合计	748	32111	42.93	6769	25342

资料来源：许倩棱：《餐饮业之经营现况与未来趋势》，台湾财团法人商业发展研究院资料，2012 年。

（三）国际化比例高，岛外布局普遍集中于华人市场

台湾属于海岛型经济，餐饮市场投资空间相对狭小，岛内需求日趋饱和，催生着台湾餐饮企业向岛外扩展。《2012 年台湾连锁店年鉴》显示，557 家台湾连锁餐饮企业中，本土企业占 89.5%，其中本土企业进军岛外的比例为 17.58%。在国际化的本土企业中，高达 81% 的企业进入中国大陆市场，其次是马来西亚（16.7%）、新加坡（15.6%）以及香港（14.4%）、澳门（10%），其余东南亚、东北亚与美澳市场的比率皆低于 10%。一大批台湾餐饮企业，如鼎泰丰、王品、85 度 C、呷哺呷哺、仙踪林等，凭借独特的企业文化和经营理念，在中国大陆等地经营得有声有色。台湾国际化程度较高的餐饮业态首推休闲饮品和冰品市场，因为该市场在产品、营运模式方面都发展迅速，得以在与台湾有着相似炎热气候环境的东南亚地区扩张迅速。如创立于 1970 年的台湾翔美食品，其代表产品为“冰雪花”。翔美十分注重研发能力的提升，平均每季都会创造出一种新口味。从常见的牛奶、抹茶、巧克力，到金箔、蛋黄、意大利帕玛火腿，都可成为翔美雪花冰的美味秘诀。3 年前，翔美以 charmy 作为自有品牌，迈向国际市场，目前已成功行销全球 17 个国家，超

过40个海外城市，加盟点遍布世界各地，达2000家以上，目前正在美国、韩国、中国大陆与南美洲等地进行发展布局，被誉为“台湾之光”①。但到目前为止，台湾的餐饮业扩张仍主要集中于华人市场，仅有少数几个品牌如欣叶、鼎泰丰成功扩张至非华人市场，说明台湾企业的跨文化国际营销和适地化能力尚有待于提升。

（四）上市企业业绩良好，股价攀升

自2010年底85度C挂牌上市后，许多优秀的台湾餐饮连锁企业为筹措资金、扩充事业版图也纷纷申请上市，王品、安心食品（摩斯汉堡）、瓦城泰统均已成功上市，且表现不俗。

2012年10月资料显示，王品上市后股价不断攀升，在460元（新台币）左右，每股获利本益比（EPS）高达22倍。而其他3家已上市连锁餐饮品牌股价表现都不差，85度C收盘股价205元；安心食品（摩斯汉堡）收盘股价也高达178元，瓦城泰统EPS也高达9元。摊开这些企业2011年的财报，85度C、王品、安心食品等，最终获利率都在10%左右。而同期依赖出口的电子业，平均毛利只有5%②。

（五）火锅业一枝独秀，全球竞争力第一

在连锁餐饮业中，台湾火锅业在全球竞争力排名中名列前茅，也是连锁餐饮业拓展大陆市场的生力军。研究显示，台湾火锅在种类、吃法、精致度、档次、异域多元融合度上，名冠全球③。根据2012年台湾连锁年鉴统计，台湾连锁火锅店共981家，这还没有包括非连锁的火锅企业。火锅店不需要大厨、流程容易标准化，故能够迅速复制。而同样的汤底搭配各地的不同食材，能够满足各地消费者的不同口味，有利于火锅行业向岛外拓展。2012年8月，台

① 《火腿当配料，“翔美雪花冰”成台湾之光》，http：//news. sina. com. cn/c/2012 - 12 - 16/151525824183. shtml。

② 林威雄：《台湾连锁餐饮企业探秘》，《餐饮世界》2012年第10期。

③ 《台湾连锁餐饮企业逾八成进入大陆市场》，http：//www. chinanews. com/tw/2012/08 - 19/4117359. shtml。

湾著名餐饮企业王品宣布将与菲律宾最大连锁餐饮集团快乐蜂（JOLLIBEE）合资成立大陆石二锅公司，全力抢占大陆平价火锅市场，未来王品将凭借规模采购获得的低成本优质食材和高品质服务挤入大陆火锅市场。

三　台湾餐饮企业经营特点与优势

（一）重视企业文化

重视企业文化的塑造和贯彻是台湾餐饮企业的重要特征。企业文化对内是企业凝聚力所在，对外则体现了企业的核心价值理念，意义重大。作为深受儒家文化浸染的台湾企业家，在接受了西方现代企业经营的知识学习和实践锻炼后，创造性地制定了适合本土企业的系列企业文化，并在企业中成功实践，收到了很好的效果。

王品创始人戴胜益从海豚跳火圈受到及时奖励中获得启发，领悟到“实时奖励、立即分享”的道理，创立出“一家人主义（we are family）”的企业文化，秉承“顾客第一，员工第二，股东第三”的宗旨，即对顾客、员工的重视和承诺高于对股东的关注。王品的入股分红精神是，每开一家分店，店长、主厨以上的主管，包括区经理、总公司的协理、总经理、副董事长都依比率认股，所以员工也是股东。仅 2003 年，整个集团在盈余 3.9 亿余元后的分红金额高达 2.7 亿元。每位主厨、店长以上的主管平均可以领到20～70 万元，一般员工也有数万元的本薪外收入。[①] 走在行业前列的人文关怀福利、著名的“王品宪法 18 条”无一不是“一家人主义”的具体体现。在餐饮业离职率常态性高达 12% 左右的情况下，王品集团却能长期保持在 5.5% 左右，有些店面甚至长期保持在 3% 左右，显示了员工对企业文化的高度认同及身为王品一分子的自豪。

另一家台湾餐饮企业鼎泰丰，同样奉行以“爱的教育”为核心的企业文化。如，服务员之间在工作时会透过耳麦讲笑话带给彼此愉悦；在每家店附近

① 诗雨：《王品集团，分享出王者》，《餐饮世界》2012 年第 10 期。

租一层房间做员工午休室，并为员工设专门的服务员；遇到员工家长辈生病住院，人资部门会尽力协助安排等。在这样的企业环境中，即使服务人员超负荷运转，也能够始终保持良好的心态。

台湾餐饮企业文化大都体现了东西方兼容并蓄的交汇，既体现了科学的精细化管理，又坚持和发展了人性化的东方哲学思想，为维系企业内外关系发挥了独特的作用。

（二）建立标准化

中餐连锁发展最大的障碍就是建立标准化。从事经营管理，只有将每一个复杂的细节标准化，才能做到大规模复制。再以王品集团为例，王品独创了终身学习教育训练体制和“王品大学”，目前已经开发出45本包含各类课程的教育训练和运营手册，将标准化作业流程成功融入企业文化。

台湾以素食闻名的宽心园引入SOP（标准作业程序），实现每道菜色香味和质量的规格化与标准化。宽心园的烹饪准则中，看不到“片、块、条”等含糊用语，而一律改为厘米、克等精确单位。翻开宽心园餐厅、厨房的工序检查表，多达一两百项的检查内容详细而全面，每道菜从选料、刀工、烹制、调味、摆盘到出菜，各个环节都有明确的量化规定，比如一份沙拉要有几克生菜、芹菜切多长、配菜如何码、淋多少酱汁，都能从表中找到答案。这种标准化在宽心园及台湾很多知名餐饮企业的前厅服务中也得到了体现。

（三）多品牌发展战略

采取复合式经营方式，实现多品牌战略来覆盖不同需求的消费者群体，是许多台湾餐饮企业的共识。台湾餐饮业本土连锁企业总部超过千家，品牌密度居世界第一。另一个特点就是多品牌经营，一个企业几十个店、十几个品牌在台湾是较为常见的。这与台湾市场相对狭小、一个品牌不足以做强做大有关。多品牌经营在台湾的优势十分明显，能够有效提升市场占有率、降低经营风险。王品目前旗下有王品Wang Steak、TASTY西堤牛排、陶板屋、原烧、石二锅等11个连锁品牌，是近年来餐饮业品牌拓展相当成功的典范，这主要依托于王品集团于2001年推出的“醒狮团计划”。该计划鼓励有领导力的内部专业经理人（狮子王）在集团的支持下，带领一个团队创立新的品牌，来为集团开枝散叶。创立新品牌的经理人有可能成为这个新品牌的总经理而被提拔。这些经理人成为王品快速扩张、维持一致企业文化与服务质量的重要基础。而不同业态和价格为王品带来了不同层面的广泛客源，如 Wang Steak、TASTY 同属牛排店，但前者以高价位、凸显尊贵、男性气质服务于成功男士，后者以中等价位、时尚化、偏向女性和小资情调来吸引不同顾客群。

以麻辣火锅起家的鼎王总裁陈世明，在麻辣火锅热销、事业一路凯歌的顺境下，又另辟蹊径地开创了结合禅风与日式风格的养生火锅品牌“无老锅”及烧烤品牌“盐选烧肉”，并一举获得成功。值得一提的是，火锅和烤肉是连锁餐饮最容易发展的两个品类，竞争异常激烈，为了建立起难以超越的进入障碍，鼎王每次开创新品牌都会投入较多时间和成本，研发出独特的产品和配方，以达到竞争对手无法模仿的目的。台湾连锁蔬食业宽心园除了第一品牌——经营素食正餐的宽心园之外，为了迎合年轻人的素食潮流，走“蔬食界的麦当劳”路线，推出了主打果蔬三明治、果汁和以中式快餐、小吃为主的第二个品牌“跨界蔬房”，并继续酝酿推出具有美式风格的第三个素食新品牌。

四　台湾餐饮企业未来发展趋势

（一）餐服性价比高、环境精致的餐厅更受欢迎

台湾内需市场狭小，自然资源相对短缺，故对海外市场和技术的依赖程度较高，是较为典型、容易产生波动的“浅盘经济”。近年来，台湾经济发展趋于缓慢，消费者对于物价上涨的预期心理，反映在餐饮消费上，就是消费行为更趋于保守和理性。通过上网搜索等渠道，消费者得以更为迅速地了解各餐厅信息，并希望以实惠的价格获得超值的消费享受。而女性顾客比例的增长，使得餐馆对用餐环境、氛围的营造更显重要。可以预期，菜品的精致化、服务的人性化和价格的平价化将成为未来台湾餐饮发展的新路线。

目前，85 度 C 打出“五星级商品、平民化价格”的平价奢华概念，一块

奶酪味十足、有五星级饭店卖相的蛋糕，在大陆10元、8元就能吃到，8元一杯的招牌咖啡，价格只有其他大品牌的1/2甚至1/3，不但带动了消费人群，还覆盖了更为广泛的消费群体；鼎泰丰则以服务细腻闻名，最被人口口相传的就是客人的筷子掉了，还未及开口，就会有服务人员送上干净的筷子。这是因为在新员工培训时，鼎泰丰主管会不断地把筷子丢在地上，好让新入行的服务员熟悉筷子落地的声音，以便对顾客需求做出更敏捷的反应。这些代表平价产品和优质服务的餐饮品牌，将会是未来台湾餐饮发展的主流。

（二）更加重视食品安全与消费者健康

食品安全已经成为世界范围内引人关注的话题，近期台湾爆出塑化剂、剩饭回收售卖给大陆游客等系列负面新闻，使台湾的食品安全受到广泛关注。台湾"行政院"于2012年推出"安心食品履历追溯云端运用计划"，旨在整合餐饮供应链上下游资料并设置警示机制，方便消费者随时掌握食品来源信息。[①] 另外，中餐传统烹饪方法固有的多盐、多油、多糖等弊病，已经不适于现代人对健康和养生的需求，也将是未来台湾餐饮业转型的重点环节。台湾餐饮业正积极研发以健康、养生为特点又能兼具营养及传统美味的产品，来满足未来消费者多变的市场需求。鼎王的"养生火锅"摒弃了传统大骨熬汤的做法，代之以十几种蔬菜和茶叶炖煮高汤为汤底，打造出健康火锅的新概念；其斥资千万新台币建立的制盐所，开发出咸度低于普通食盐20%的"松露盐"，带动了中餐的轻盐风潮。另外，悟饕池上的"养生饭包"、八方云集提出的"做自己敢吃的食物"、宽心园坚持的"天然、健康、美味、创意、精致"、白木屋秉承的"唯有质量才能胜出"等现象，无一不体现着台湾餐饮业对消费者健康和安全所作出的承诺和努力，这也将是未来餐饮业发展的趋势。

（三）生产与经营更加集约化

台湾地狭人稠，寸土寸金、人力成本高的现实决定了未来餐饮要走集约化

---

① 《安心食品履历追溯服务　15家食品大厂支持相应》，http：//www. myaena. net/newspaper. php? nn_ id＝36&news_ id＝2534。

的道路。以 85 度 C 为例，在大陆的平均店面面积在 230 平方米左右，而肯德基和麦当劳在中国的店面面积都在 500 平方米以上，两家公司分别花了 6 ~ 10 年时间才在中国开了 170 家连锁店，而 85 度 C 仅用了 4 年时间就完成了相同的业绩。店面浓缩，意味着企业更具租金谈判的优势，降低租金成本，从而具备更快的扩张实力。

除此之外，建立中央厨房也是台湾绝大多数连锁餐饮企业解决标准化和生产集约化的途径。中央厨房的优势在于便于集中采购实现原料的优质低价；通过集约化生产保证菜品品质的稳定性，并节省单品成本；缩减厨房人员工作流程及厨房面积。鼎泰丰除了小笼包仍在现场制作以外，其余菜品都是在中央厨房进行预生产后再配送到各分店；鼎王旗下设有豆腐、丸子、酱料、汤底及食盐等加工厂，重点产品和配料全都由自己的工厂供应，仅豆腐一项每年的营业额就高达 1000 万元新台币。

（四）高科技营销手段将为餐饮业助力

台湾统计资料显示，截至 2011 年底，台湾经常上网的人口为 1097 万人。也就是说，台湾有近一半人相当熟悉和依赖网络，智能手机的普及使得台湾年青一代消费者已经习惯于从网络上获取消费信息，并通过微博随时对外发布照片、评论及对餐饮企业菜品与服务的感受，而这些已经成为消费者选择消费的重要依据，这无疑对台湾餐饮业提出了更高的要求。在“口碑经济”及“注意力经济”的影响下，未来餐饮业经营者势必更加重视对网络空间的管理和引导，不断创新营销方法，如利用二维码会员身份识别、LBS 技术（Location Based Services，即定位服务）、微博营销等来吸引更多顾客。

B.16

在华韩国餐饮企业全球本土化经营研究

李明哲*

摘　要：

随着中国经济的发展，中国餐饮市场吸引着越来越多的韩国投资。这些韩国投资的餐饮企业如何在中国市场上占有一席之地，并取得长远的发展，关键在于在充分了解和运用中国文化特别是中国餐饮文化的基础上实施全球本土化经营。基于上面的思考，本文选取在华经营的韩国餐饮企业为研究对象，运用全球化和本土化相关理论，对其全球本土化经营进行研究。通过对韩国餐饮企业本土化经营的经验总结和归纳，为其他韩国餐饮企业在中国的本土化经营提供可借鉴的经验。

关键词：

餐饮企业　全球本土化　竞争优势　经营策略

随着经济全球化和信息网络化的发展，全球逐渐过渡到单一的市场，进入全球竞争时代，企业为了自身的可持续发展不断展开竞争。在这样的市场竞争结构下，企业尤其是跨国企业需要实施全球本土化战略，以适应新的市场赢得发展。

一方面，跨国企业全球化的压力来自产业和竞争的全球化。即产业和竞争的全球化使得规模经济的地位越来越重要，网络技术的发展让全球的竞争者、供应商、消费者共享各种信息，归根到底还是让消费者需求走向同质化，让竞争走向全球化。跨国企业力求将生产集中于某一个地方并利用规模经济来大量生产标准化产品以实现价格优势。另一方面跨国企业根据东道国政治经济环境、文化传

* 李明哲，韩国人，中国社会科学院研究生院财政与贸易经济系 2011 级博士研究生，主要研究方向：产业经济学、餐饮经济管理。

统、生活习俗、消费环境、购买力等情况生产差异化的产品有利于产品的销售。这样既有利于跨国公司的产品能更好地满足本土消费者的需要，同时也节省了国外企业海外派遣人员和跨国经营的高昂费用，与当地社会文化融合，能减少当地社会对外来资本的危机情绪，有利于跨国企业在东道国的发展。

由此可见，跨国企业既要全球化又要本土化。全球本土化战略正是协调了全球化与本土化，实现两者的融合。跨国企业肯定有体现其母国特色的产品或服务作支撑，其在东道国经营必须保持这种母国特色，但又不能完全不变地复制，应该根据东道国的政治经济环境、文化传统等作适当的调整。因此，采取全球本土化的营销战略是一种明智的经营思路。①

一　全球本土化及其研究现状

（一）全球本土化的概念

全球化（globalization）是以世界市场为对象将生产、原材料调配、营销及销售活动安排在最合适的地方，从而确保其竞争力的一种经营方式。本土化（localization）是将文化、消费符号等的差异进行变化，把生产、营销、研发等活动融入当地国经济中的一种经营方式。全球本土化是全球化和本土化的有机结合，是指企业在追求全球化的过程中，同时尊重和吸收企业所在地风俗文化的一种模式。该概念最早出现于20世纪80年代晚期，日本经济学家在《哈佛商业评论》发表的文章中提到该词，意在强调当全球化的产品或服务与当地文化相结合时更有可能取得成功。全球本土化不仅是一种营销策略，也是一种全球经济日益全球化和一体化背景下出现的一种新的理论和思潮。社会学家罗兰·罗伯森（Roland Robertson）认为，“全球本土化”描述了本土条件对全球化的反馈作用。1997年，在一个关于“全球化和本土化文化”的会议上，罗伯森提出全球本土化意味着普遍化与特殊化趋势的融合，两者共同起着作用。

① 许小明：《西门子自动化与驱动集团在中国本土化的营销策略研究》，暨南大学硕士学位论文，2006。

（二）全球本土化的研究现状

1. 国外相关研究综述

跨国公司在跨国经营的过程中，特别是在经济全球化的进程中，究竟应该应用全球标准化战略还是因地制宜实施本土化战略，一直以来都是跨国营销理论和应用过程中存在争论的问题。[①] 总体来讲，关于跨国经营标准化与本土化问题的研究基本可分为三大派系：标准化、本土化、全球本土化。[②]

早期学者主张采取全球标准化战略。Elider（1961）就主张在全欧范围内采用标准化的广告。Perlmutter（1969）建议跨国公司在跨国经营的过程中采取全球导向的战略。Wind（1973）等人也认为导向是最高的目标，主张跨国公司采用全球产品战略。Levitt（1983）提出了世界同质化的假设，指出了市场全球化，Levitt 的观点得到 Eshghi & Sheth（1985）、Leeflang（1995）、Clements & Chen（1996）等学者的支持。支持全球标准化观点的人认为企业选择全球标准化战略有利于规模经济效益，在 R&D、制造、销售、物流、传播等方面实现成本的节约。另外，企业通过全球标准化战略可以形成全球统一的品牌形象，实现组织结构纯化和管理控制的程序化（Porter，1985；Levitt，1983）。[③]

也有学者对全球标准化战略持有异议。Lenormend（1964）批驳了 Elider 广告标准化的观点，他认为欧洲各国在传统、习惯和文化上存在差异，Elider 提出欧洲型消费者要形成规模的话，至少需要几个世纪。Roostal（1963）认为各国法律规定不同、媒体的可用性不同、语言不同等，这些都是广告标准化的障碍。Killough（1978）、Douglas & Wind（1987）认为，采用完全的全球标准化战略是“过于简单的方法”，“只是一个次优解”，在实践中是不可想象的。Whitelock & Pimbelt（1997）从营销哲学方面对全球标准化的观点进行了批驳。他们认为全球标准化观点过于强调规模经济性，强调降低成本，这会导致企业不是根据市场需求来安排生产，而是根据生产能力来组织生产，最终导

---

① 任国升：《跨国公司在中国营销本土化策略研究》，河北大学硕士学位论文，2008。

② 晏国祥：《国际营销标准化与本土化研究述评明》，《商业经济文荟》2005 年第 6 期。

③ 梁西章：《跨国公司全球营销策略与在华营销活动研究》，《商业研究》2007 年第 3 期。

致企业与市场关系的扭曲。[①] 本土化战略的支持者认为以世界市场同质化假设和规模经济性理论来支持全球标准化的观点存在一些重大缺陷。

2. 国内研究综述

对于本土化经营的必要性研究，赵平、莫亚琳（2001）对中国耐用消费品行业顾客抱怨行为进行了研究。研究表明各国文化上的差异要求跨国公司应该采用本土化的适应性战略；郝渊晓、郭永、邹晓燕（2004）分析了跨国公司推行本土化的缘由及动因。在本土化战略方面，彭娟（2004）对跨国公司在中国的品牌本土化发展战略进行了研究，提出了跨国企业在中国的品牌本土化战略实施的途径，并以宝洁为例进行了说明；王玉珏（2007）以可口可乐和宝马为例进行了在华本土化经营战略分析。在本土化经营策略方面，涂永式（2004）先论述国际化与本土化一体的营销理念，接着论述跨国公司在中国实施本土化的主要策略；宋凌燕（2004）研究了跨国公司在华本土化策略，并以丰田为例进行了说明；雷雨（2005）从4P的角度详细分析宝洁公司在中国的营销策略，进而得出启示：宝洁公司赖以在中国赢得竞争优势的市场营销策略的核心是它将国际化标准和中国市场的本土化完美结合；陈申（2009）研究了汽巴公司在中国的本土化问题及其原因，并就此提出了本土化的对策。在本土化营销方面，杨智、万后芬（2003）基于对全球营销和当地营销内涵和驱动因素的分析，提出了一个全球营销和当地营销的战略决策模型，以探讨跨国公司选择营销战略的方法；郝渊晓、郭永、邹晓燕（2004）对跨国公司的本土化营销进行全面的解析，为我国企业进行跨国营销提供了借鉴；任国升（2008）分析了跨国企业在中国营销本土化的动力，并提出了营销本土化的策略和策略实施的保障体系。

二　在华韩国餐饮企业的发展分析

（一）中国餐饮市场的发展概况

随着中国经济的发展和居民收入水平的提高，餐饮业的发展前景十分可

① 梁西章：《跨国公司全球营销策略与在华营销活动研究》，《商业研究》2007 年第 3 期。

观，中国餐饮产业规模持续扩大。2012 年，中国消费品零售总额达到 210307 亿元，同比增长 14.3%；全社会餐饮收入达到 23448 亿元，同比增长 13.6%，虽然增幅与上年相比降低了约 3.3 个百分点，但仍保持高位增长。餐饮业零售额占社会消费品零售总额的 11.15%，人均餐饮消费 1732 元。

根据 2012 年餐饮企业统计年鉴，在中国登记注册的餐饮企业持续增加，近年来又有大规模餐饮集团引领着餐饮市场，并且连锁模式的餐厅也呈现急剧发展的趋势。这就说明投资平台已经大众化，连锁模式的餐厅数量也不断增加，这样的连锁餐厅在北京占 17%，浙江、重庆占 14%，上海占 10%。

（二）在华韩国餐饮企业发展状况

1. 中国各城市的韩国餐厅的分布情况

从图 1 可以看出，在华的韩国餐厅 43% 集中在北京、上海、天津。前 15 个城市所拥有的韩国餐厅占到在华韩国餐厅总数的 90%。东部沿海城市及北部朝鲜族聚集地区是韩国餐厅集聚的地方。

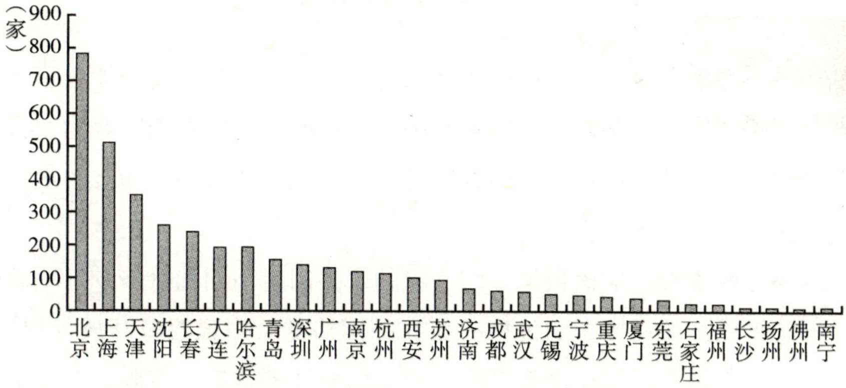

图 1　韩国餐厅在中国各城市的分布情况

资料来源：韩国光观公社数据。

2. 在华韩国餐饮企业的 7P 发展战略情况

采用服务营销组合 7P 分析法，对在华韩国餐饮企业的营销组合进行分析（见图 2）。

7P		主要考虑事项	战略方向
7P	产品	·中国人对韩餐浓郁的味道很敏感	·开发避免刺激性味道的饮食 ·开发多种套餐
	价格	·尽管经济萧条，但产业需求弹性小	·小菜只要1~2种，其他的有偿销售
	渠道	·主要集中在韩国人聚集的地区	·选择餐饮市场规模大、交通方便的东部地区
	促销	·在中国找韩国餐厅的主要途径是朋友推荐(37.9%)	·利用“韩流”的宣传战略及利用美食网站的口碑营销效果最佳
	人员	·餐厅文化的大众化要求服务的升级	·对员工的培训和教育
	有形展示	·由于“禽流感”、“猪流感”等对卫生的关注度提高	·强调清洁服务
	过程	·喜欢韩国传统味道的中国人	·在韩国传统方式与中国的混搭风格中由顾客来选择

图2　在华韩国餐饮企业的7P发展战略

从产品方面来看，考虑到中国顾客的消费习惯、饮食文化和饮食习惯等因素，在韩国传统饮食的基础上，添加中国元素，或者按照中国顾客的饮食文化和消费习惯改造产品，以符合中国顾客的消费文化，适合中国顾客的口味，形成具有中国色彩的韩国饮食。

从价格方面来看，应该根据不同等级的产品制定不同的价格，但是总体上来讲，同类型的产品在中国的价格要比在韩国略低。中国改革开放仅仅30多年的时间，中产消费阶层还没有形成，中国的整体消费能力有限，在制定产品价格时，应该充分考虑这方面的因素，参照其他同类型企业，以及中国各地区的平均收入水平和消费水平制定适当的价格。

从渠道方面来看，在华韩国餐饮企业的位置选择非常重要，应主要位于韩国人聚居的地方。一方面韩国客源可以支撑企业经营所必需的客源数量；另一方面，韩国文化对周边中国居民的影响和渗透，可以开发出更多的中国客源。随着中国改革开放的深入，越来越多的外国企业来中国投资，韩国企业进入中国市场无论是在地理上还是在文化上都有着天然的优势。其未来的战略方向是选择经济发达、餐饮市场规模较大、交通方便的东部地区和城市。

从宣传促销方面来看，在华韩国餐饮企业的宣传促销较少，顾客以在华的韩国人为主，而顾客上门大多是经过朋友介绍。随着信息网络化发展和竞争加剧，越来越多的韩国餐饮企业开始重视宣传和营销，顺应“韩流”这一文化趋势，广泛利用一些美食网站（如大众点评网、饭统网等）进行口碑营销。随着中国团购热潮的兴起，有些韩国餐饮企业也开始试水团购活动，以此展开体验营销和口碑营销。

从人员服务来看，韩国餐饮企业应该加强服务方面的培训。对于中国顾客来讲，去异国餐厅不仅仅是为了品味美食，也为了体验那种异国风情。而人员服务是异国风情的最佳展现。

对于产品的有形展示和制作过程方面，异国饮食的制作过程对于顾客来说很有吸引力，一些适合展示的菜品可以在征得顾客同意的情况下，向顾客展示其制作过程。在餐厅内悬挂菜品展示及其说明、餐饮文化介绍等方面的展板，或者通过电视节目展示菜品制作、文化溯源等，这些都可以让顾客体会到浓浓的异国风情，在品味美食的同时，获得更高层面的精神体验。

三　在华韩国餐饮企业全球本土化经营策略研究

（一）全球本土化经营动力分析

1. 企业外部动力分析

（1）饮食文化差异

消费文化、风俗习惯等因素会对企业跨国经营造成重大影响。韩国餐饮企业在中国实施跨国经营，必须适应环境差异，避免激烈的文化冲突，实现与当地文化的融合。在经营过程中，考虑中韩之间的文化差异，按照符合中国饮食文化习惯的方式对韩餐进行本土化改进和本土化服务。

饮食产品存在差异。中国饮食文化强调色、香、味、形、器。按季节变化来调味、配菜，冬天味醇浓厚，夏天清淡凉爽；冬天多炖焖煨，夏天多凉拌冷冻。韩国饮食的主要特点：高蛋白、多蔬菜、喜清淡、忌油腻，喜欢甜辣。主食和副食有明显的区别，主食有饭、粥、面条、饺子、年糕汤、片儿汤；副食有汤、酱汤、酱肉、肉片、野菜、蔬菜、酱鱼、干鱼、酱菜、炖食、火锅、泡菜等种类。调理的方法也是多样的，炒、煎、炖、烩等。饮食产品的差异影响中国人对韩国饮食的接受度，因而，在华经营的韩国餐饮企业要吸收中国餐饮文化的要素，并将其融入韩国的饮食文化之中，形成具有中国文化特色的韩国饮食，是其在中国成功经营的必然选择。

服务模式存在差异。传统的韩国餐厅没有椅子，只有饭桌和坐垫，客人进屋要脱鞋结跏趺坐或盘腿坐。中国人不适应这种用餐方式，这就要求在服务模式上选择适合中国人的方式。在华韩国餐饮企业实施本土化经营，除了保留韩国文化特色之外，应该按照中国饮食文化习惯对不符合或不能为中国顾客所接受的方面进行改进，以符合中国顾客的习惯，形成中国顾客乐于接受的服务模式。

（2）市场环境变化

中国庞大的餐饮市场及其良好的市场发展预期，吸引着越来越多的韩国资本进入中国餐饮市场，韩国餐饮企业进入中国市场的比重在持续增长。

由于中国特定的国情，其市场化程度还不高，形成了中国特色的市场经济。在这种情况下，在中国经营的外国企业会面临很多不同于世界其他国家的问题，这是因为中国有着特殊的市场环境，这就要求在华经营的外国企业必须学会用中国的方式和中国政府、中国企业以及中国顾客打交道。在华实施中国特色的本土化经营势在必行。① 韩国餐饮企业在中国市场上也同样面临着市场环境的压力，需要实施全球本土化经营。

（3）实现投资风险转移

企业在进行对外直接投资过程中面临着种种风险，主要有经济风险和政治风险。如果跨国公司通过对外直接投资在东道国进行本地化生产，将投资分散于不同的国家，那么，跨国公司的经营活动就不受制于某一国家或地区经济萧条、政治变动、资源短缺的影响，风险被转移。跨国公司实施本土化策略，成

① 黄水灵：《跨国公司在华本土化战略研究》，武汉理工大学硕士学位论文，2005。

为地道的当地公司，有利于降低在东道国的政治风险。

韩国餐饮企业进入中国市场有利于合理布局其资产结构，突破经营规模和市场容量的限制，提升企业抗风险的能力。在中国进行全球本土化经营，实现产品、人力资源、原材料等的中国本土化，成为一个地道的中国式企业，有利于其规避各种经营风险和政治风险。

（4）追求竞争优势

中国巨大的市场潜力吸引着越来越多的外国企业进入中国市场。在中国市场上占据有利地位，获得竞争优势，有利于其在全球市场上取得优势。随着全球经济一体化的发展，韩国餐饮企业要与其他国际餐饮企业在世界范围内竞争，中国市场是重要部分之一。因此，韩国餐饮企业非常重视在中国实施全球本土化经营，最大限度地满足中国消费者的需要，以获得在中国市场上的竞争优势，进而有利于其在全球市场上地位的提高。

2. 企业内部动力分析

（1）树起良好企业形象

良好的企业形象是企业获得顾客及社会认可和接受的重要影响因素。塑造良好的企业形象的一个重要手段就是产品和服务的本土化，以及经营的本土化。中国政府、企业和民众往往把是否在中国实行人员、企业文化、物料、营销等本土化，作为判断跨国公司是否对中国有利的一个标准。韩国餐饮企业要想在中国市场上获得经营成功，必须树立起良好的企业形象，而企业形象的打造离不开提供让消费者满意的产品和服务，以及肩负起相应的社会责任。实施产品和经营的本土化是获得消费者满意的重要手段，实施人力资源的本土化体现其社会责任感，有利于在华韩国餐饮企业树立良好的企业形象。

（2）降低综合性生产成本

跨国公司实施本土化经营最根本的原因是要降低成本，充分利用其在当地市场生产成本和制作成本低的优势。在华韩国餐饮企业在中国实行经营本土化，能充分利用中国市场生产成本、人力资源成本和制造成本低的优势，减少总成本，提高总效益，以达到在日趋激烈的市场竞争中始终占有重要的市场份额。

（3）有效配置资源

跨国公司全球本土化有利于优化资源配置。本土化使得跨国公司更加自如地运用东道国的资金、人力和技术，跨国公司凭借内部优势在全球范围内调配各种资源，并且利用比较优势在全球范围内形成新的分工体系。将设计和销售活动设在市场中心区，将研究和开发及大型工程放在智力密集区，将生产放在劳动力廉价区。在华经营的韩国餐饮企业，可以充分利用中国当地的资源和资本，调整资源配置结构，从而优化其资源的综合利用。

（4）满足顾客需求以形成品牌影响力

完全标准化的产品不能够满足各种文化传统的人们的需求。结合所在国家或地区的文化背景、风俗习惯、饮食特征推出具有当地特色的产品，不仅能够吸引消费者，更能在消费者中形成强烈的品牌影响力。在华经营的韩国餐饮企业结合中国的文化背景、饮食文化和习惯，推出适合中国人口味的异域产品，能够在消费者中形成品牌影响力。另外，在企业宣传和促销活动中，适当地添加中国文化要素，应用中国人喜闻乐见的图案、词语，这些都有助于提升其品牌的亲和力，获得中国顾客和社会的认同并被其所接受。

（二）在华韩国餐饮企业全球本土化经营策略

随着世界经济一体化的发展，中国市场上已经出现国际市场国内化和国内市场国际化。在这样的竞争结构下，在华韩国餐饮企业需要在保持其本土特色的同时，融合中国化特色，开展全球本土化经营，以此赢得中国消费者的满意与忠诚。

1. 产品全球本土化策略

生产原料本土化。一般而言，为了保持菜品口味的原汁原味，应该选择从韩国进口原材料。但是，这样会造成生产成本太高。因此，除了一些特殊的原材料之外，大多数原材料应逐步实现中国本土化购买。这样可以在保持菜品口感和特色的同时，提高成本优势。

研发本土化。根据产品生命周期理论，当产品进入生命周期的晚期，需要对产品进行升级改造，使其进入新一轮的生命周期。在华韩国餐饮企业的旧产品改造与新产品研发应该立足于中国消费者的需求，根据其需求特征、饮食文化、消费习惯等研发具有中国特色的餐饮产品，实现产品的中国化改造与中国化新产品开发。

2. 品牌全球本土化策略

在华韩国餐饮企业运营成功与否，其品牌也是至关重要的因素之一。形成具有中国本土化特色的餐饮品牌，可以获得中国顾客的文化认同，从而有利于企业在中国的发展。

通过形象营销提高品牌知名度，在品牌推广和宣传中，适当地添加中国文化要素，应用中国人喜闻乐见的图案、词语，这些都有助于提升其品牌的亲和力，获得中国顾客和社会的认同并被其所接受。

3. 营销全球本土化策略

随着信息技术的普及和信息网络化的迅速发展，网络已成为越来越重要的信息获取渠道。因此，加强网络宣传，提高口碑，对于在华韩国餐饮企业的营销是至关重要的。

2010 年，团购活动在中国出现并迅速发展，最早涉及的行业就是餐饮业。乐天利、正一味、汉拿山等在华的韩国餐饮企业就积极利用这种时兴的潮流进行宣传与促销。通过参与团购活动，在中国消费者中开展体验营销和口碑营销，这种促销的本土化策略对于韩国餐饮企业融入中国社会大有益处。

此外，在华韩国餐饮企业应该了解中国顾客的心理，积极开展促销活动。比如中国人注重面子，其消费普遍高于其实际消费水平，针对这种特征，在华韩国餐饮企业应该开展让中国顾客感到体面的营销。积极开展促销活动，把握中国的传统文化要素和流行文化要素，并将其运用到促销活动和促销手段中，增强顾客的可接受度。

4. 人力资源全球本土化策略

中国市场上，人力资源的成本相对较低，采取人力资源本土化可以获取成本优势。最初，这些企业开发的是当地基层员工，随着中国市场的扩大与人员素质的提高，跨国企业在中国雇工的对象从最初的基层员工开始扩大到技术人员、管理人员、营销人员，以满足其对人才的需求。①

---

① 周娜：《跨国公司在华品牌本土化发展战略研究》，山东大学硕士学位论文，2006。

人力资源全球本土化策略一方面要适应中国的情况，雇用优秀的员工，满足市场需求；另一方面还必须与母公司保持联系，便于管理与控制。这就需要以适当的文化融合来配合人力资源的本土化，通过文化融合既保证中国公司与母公司的传承性，同时又避免与中国当地文化之间的冲突。① 上海住友商社的工作分析体系就体现出了文化的全球融合的特点。我们知道日本崇尚集体主义，不会重视个人因素，但在上海住友商社的工作评价中却强调分析能力、创造能力等明显带有美国个性色彩的指标，也把中国文化看重的人际关系作为一项重要评价指标，这种评价方法在中国的实践中获得了成功。②

通过上面的分析可以知道，人力资源本土化对于跨文化企业在华经营的重要性。调查发现，在华经营的韩国餐饮企业在这方面做得相对较好。不论是基层员工还是管理层人员都逐渐实现中国的本土化，逐步完善了人力资源中国化结构。通过对中国本地员工进行餐厅文化和服务标准培训，可以基本满足提供异域文化服务的要求，同时，由于员工是中国人，在对顾客服务中能更好地把握中国顾客的心理和需求，从而更有利于提升餐饮企业的服务水准。

5. 企业文化全球本土化策略

韩国企业文化的特点：重视品德；以忠于企业为荣；重视名分与等级秩序，施以温情，上司权威主义与温情主义并重；重视血缘、地缘、学缘等特殊关系；重视教育与培训，培养多面手。

中国的企业文化的特征：强调集体利益高于一切；伦理至上，强调德治；中庸之道，注重人事；稳扎稳打，缺乏创新；注重眼前利益。

中韩企业文化之间存在着差异，在华韩国餐饮企业如果一味地遵循韩国企业文化，会使得中国员工产生对抗心理和不适感，这样对企业的发展是极为不利的。因此，在中国市场上经营的韩国餐饮企业在保持自己传统企业文化的同时，应更加注重其企业文化与中国文化的融合，实施其企业文化的中国本土化战略，营造具有中国特色的企业文化。

---

① 李丽：《跨国公司在中国的本土化研究》，武汉理工大学硕士学位论文，2005。

② 姚琨：《跨国公司 HRM 的当地化与文化融合》，《中国人力资源开发》2002 年第 2 期。

结　论

随着中国加入 WTO，“国际市场国内化和国内市场国际化”已客观地摆在各国餐饮企业面前。如何满足中国顾客的需要成为摆在各国餐饮企业面前的共同话题。实施在华全球本土化经营成为最合适的解决之道。所谓餐饮企业全球本土化是全球化和本土化的结合，全球化是以世界餐饮市场为对象将生产、资源配置及销售活动安排在最合适的地方，从而确保其竞争力的经营方式。本土化是指根据东道国文化传统、消费习惯等进行改造，把研发、生产、营销、销售等活动融入东道国经济中。作为全球化和本土化融合的全球本土化是在追求全球化的同时又尊重东道国风俗的模式。在餐饮业经营全球化竞争中，其实质就是特色的本土化和本土的特色化。在全球经济一体化的背景下，在华韩国餐饮企业要结合中国文化特征开展全球本土化经营，以此赢得中国消费者的满意与忠诚，最终赢得企业经营成功。

参考文献

1. H. V. Perlmutter. “The Tortuous Evolution of The MNC ”. *Columbia Journal of World Business*, 1969：90.
2. T. Levitt. “The Globalization of Markets”. *Harvard Business Review*, 1983.
3. 陈申：《汽巴公司在中国本土化研究》，东北大学硕士学位论文，2009。
4. 郝渊晓、郭永、邹晓燕：《跨国公司营销本土化的动因及策略》，《计划与市场探索》2004 年第 21 期。
5. 黄水灵：《跨国公司在华本土化战略研究》，武汉理工大学硕士学位论文，2005。
6. 雷雨：《跨国公司在中国的市场营销策略及启示》，《重庆社会主义学院学报》2005 年第 1 期。
7. 李丽：《跨国公司在中国的本土化研究》，武汉理工大学硕士学位论文，2005。
8. 梁西章：《跨国公司全球营销策略与在华营销活动研究》，《商业研究》2007 年第 3 期。
9. 彭娟：《跨国公司中国市场品牌本土化发展战略》，重庆大学硕士学位论文，2004。
10. 任国升：《跨国公司在中国营销本土化策略研究》，河北大学硕士学位论文，2008。

11. 宋凌燕：《跨国公司本土化的理论与实证分析》，浙江大学硕士学位论文，2004。
12. 涂永式：《跨国公司中国本土化营销策略解析》，《中国对外贸易》2004 年第 4 期。
13. 王玉珏：《跨国公司在华本土化经营研究》，对外经贸大学硕士学位论文，2007。
14. 许小明：《西门子自动化与驱动集团在中国本土化的营销策略研究》，暨南大学硕士学位论文，2006。
15. 晏国祥：《国际营销标准化与本土化研究述评明》，《商业经济文荟》2005 年第 6 期。
16. 杨智、万后芬：《市场营销学与其他学科的联系》，《北京工商大学学报》（社会科学版）2003 年第 5 期。
17. 姚琨：《跨国公司 HRM 的当地化与文化融合》，《中国人力资源开发》2002 年第 2 期。
18. 赵平、莫亚琳：《中国耐用消费品行业顾客抱怨行为研究》，《清华大学学报》（哲学社会科学版）2002 年第 2 期。
19. 周娜：《跨国公司在华品牌本土化发展战略研究》，山东大学硕士学位论文，2006。

企业案例

Enterprise Case

B.17
外婆家的市场和经营策略

杨 欣　应焯萍*

摘　要：

外婆家是浙江省的餐饮龙头企业，从 1998 年成立至今已成长为拥有五大品牌、50 多家门店的大型知名连锁企业。本文清晰指出了外婆家取得巨大成功的两大要素——市场定位与经营模式，对外婆家平民化、生活化的市场定位和互补的品牌定位进行了详细论述，并深入剖析了外婆家标准化后台运营模式、“低毛利、高装修、快扩张”的赢利模式和信息化营销模式等，成功解密外婆家从一家小店成长为餐饮巨擘的成长密码。

关键词：

外婆家　市场定位　经营模式

---

* 杨欣，硕士，浙江工商大学旅游与城市管理学院旅游系副教授，主要研究方向为旅游企业经营与管理，长期从事饭店管理实践和理论研究工作，擅长饭店业和餐饮市场分析、经营管理以及营销策划；应焯萍，硕士研究生，就读于浙江工商大学旅游与城市管理学院，师从杨欣副教授，主要研究方向为旅游和餐饮管理。

浙江外婆家餐饮连锁企业（以下简称外婆家餐饮）以浙江外婆家餐饮有限公司为龙头，与杭州大铁锅世家餐饮有限公司、杭州速堡餐饮有限公司等企业联合组成。目前外婆家餐饮已开创有“外婆家”“速堡”“指福门”“第二乐章”以及“运动·会”五大知名中餐品牌，其中“外婆家”有40家，“速堡快餐厅”有10家，4家“指福门”，3家“第二乐章”以及杭州的运动会古水街店。

1998年，杭州的马腾路上悄然出现一家“外婆家家乡面馆”，数十个餐位，十来名员工。当时的杭州餐饮市场这块蛋糕几乎是完整的，餐饮企业只有千余家，十多年的发展让市场有了翻天覆地的变化。2010年杭州餐饮企业科学发展论坛提供了一组数据：中高收入的国家平均268人拥有一家餐馆，中国每2000人才拥有一家，而在杭州人均占有率只有0.2%。截至目前，杭州市场上分布着1.9万余家餐饮网点，这个数字是20年前的25倍。在2005年，杭州餐饮首次突破百亿元大关，最高年增幅达到46.8%，绝大部分年增幅都在20%以上。然而2006年1～2月，杭州餐饮业销售额的增幅仅为11.7%，且低于社会消费品零售总额14.3%的增幅。在“一片大好形势”下，增幅却如此之低，这说明杭州餐饮市场逐渐出现了饱和信号，这块蛋糕已经没有人们想象的那么大了。

不过在此形势下外婆家餐饮一点也没有却步的意思，不退反进，仍然有条不紊地建立着自己的餐饮王国。从1998年的杭州第一家门店到现在覆盖北京、上海、江苏、浙江的48家门店，无一例外地成为当地客流量最大的中餐厅，在职员工超过3000名，外婆家在这短短15年的时间里交出了一份傲人的成绩单。装潢典雅的用餐环境和以3块钱的麻婆豆腐为代表的低价菜品让外婆家开到哪，顾客的长队就排到哪里。

一　破解外婆家成功的密码——市场定位

精准的定位是外婆家成功的要素之一。餐厅的市场定位是指为了让餐厅的产品在目标市场顾客的心目中树立明确及深受欢迎的形象而进行的各种决策及活动。通过市场定位，使经营者明白企业所处的位置，面对的是什么类型和层次的顾客，然后根据其需求设计产品，展开促销活动。总之，餐厅经营的成败取决于对目标市场的研究与分析，而关键又在于餐厅的市场定位是否准确与可行。

外婆家餐饮从第一家“外婆家”开张的时候，就已经明确了自己的定位，而这个定位一直坚持到现在。随着市场需求的变化，外婆家餐饮以“平民化”“生活化”为基点，逐步将市场定位多元化，旗下五大品牌一方面各有自己明确的市场定位，覆盖不同的市场细分客源；另一方面各品牌定位又互为依托，相互支撑，以相对完整的品牌系列锁定市场。

从对外婆家旗下五大品牌的市场定位及其相应的目标顾客的解析就可以看出其定位策略的成功之处：

1998年，杭州马腾路上的“外婆家”将经营目标定位为居家用餐，锁定了朋友聚会和家庭聚会这个消费人群为目标市场，30%的产品+40%的环境+30%的服务，通过价格杠杆调节，实现最佳的性价比。在后来的发展过程中，“外婆家”逐渐在家庭聚餐定位上加入普通商务宴请，以扩大消费群。如今，老老少少、亲人朋友外出吃饭首先想到的就是“外婆家”。在这里，消费者可以尽情享受由名师一手打造的环境微笑细致的星级服务、色香味俱全的丰盛菜肴。作为企业的龙头品牌，“外婆家”已在杭城开了20余家，江浙沪区域30余家，掀起排队吃饭的“杭儿风”15年之久！

2004年，外婆家餐饮旗下子品牌“速堡”诞生。该品牌旨在为工作繁忙的白领一族提供健康、新鲜、快捷的营养中餐。随着生活节奏的日益加快，工作繁忙的白领的就餐需求成为一个新的发展空间，由此，“速堡”快餐厅便在杭城各高端写字楼应运而生。绒质地毯、藤质桌椅，在青翠的植物、擦拭得铮亮的落地窗和阳光雨水的怀抱下，享受一顿热腾腾、营养、卫生又快捷的午/晚餐，饮上一杯超值的咖啡或红茶，放松神经——“速堡”的这份精致、整洁与周全，完全打破人们对“快餐店”和“食堂”的传统观念，它是时尚健康的行政快餐厅。

为满足中高档商务宴请的消费需求，2007年，精致中餐新品牌“指福门”问世，一经推出便得到世界权威美食杂志认可，被评为“2007年度BEST 50中国最佳餐厅”，成为外婆家餐饮连锁机构的第一子品牌。厚重的装修风格，复古的桌椅、吊灯，纯白瓷简洁的餐具和盛器，创意独特、质量和出品讲究的菜肴，传统经典与时尚潮流融合得天衣无缝，一切细节均彰显出它的优雅与大气，这便是“外婆家”中餐厅的升级版——“指福门”。

为吸引年轻人这一消费主力军，为倡导“精量少点不浪费、新鲜吃完不打包、每餐只到七分饱”的现代健康饮食观念，在2009年，外婆家餐饮又推出一子品牌——“第二乐章”精致简餐。打造美味的同时，更希望通过品牌影响力传播时尚、健康、国际化的中餐饮食习惯。风格现代的“第二乐章”试图将分量十足的传统中餐精化、简化，加入年轻人喜爱的各式甜品，并大力提倡AA制的国际化消费方式，致力于将其升华为一种公平、耿直、坦率、轻松、具计划性的现代生活方式和态度。“第二乐章”之名源于希望其现代的理念，轻松的氛围与精致品质、健康的美味佳肴的融合，能像贝多芬《第九交响曲》中节奏欢快的第二乐章般，传递给人满足、快乐和幸福之感受。同时它也意味着外婆家餐饮又将展开一次机遇与挑战并存的新角逐，拉开传统饮食习惯改革的序幕。

2010年4月，外婆家餐饮再辟新天地，推出杭城首家运动风格主题餐厅——“运动会”。餐厅在菜肴设计和搭配上尤显新意，别出心裁地加入各种烧烤美食，搭配凉爽扎啤，休闲惬意；内部风格以各种体育运动器械，以及众多奥运名人留下的衣物、相片等作为主要设计元素，比如姚明的篮球、国家队的皮划艇、50年代的鞍马，板凳是少体校刚建立时教练用木头钉起来的。新颖、抢眼，颇具纪念价值；同时，“运动会”牢牢锁定年轻人这一消费主力军，从服务到餐厅氛围都努力营造自由、轻松、活力、动感的欢快节奏。“运动会”不仅向人们诉说着体育与外婆家的深厚渊源（外婆家餐饮有限公司董事长吴国平从12岁开始搞体育，而且还是杭城田径赛800米、1500米等的纪录保持者），更向人们传递着坚持不懈的运动精神，倡导时尚、健康的生活理念与饮食习惯。这样的主题餐厅只此一家，无法复制。

二　破解外婆家成功的密码——模式，模式，再模式

现代商业成本有增无减，百姓消费趋于理性，服务业专业人才匮乏等一系

列实际问题均要求餐饮业步入现代化经营模式，以“现代企业”的理念操作。KFC、PIZZA HUT、McDonald's之所以能扩展至全球，无疑是凭借其先进、标准的经营管理模式。因此，外婆家餐饮寻求经营发展之道的另一秘诀就是“模式，模式，再模式”！

（一）标准后台运营伴随混搭路线

外婆家餐饮经营模式的要义是把餐饮当成一种非标准化的产品，同时始终围绕客户做混搭。外婆家的混搭风不仅在于多品牌策略，菜品同样也是混搭了南北口味，以迎合具有各地背景的食客们的喜好。风格迥异的装修也成为外婆家混搭风的一部分。虽是连锁品牌，但是主品牌“外婆家”的每家餐厅的装修都不一样，这和连锁餐饮推崇的标准化形象背道而驰。这还得从外婆家的目标消费群体说起。其目标消费者是年轻人，以前的消费主力是“70后”群体，渐渐延展到“80后”，现在则要考虑“90后”的消费需求了。外婆家餐饮有限公司总经理祝明华认为年轻人不爱做饭，喜欢聚会和标新立异，而餐厅则是聚会的好地方。因此祝明华很重视餐厅的装修，尽量符合年轻人的审美观，创造一个干净高档的餐饮场所。“年轻人不喜欢做同样的事情，他们习惯了外婆家的菜品口味，但是走进任何一家外婆家餐厅，仍然会因为不同的装修得到新的惊喜。”比如，杭州中河路的外婆家就突出了中国风的主题，餐厅里装饰着小桥流水；杭州北江区的外婆家餐厅则显得很时尚，墙上是中国美院的学生画的现代画，简洁新锐。

尽管在前台，外婆家餐饮有5种不同品牌、不同定位的连锁餐厅去面向不同的市场，而在后台却采用了统一的管理体系。每一家餐厅的厨房都严格按照同样的标准做菜和管理。除此之外，各个品牌的配送体系、采购渠道以及研发力量都是统一的。尽管中式餐厅连锁店很难做到标准化，但是外婆家在后台管理上却尽量做到统一。在外婆家公司，每个品牌的供应商都是统一的，这样可以保证规模化采购以压低成本，同时也能保证连锁餐厅的食材统一。面对同一种原材料，外婆家也同时和几家供应商保持着长期合作的关系。比如猪肉供应商就分为AB两家，多家供应商制度不仅能保证在材料紧缺时稳定供应，而且供应商之间的适度竞争也可以提高产品质量，并且令外婆家在议价上有更多的主动权。

（二）不同品牌定位互补

外婆家餐饮旗下两个品牌“速堡”和“外婆家”的定位可以互补。速堡快餐厅的用餐高峰时间是中午，晚上下班后和周末则生意冷清，但这却是外婆家用餐的高峰期，另外，写字楼的白领在用餐上有着多种需求，平常去速堡餐厅午餐，但是来了朋友或者客户，午餐则需要一个环境好的餐厅。最开始外婆家是作为互补性的品牌进驻到有速堡餐厅的写字楼附近，祝明华称之为按白领的需求而灵活设计的一系列模式。但是由于写字楼里没有厨房，当足够多的外婆家开在了速堡旁边后，祝明华尝试着借用外婆家的后台厨房进行配送，这样可以最大化地整合资源，缩短送餐的配送半径。每天上午，外婆家餐厅开始准备速堡的饭菜，当中午将饭菜送到写字楼时，外婆家餐厅也迎来了自己生意的高峰期。

（三）低毛利、高装修、快扩张

据了解，杭州的很多餐厅一般都按照60% ~70%的毛利率定价，而外婆家则反其道而行之，将毛利率控制在30% ~40%，走平价路线，依赖薄利多销，以翻桌的形式做高营业额。外婆家在正餐时间一座难求，营业系数通常高达4，即每桌在正餐时间会相继接待4群不同的食客，大部分生意好的餐厅的营业系数一般为2。400克嫩豆腐配上50克肉末，麻辣豆腐色泽酱红，口感麻辣，这份“3块钱的麻辣豆腐”是外婆家经营起步的法宝。无论是外婆家本品牌的店，还是另外一个品牌第二乐章，更或是刚开业不久运动会主题餐厅，翻开菜单，你会发现，这里的菜品价格十分实惠，蔬菜每份基本在6 ~10元，人均消费在40 ~45元，就是这样低价格的菜品定位，吸引了一批批的顾客甘心排队等候就餐。

高装修的“高”指的是“高价钱”，外婆家餐饮有限公司董事长吴国平一直坚持给顾客提供高性价比的餐馆，即不仅菜肴好、服务好、价格好，而且就餐环境也要一流。只有这样，才能和大排档区分开来，才能做到顾客心里去，让他们成为外婆家的忠实粉丝。1998年外婆家马腾路店开业时，店面装修采用了全杉木材料，为的就是让顾客可以感受到家庭的温暖，与其定位相得益彰。2003年，马腾路店重新装修，全店采用马赛克瓷砖，变得时尚很多。

2004年，这家店又换成了金属质感的装修材料，营业至今。第二乐章的装修非常考究，一进门就能感受到一种浪漫气息。墙上柜子里展现时间的古董，排列整齐的红酒，搭配上昏暗的灯光，现代的装修风格，将古典和时尚融合在了一起。据了解，外婆家为了给顾客提供最好的就餐环境，还请来了精致餐厅的顶级设计大师来负责设计，几乎每家外婆家门店都体现着不同的风格。

如果说，外婆家菜品定价低，是一种薄利多销，那么它所追求的不断扩张则是另外一种意义上的“薄利多销”，即多个门店薄利多销的总和，靠规模取胜。在吴国平看来，杭州餐饮已步入成熟期，外婆家正根据人们消费理念的变化改编着自己的经营方针，外婆家迅速开店的原因就是让杭州人最方便、快捷地享受到实惠和高品质服务。为顾客服务的同时，外婆家迅速抢占市场，赢得财气。不断开设外婆家分店，在做满杭州市场的基础上向外发展，在继续做好外婆家品牌的同时，开发新品牌——“指福门”“第二乐章”“运动会主题餐厅”，有的品牌日趋走向成熟后也相继开了分店，这些都是外婆家的扩张策略的充分体现。

（四）成本控制

外婆家之所以敢定如此低的毛利，很大程度在于选址上的独到见解，同时这也是控制成本的最重要途径。别的餐厅都愿意在临街开店，不愿意上楼，而外婆家在选址上偏偏选择了其他餐厅视为“毒药”区域的写字楼、宾馆、商场和住宅小区，其原因在于外婆家严格控制的选址指标是房租不能占营业额的5%以上。而在中国烹饪协会发布的数据里，2006年餐饮百强企业的平均房租成本占营业额的比例为8.75%，随着房地产业在2007年的升温，这个指标还在上浮。也就是说，外婆家的选址成本低于行业领先者的水平。譬如马腾路店、城西店、滨江店等，面积都在2000平方米以下，地段不是很好，门面也不大，每平方米的日租金都在2元以下，所以才敢坚持走低价路线。当然，成本控制还包括了统一采购、统一配送，整合后台资源等的重要手段。

另外，外婆家还有另类的成本控制方式。最近，外婆家“第二乐章”的切菜工多了一项工作——收集土豆边角料。2元钱一盘的土豆丝，是外婆家旗下第二乐章的当家菜，几乎每桌必点，便宜、好吃让它稳坐点击率第一的宝座。可是，随着土豆进货价格从几毛钱一斤涨到近来的近 3 块一斤，售价 2 块钱的土豆丝几乎是每卖一盘就要亏一块钱。一番研究后，外婆家负责人盯上了制作土豆丝的边角料。按新规矩，现在切菜工每天要把土豆“边角料”集中收集起来，然后统一交给管理者，用做员工餐或者外婆家旗下快餐“速堡”的原料。制作土豆丝将产生 15% 的“边角料”。按每份土豆丝用一斤土豆，每斤原料三元钱计算，原先每份土豆丝要浪费 4 毛 5，而三家“第二乐章”平均每日要卖掉 200 份土豆丝，如果把土豆“边角料”全部利用起来，一个月能节省 8100 元左右，一年下来可“创收”近 10 万元。除了利用土豆“边角料”，其他原先会被丢弃的食材也尽量利用起来。比如包心菜的最外一层，原先直接丢弃，现在洗干净后厨师会拿它炒肉片。切完用于制作蛋黄南瓜的有规则的整块后，剩下的南瓜再用来做南瓜饼，绝不浪费一点原材料。经过一番“立规矩”后，外婆家菜蔬原料利用率超过 98%。

（五）餐饮网络营销与宣传

2010 年，以团购为代表的信息化创新浪潮冲击和渗透了国内的餐饮行业，使餐饮业的营销半径彻底突破了时间、空间、资源等传统因素的制约，甚至彻底颠覆了餐饮行业传统的赢利增长规律。“团购 2.0 + CRM”这种创新的营销组合，打破了商家传统的营销概念和模式，也为商家维系客户关系、提高客户忠诚度及团购营销决策提供了数据参考，使餐饮客户消费体验得到了明显改善，保障了餐饮网络营销价值最大化。外婆家董事长吴国平非常认可团购模式，他们用半年的时间寻找团购网站合作，考察团购网站的规模和服务，参考行业机构调查数据，非常谨慎地选择合作伙伴，最终确定与国内最大的精品消费限时团购网站 F 团合作。

外婆家的目标客户群绝大比例是年轻顾客，因此外婆家非常注重在网上的口碑。和其他的餐饮企业相比，外婆家建立了自己的网站，在 2008 年还花 18 万元买下外婆家的网络域名。除此之外，总经理祝明华也时常关注口碑网、大众点评网等 Web 2.0 网站的网友点评。对于网友的意见，外婆家有专门的工作人员作回应，也会根据网友的建议做改进。“仅仅是外婆家的主品牌，每天就餐的就有 3 万人次，里面大部分都是回头客。”祝明华道出了他在乎外婆家口碑的原因。另外，外婆家还在杭州人最爱看的新闻节目上挂着“外婆家”的LOGO，还与招商银行联合推出联名卡，成为国内餐饮企业的“第一家”。

卓越准确的市场定位，创新的经营模式，便是外婆家餐饮不断成长的密码。从最初的单一品牌单一市场定位到后来的多品牌多元化定位，外婆家餐饮顺应了不断细化的市场需求，作出了准确的市场定位，最重要的一点是，外婆家始终以平民化的价格，赢得了大众化消费在客源数量上的支持，在此基础上再开创定位于新市场的子品牌。另外，“模式，模式，再模式”的创新提出也为外婆家餐饮创造了新的空间，正如“逆水行舟，不进则退”，有创新，才有更广的发展空间，才会有前景。

B.18 王品：台湾餐饮之星的厚积薄发

刘师同 *

摘　要：

在 2012 年全球经济持续低迷的情况下，王品牛排保持了逆势快速增长的态势，这与王品一直以来坚持的品牌特色、经营理念和高效的人力资源管理是分不开的。2012 年 3 月 6 日王品集团正式在台湾挂牌上市，并通过良好的运营，在店数的增长下带动着企业业绩向上成长，以年约 30% 的幅度稳定发展，预计 2013 年营业收入将超过 150 亿元。而得益于王品的企业利益分享体系和先进的人才管理体系，王品成功上市后造就了 200 多位千万富翁，更有几十位的高级主管、资深店长或主厨，成为亿万富翁。本文从王品集团的领导理念入手，深入分析挖掘其经营管理当中的以人为本的核心理念，了解其整个人才管理的完整体系，从而解答其如何能从容地实现经济低迷期的逆向增长。

关键词：

利益共同体　坚韧团队　人力储备

2012 年全球经济依旧低迷，中国经济发展速度也趋于放缓。中国餐饮业出现人员短缺严重、成本持续上升、竞争压力加大等问题，不少餐饮企业业绩下滑，有的小餐饮企业甚至倒闭。但王品牛排在中国市场的表现却抢眼。据介绍，2012 年中国大陆的王品牛排来客数、来客频次、消费额和翻台率都在逆势增长。2013 年王品集团将加快在大陆的开店速度，全年预计开店 39 家。

王品集团是台湾第一大连锁餐饮集团，全台湾数十万家餐厅，只有几十家

* 刘师同，《餐饮世界》杂志社责任编辑，主要从事餐饮企业品牌管理及连锁经营研究。

能突破10亿营业额的“中小企业天险”，王品集团用20年达到近百亿营业额，近些年连续蝉联台湾第一大餐饮集团宝座。这个以牛排起家的公司，已经建立起旗下11个品牌，打造出两岸上百家店，不仅成为台湾本土最大的餐饮集团，也在内地主流城市遍地开花。王品台塑牛排的名字总是跟传奇这两个字连在一起，无论谈起王品企业的历史、王品台塑牛排的来历，还是王品台塑牛排独具一格的味道，背后都有着太多的故事。王品台塑牛排是台湾第一大餐饮集团王品集团之旗舰品牌，起源于台塑集团王永庆先生的私房菜。品质是王品发展的根本。王品牛排原料为全球采购，每块台塑牛排都取材于牛的第六至第八块肋骨间的6块牛排。因为王品历经数千小时的严格选材、精心研发之后发现，只有这个部位的6块牛排，经72种中西香料腌浸两天两夜，在250度烤箱烘烤1个半小时后，还能保持100%的鲜嫩度。

服务是王品发展的保证，王品做的是连锁西餐，但提供的是会所式的服务和氛围。王品要给每一位消费者传递尊荣感，对待每一位前来用餐的客人都报以百分之百的真诚。为了回报长久以来信赖王品的常客，王品推出了“白金卡”，特别标识任何一位累计在王品消费15客套餐的客人，都可以成为白金卡贵宾，得到餐厅更加贴心的关照。持有白金卡的消费者来到王品牛排餐厅用餐，餐厅店长会亲自来到桌边，询问是否有用餐的特殊要求，并记录下来。日后该消费者再次来到王品时，店长会主动适时地询问是否需要依照消费者的特别习惯来进行烹制。餐厅的法国蓝带主厨每次还会为白金卡贵宾送上一份蓝带主厨私房菜。客人的每一个用餐细节，王品都会牢记在心，并且想方设法为每一位贵宾提供专属特制化服务。

适合中国市场的高端定位为王品在大陆的快速发展找到了捷径。王品在台湾主要为独立店面，而在大陆王品餐厅主要开在一二线城市具有风向标性质的百货店或购物中心，比台湾的王品店装修更具品质感。这与大陆的消费习惯有关，大陆消费者在王品消费除了要“好多、好吃、好便宜”这样物超所值的消费体验外，更注重消费过程中的氛围。经过多年开拓，王品现在在许多一二线城市都进入了具有风向标性质的百货店或购物中心。这样不仅能得到与自己定位相配的客源，而且能让其他城市的消费者更好地理解王品的品牌定位。在优质商业资源稀缺的背景下，一线城市具有风向标性质的百货店对王品品牌的认可，让王品获得了更多进入一二线城市百货店的机会，这也为王品中国市场提速奠定了良好基础。从而使得王品集团能够在一片经济倒退的背景下，不仅成功获得了上市资格，而且更进一步逆流而上，在2012年中期的财报当中实现了良好的收益，成为2012年餐饮市场中一道亮丽风景。

戴胜益和他的“海豚领导学”

就在1992年，时任王品集团董事长的戴胜益，有一次在香港海洋公园剧场的看台上，欣赏海豚跳火圈的特技表演。表演中的几只海豚，在现场观众持续不断的赞叹惊呼声中，一次又一次跳跃过燃烧着的火圈。为了鼓励海豚的表演，每次当海豚成功跳过火圈，驯兽师就会立刻喂给海豚一条鱼作为奖励。

这引起了戴胜益的深思，假如海豚跳完火圈，驯兽师只是跟它说，每个月底结算，到时给你二十条鱼，海豚不但不会积极去跳，而且还会罢工！这是海豚的“鱼性”，同样，为王品工作的众多员工，也有着类似的“人性”。这一年也正是戴胜益刚刚准备着手创办王品牛排前，于是从海豚跳火圈获得报酬的这个过程，领悟到企业管理当中应该有“实时奖励、立即分享”的道理，从而影响了未来王品集团数十年的发展走向。

本身是一个传统制帽厂的第二代，半路出家进入了餐饮服务业的戴胜益，在接下来的十几年间居然能迅速称霸台湾餐饮连锁业，并让自己所领导的众多专业经理人成为餐饮行业新贵，他的秘诀是什么？其实说来也简单，一切的源头和力量，都来自戴胜益创办王品之初所打造的一整套以“抓住人性、立即分享”为出发点的制度。

在这套制度下，戴胜益希望用“利润分享”来创造属于他和王品集团的餐饮王国。为此，他特别开创了王品“入股分红”精神：王品每一家分店，从店长到主厨以上的主管人员，包括区经理、总公司的协理、总经理、副董事长等，都将依各自职位高低的比率认购一定王品的内部股份。于是，员工也就成了企业的股东，门店一旦开始赢利，所有的股份持有者将依持股比率获得各自的分红。在这样的分红体制下，所有员工只要努力工作，除了在本薪之外，还能获得丰厚的分红。反之，不够努力的人，也会因为受到整体目标的影响和同事间的相互激励，而自觉加油。同时在王品各个门店之间还会有关于收入、整体利润和绩效考核的排名竞赛。在这种团队竞争氛围下，整个集团的所有员工不分级别最终形成了一种为共同目标而奋斗的凝聚力。王品集团核心价值观就是人才及企业文化，“海豚领导学”在奖励、维系人才上发挥了重要的作用。“想想看，一个将本月的利润一直拖到年底才分给同仁的公司和一个当月分红便立即转入同仁账户的公司，哪个对职工的诱因较大？”这就是被称之为王品“海豚领导学”的独特管理经验：越分享，越赚钱。

“立刻奖励分红入股制度”：简单地可以理解为，当王品每开一家新店就等于实际上重新设立一家公司，而这家分店的店长、主厨以上的干部，包括区经理、总公司的协理、总经理、副董事长、董事长等均按比例对新店进行认股，那么当这家店赚钱，每个月所有出资者，就都能按比例分红。激励及时，回馈直接。这成为王品集团凝聚企业向心力和吸引人才的主要因素之一。因此王品集团的公司高层主管都得到入股机会，每家店的所有员工也可参与该店每月结算赢利的分红。和一年一次的奖金发放惯例不同的是，王品的员工每个月都能领到奖金。王品每家店每个月高达23%的利润被用来给员工发奖金，从普通的员工到主厨和店长，人人有份。以2005年为例，整个集团盈余约6.7亿元，扣除相应储备门市安全基金和所得税之后，分红金额达到4.7亿元。每位主厨、店长以上的主管平均可以领到30~80万元（新台币），一般员工也有数万元（新台币）的本薪外收入。

除此之外，还有一个“醒狮团计划”鼓励内部创业，助推远景目标的实现。早在2002年，王品集团就召开新闻发布会宣布雄心勃勃的“醒狮团计划”，即王品集团要大力实施内部创业计划，每年由集团支持，高阶干部参与创立2个新品牌，未来30年王品集团要有60个餐饮品牌和一万家店的远景目标。这对外既是开拓新市场，做大事业的需要，对内也是留住人才，让人才可以找到发挥自己才能的舞台的良好手段。

2012年3月6日王品集团的股票在台湾证券交易市场成功上市，当期就在集团内部产生了210多位千万富翁。平均算下来，可以说几乎王品集团的每一家店内，都正在有一位千万富翁为客户服务。此外，集团中更有数十位的高阶主管、资深店长或主厨，成为了亿万富翁。正是戴胜益打造的“王品”这一坚强有力的“利益共同体”，成就了集团整体在餐饮行业中的优秀业绩。

建立“麦当劳”式的标准化管理机制

“即时奖励、立即分享”使王品的所有员工永远保持着创业初期的那种斗志，在王品牛排开始经营的第三年，就已开出七家店。不过就在那之后，王品整体的开店速度却开始缓慢起来，王品开始面临一个新的挑战。正如1996年起加入王品集团、曾在麦当劳训练发展系统任职8年的现王品集团训练部门总监张胜乡先生所说的，从他刚加入王品时的第一印象来看，王品的员工工作的意愿都很强，但组织能力却很不足，整个企业缺乏能上轨道推动整体高速运转的有效管理制度。

当时的王品集团旗下共有五个不同形态的餐厅，是选择集中管理还是继续分别开来各自独立经营？即使是王品当年几个白手创业的股东也都有不同意见。就在此时，王品的集体决策中心由协理以上高阶主管组成的中常会发挥了决定性作用，经过很长一段时间的持续讨论，王品集团最终决定将经营重心聚焦在王品牛排上，随后王品集团聘请了张胜乡等多位麦当劳训练部成员作为王品集团的训练部主管。此外王品集团大力引入新鲜血液，开始进行自创业以来，全新的一连串标准化改造，全面导入“麦当劳”式的企业管理经营架构和组织，移植其成功的员工制度，例如，店面分为排班、训练、维修、订货、接待五组。这就好似打仗，只有不同的兵种各自区别、分工明确才能保障全局运筹帷幄。

很多人质疑，“从外面引进来的管理经验会不会有水土不服的问题？”事实证明，这样的担心是完全没有必要的，因为从戴胜益到王品集团中常会的14位高层主管都认为：只有建立完善的标准化管理制度，王品的未来才能走得长远。而董事长戴胜益更是身体力行，例如在建立工作站标准化工作上，他亲自跟着张胜乡到王品所属的每一家店，为柜台制定统一标准的评分细则。而在过去，王品对下属店面的评分，都仅仅是依靠当时评分者的个人体验。而新的评分标准则很清楚地描述了工作当中的每一个细节，例如，顾客上门，接待人员是不是比顾客早一步把门打开？等等。不但详细、统一而且十分人性化，易于操作。评分者以此打分也就十分客观。有一次在完成了对一个门店的标准评分后，戴胜益很兴奋地对张胜乡说：“有了这样的标准，我对王品的未来更有信心！”

为了实施这一整套的标准化改造，完善其管理机制的升级，王品整整有一年时间，完全停止开新分店。结果却十分喜人，从开始实施标准化至今，王品集团的规范化管理，从过去简单的2本员工手册发展成为一整套严谨科学的管理体系，其中包括38本基本操作手册和门店营运细则，标志着王品集团实现了全面标准化和规范化的管理。

魔鬼训练营打造出“铁人”团队

魔鬼训练营来源于王品集团在新员工入职时所采取的一系列训练方式，这种训练方式被称为魔鬼训练。而魔鬼训练的目的，就是要员工在艰苦中把潜藏的能力都挖掘出来，认识自己的潜力其实远远超过预期。好比台湾原住民青年必须参加狩猎以证明自己的勇气一样，魔鬼训练营被视为王品集团所有员工的成年礼，通过后才能成为王品的核心干部，或是得到进一步的升迁。这种看似不符合“爱的教育”的训练模式，出自董事长戴胜益的坚持：“只要有人，就有摧毁再造的必要；因为人性倾向避免挫折，因此不能发挥原有的潜能，就像十分之九的冰山藏在水中一样。”

每个需要接受训练的人，都要参与到一个三天两夜的集中训练营队中，不论职位、性别、年纪，都必须接受军事化的管理，这期间他们完全与外界隔绝。原本是团队塑造的体验式游戏，却成为铁血训练的一环。第三天早上的个人震撼教育，更是魔鬼训练的高峰，不论天气晴朗或倾盆大雨，只要规定时间一到，学员必须站在大马路旁的石柱上，大声背出王品的六大工作守则。所以很多台北市市民经常会看到这样一幕：车水马龙的台北中山北路四段旁，一群人站在人行道的柱子上，高举双手、面目狰狞地对着六线道的另一边咆哮，每个人都泪流满面。举凡忘词、音量过小等失误，都会被督导员叫下来痛骂、惩罚，再重新站上石柱喊一次。

之所以要给学员这么多不合理的磨炼，是因为工作中有太多无法控制的困难和挑战，如果心态上认为这个太难，一定做不到，那就无法把工作执行到最好；尤其是连锁店的服务员，虽然外表祥和，但其实背后必须遵守许多纪律和规则，一有差错，影响所及不只是该家分店，整个品牌形象都会被消费者扣分。

有趣的是，自从魔鬼训练营举办以来，近十年内只有两个人因为受不了而辞职离开，更多的是完全通过营队考验的学员，向心力反而比普通成员强烈许多，他们的离职率只是没参加过训练营的员工的十分之一。

奉行“一家人主义”

王品奉行“一家人主义”，把顾客当恩人，把同仁当家人，有钱大家一起赚。独创的员工入股分红制度，完整的教育训练，升迁管道畅通，店长、主厨入股成为公司股东，这些都是王品留住人才的秘诀。

王品在经营过程中，彻底落实“一家人主义”（We are Family）的企业文化，“顾客第一，员工第二，股东第三”，王品对顾客、员工的重视和承诺高于对股东的关注；在这个承诺下，企业的发展，是为了要将这样的理念扩大推广照顾更多的人，以达到影响社会，回馈社会的终极目的。

王品集团的员工享受着全面的福利制度，一个最基层的普通员工除工资外，还有加班费、全勤奖金、年节奖金、分红入股、员工生日礼、结婚礼金等各项福利，这在国内连锁服务企业内是很少见的。除此之外，员工在职教育训练、员工的定期聚餐、一年一度的旅游、人人会唱企业歌、精英游学……这些丰富多彩的活动都显示着王品集团企业文化的特色。在公司里，大家可以感受超越自我、挑战巅峰的乐趣；工作之余，大家可以挖掘更多生活的惊喜，感受家庭般的温馨与幸福。

王品还有走在行业前列的人文关怀方面的福利，如成立6个内部基金，作为同事急难救助或员工子女奖学金，女性员工不用假单可请生理假，孕妇身体不适时向店长报备即可回家休息等照顾员工的方案，出发点无一不是“她是家人，这就是照顾家人该有的想法”，这也是“一家人主义”的具体体现。在餐饮业离职率常常高达12%左右的情况下，王品集团却能长期保持5.5%左右，有些地区甚至长期维持在3%左右，可见员工对企业的高度认同。因为王品不仅关注员工的实质收入，更关注员工的个人感受和互信依赖。

学分制的“王品大学”

不可不提的是王品集团独创的终身学习教育训练体制和“王品大学”。王品通过37本手册和206个学分，将标准作业流程融入企业文化。

王品集团的基层经营组织架构共可分店面和厨艺两大类：店面分为行政、接待、训练、订位、排班和维修等6组，而厨艺则分训练、订位、排班和维修等4组。从刚开店的2本手册，到现在的多达37本手册，手册每年都还在不断修订。标准作业流程（SOC）的教育训练可帮助新人快速融入企业文化，为了有效传承王品集团的文化和服务特色，公司将所需学习的专业知识分成37本手册和206个学分。

王品采取的是“206个学分，37本教科书、升迁考试”制度。在王品集团，服务员、组长、主任、副店长等职位都是按部就班一步步走过来的，如果没有做过服务员就不直接跳跃升迁。公司推行的管理体系就是学分制：鼓励基层员工修满王品大学的206个教育学分，接待员、基本营运、魔鬼训练、初中高阶管理师等，都有一系列完整职涯教育的训练制度，如上课并通过点餐技巧考试，就可拿3个学分；要当上店长，就得拿到所有的学分，还要像大学生毕业一样做完一篇论文，而且论文一定要这个未来的店长跟餐厅员工一起完成，这是为了考验店长的管理能力和协调人际关系的能力。

进了王品就像进了一所大学，每个员工需要在这所“学校”里一个一个阶段地完成学分，学习培训中包含了全面的服务和技能训练，员工通过考试后获得证书才能升迁，否则就必须重修一次。

另外，还有工作站学分、总管理处学分、事业处学分、学科学分及企业外训学分，这些都是针对不同岗位员工的教育训练和自我提升而设置的。

中高层的“300计划”

王品人都有一个烙印，那就是“敢拼、能赚、爱玩”。针对中高级的管理人员，王品倡导“300计划”：即游百国、登百岳、吃百家餐厅。鼓励员工一辈子每天步行一万步，要去100个国家，爬100座山岳，以及每年要吃100家餐厅，且不能重复。每年要在国内外吃100家餐厅，既是一件比较轻松的事情，也是餐饮业从业人员学习提高的必修课。为了让“美食之旅”吃得有价值，王品要求每吃一家餐厅都要写报告，然后在公司会议中交流心得，有价值的餐厅再推荐给别的同事去品尝，这样若干的餐厅报告就成为王品集团开拓新店、发掘新品牌的数据库来源。虽然有些项目的执行没法监督，但大家都会自觉地遵守。比如针对每天走一万步，每人会在口袋里随时装着记步器。

2010年，戴胜益董事长带头发起王品“铁人三项”活动，亲自带领员工登上玉山顶峰、勇渡日月潭和骑自行车绕全台湾一周，借运动激发员工的士气和能量。

“王品之师”制度是对王品集团中高层“中常会”和中级管理层“二代精英”的培训计划。每周五，由王品营运主管、管理处主管和培养中的二代接班人所组成的团队开一整天的会学习和讨论工作，每个月请2~3位成功企业家、官员、专家等给“中常会”成员演讲。

独特的王品宪法

王品在企业文化塑造上，将内部相关重要的条文整合成“王品宪法”，以简单、人人可以口语传递的方式来传播。内涵可说是字字经典、句句紧扣人心。王品宪法长达18条，举例有：“任何人均不得接受厂商20元以上的好处费。触犯此天条者，都要开除”、“同仁的亲戚禁止进入公司任职”“不做本业以外的经营与投资”“厨房不得抽烟”……字里行间不难看出王品集团对于职业品德的重视。

除了“王品宪法”外，王品还颁布了“龟毛家族”条款。如“迟到者，每分钟罚20元”“迷信六不：不放生、不印善书、不问神明、不算命、不看座向方位、不择日”“任何人皆不得为政治候选人”“董事长的任何公事开销，一律自己垫付，不得向公司请款”“股东把分红的十分之一反馈给公司或同仁，乃是合理的情义”等29条。

为让企业文化推广落实，由董事长、副董事长、总经理等轮流到各店，做《企业列车》的讲座，与员工面对面地分享企业文化与理念，每月举办区会，由副董事长、总经理向店长、主厨传达企业经营与管理之道。每半年由董事长亲笔编著《董事长爱说笑》一书，与同仁分享生活故事。

没有秘密的王国

王品是一个没有秘密的公司。

让员工认同，不仅需要在薪资上厚待，更需彼此之间完全的信任，如果说创业初期的“帮派式”感情源自人和人之间的天然信任，那么，在公司发展壮大后，王品用更加直接简单的方式延续这种“信任文化”：财务完全透明化，每一位员工都能在系统里看到公司的财务报表，包括全国任何一家店的营收、成本等详细数据。

透明同时意味着无形的放权。给予员工自我监督的权利，不采用强势的管理手段，而是训练员工有自觉性，比如，财务指标都是分部自己稽核，总部的稽核2~3个月才进行一次。此外，各级管理人员会从财务报表上的问题“发现”自己的任务，如某个店利润下降，店长、主厨就会分析是否因为成本过高，需要提高食材的利用率；看到区域性的利润波动，品牌部可能会考虑下一阶段的工作重点是帮助提升区域业绩。

“王品是责任中心制，当这些很好的创意让店铺的获利增加时，奖金也就越多。”很多员工正如管理层希望的那样，将店铺当成自己的“企业”一样经营，以至于一位高管在巡店时，嘱咐店长不要为了省电费而少开灯。

这只是自我管理的一个方面。利润分享将员工的利益与公司牢牢捆绑在一起，员工自发地创造很多不成文的服务方式。有一些小的细节让管理层很感动，例如顾客准备求婚，店里的员工会主动在桌子上放一束玫瑰花、点蜡烛，类似的创意不胜枚举。

一系列企业文化的措施凝聚了王品集团的人才，中高层人员的流失率不到5%。级级升迁和内部创业制度让员工很有拼劲，虽然王品集团刚进入上海时招聘的员工有不少离开了，但留下的员工往往得到了升迁，抵抗住压力、经过考试和各种考验的员工现在大多做到了店长、主厨。王品还和一些高校的旅游专业或酒店管理专业建立了长期良好的关系，毕业生源源不断输送到王品作为储备培养的干部，甚至，王品集团把眼光放到了复旦大学、南京大学等著名高等学府，用良好的企业文化和人才理念吸引重点大学毕业生。

2013年将迎来王品集团进驻内地市场10周年的喜事，同期其旗下多个子品牌也将先后随之进驻大陆市场，王品集团又将迎来一个新的发展契机。

B.19
湘鄂情：探索中餐企业发展之路

江 忠*

摘 要：

北京湘鄂情餐饮管理有限公司主要经营粤、湘、鄂及各地特色菜。2009年11月湘鄂情在深圳证券交易所正式挂牌上市，由此成为了我国第一家在国内A股上市的民营餐饮企业。湘鄂情以独特的菜品和研发机制使公司在餐饮行业日益激烈的竞争中保持优势地位，并走出了一条属于自己的中餐企业发展之路。

关键词：

中餐 企业 标准化

说到民营餐饮业，有一个名字不可不提及，那就是“湘鄂情”。

作为中国国内一家大型的餐饮投资连锁机构，北京湘鄂情集团股份有限公司起源于荆楚大地，在特区深圳发展壮大，成熟于北京。现旗下拥有“湘鄂情”“湘鄂春”“菁英会”“湘鄂情·源”及中式快餐品牌“味之都”专业团膳品牌“龙德华”等多个市场知名度较高的餐饮品牌。大江南北，处处燃烧着“湘鄂情”这三个火红的大字。

自2009年11月上市以来，湘鄂情规模不断壮大，其业绩也节节攀升。作为一家民营餐饮企业，湘鄂情所取得的成功是任何同行所无法比拟的。

湘鄂情判断，2011年中国进入“十二五”规划的第一个年头，高速发展的经济可能会减速，而中端消费市场却日益庞大，因此死守高端市场无疑是逆水行舟。为此，湘鄂情对自己的未来定位做出了适当的调整，就是向综合性餐

* 江忠，北京湘鄂情（集团）股份有限公司企划部副总监。

饮服务商转型，走多品牌、多业态经营的道路，以最大限度满足消费者多元化的饮食需求。湘鄂情经历了十几年在餐饮行业的沉淀后，迎来企业发展历程中的又一次华丽转身。

自 2012 年 4 月以来，湘鄂情大动作不断，先是公告控股“上海齐鼎”90% 股权，向中式快餐领域扩张；其后湘鄂情取得学生餐资格认证，正式进入“学生餐”领域；紧接着旗下快餐品牌“味之都”成功进入北京市场，电子商务平台“天天我要吃”（www. tt517. com）上线运营；此后再发公告，拟 8000 万元收购北京龙德华餐饮管理有限公司 100% 股权，正式进军团膳餐饮服务市场。这一系列动作，使湘鄂情逐渐由位于金字塔塔顶的中高端酒楼餐饮品牌，向大众餐饮市场回归；快餐和团膳作为对公司现有业态的有效补充，将进一步推动湘鄂情由中高端酒楼，向综合性餐饮服务商转型。

2013 年新春伊始，为了响应中央“厉行勤俭节约　反对铺张浪费”的号召，湘鄂情在北京召开新闻发布会，宣布旗下“湘鄂情”慢餐品牌即酒楼业务全力进军大众化餐饮市场，从中高端转为家常菜，简称家庭欢聚餐厅，服务大众；所有分店将取消最低消费和服务费，把大众餐饮服务、快餐及团膳作为企业未来的发展重心。

对于传统的中式餐饮业务模块，湘鄂情将调整消费层次结构、产品结构，停售高端海鲜类菜品，主打湖鲜及河鲜；调整部分菜品、果汁销售价格及高中低档菜品的比例，以吸引普通大众消费群体；降低“门槛”，走亲民路线，开发性价比较高的大众餐品，迅速把销售重点转移到市场潜力巨大的个人消费市场；调整营销策略，进一步把握朋友、家庭聚会，婚宴、寿宴、亲子宴等大众消费的市场潜力；提高网络营销销售业绩，大力发展网络订餐，半成品餐和外卖快餐等餐饮服务模式，从等客上门到送餐上门，更好地满足群众的日常生活；在此基础上，从食品安全、特色、环境等多方面吸引消费者。

公司将以“湘鄂情”作为大众化市场的主品牌，以全新面貌示人的湘鄂情“家庭欢聚餐厅”将迎合多层次客户的需求。

在拓展服务领域方面，湘鄂情将更多去关注新兴的餐饮市场，开发团体用餐、医疗餐饮、休闲餐饮、社区餐饮、老人饮食等服务项目。

纵观湘鄂情发展过程，仅需稍加留意就会清楚地发现，湘鄂情总是能把握时代脉搏，做出的决定往往超前于市场的变化，并在形势改变之前率先调整自身经营策略。这才是它能够成为中国第一民营餐饮企业最重要的原因。

一　都市白领午餐的解决方案

龙德华作为国内第一家上市民营餐饮企业湘鄂情集团旗下专业从事团餐事业的品牌公司，依托上市企业的雄厚实力，构建了完善的产业链及物流体系，以确保从原材料采购到菜肴出品等各环节的品质安全，以及向客户提供的产品新鲜、美味、安全。为了确保食品安全卫生，龙德华与正大集团公司、北京绿福隆集团公司、顺鑫农业集团公司、中粮集团等知名企业建立战略合作关系。上述企业作为食材上游供应商，使龙德华各类原料品质安全有保障。

在与上述知名企业形成战略合作，原材料直供关系的同时，龙德华还建立了农餐对接合作基地。从农作物的育种培苗到收获采摘的整个过程，由公司专业的管控人员对蔬菜生产者给予全程技术指导，定期对农作物进行农药残留、重金属、微生物等方面的安全检测，确保各类食材在源头阶段具有可靠的安全性。

龙德华为打造完善的产业链，斥资亿元，建立了大型中央加工厨房。企业将来自战略合作企业及农餐对接合作基地采购生产的各类原材料，统一送至中央加工厨房，进行集中分档加工。通过集中大批量采购，规模化生产确保产品的质量稳定，大大降低了中间环节的各项成本，在确保食品安全卫生的同时，也实现了有效提高服务客户入口率的目的。

龙德华大胆创新，突破了中餐烹饪标准化的“瓶颈”，在团餐内部率先使用烹饪机器人进行烹调加工。烹饪机器人具有营养健康化、简易安全化、出品大师化、品质标准化、烹饪自动化和环保绿色6大特点。它利用精确的火候控制技术和动态均匀加热技术，在确保菜品标准稳定可控的同时，能够使各类食材的营养成分流失降低到最低限度。烹饪机器人有效克服了人为操作不稳定的客观因素，有效提高了人均服务效率。

在拓展社会团餐服务市场的同时，龙德华还利用冷链配餐新型供餐模式，向社会各界提供新型的供餐服务。冷链配餐系统以确保食品安全为前提，通过该公司专业配餐加工厂集中生产、封装，以全程冷链的模式配送至就餐现场。

为了解决白领午餐口味单调、品种单一、营养不均衡的问题，龙德华凭借专业的出品研发部门，同时依托湘鄂情汇聚全国八大菜系的菜品制作实力，定期向各团餐服务项目推出应季的创新菜品，并定期组织各门店骨干厨师进行菜品制作方面的专业培训，组织专业团队轮流在各服务项目举办美食节、美食周等活动，以提升客户满意度。

二　解决中式快餐工业化及标准化问题

众所周知，中餐是劳动密集型行业，中餐的炒菜完全由人工完成，其缺陷是效率低、单品差别较大，而麦当劳、百胜旗下的肯德基采用的是工业化、标准化模式，效率高。有些西餐餐饮企业出于竞争目的，在很多场合塑造一个观念，即中餐必须人炒，让大众消费者不认可机器人炒菜是可以的。孟凯则称“快餐行业如果用了机器人做中餐，它可以标准化，可以现场制作，发展就一定会超越麦当劳、肯德基”。

面对机器人炒菜只是商业噱头的疑问，孟凯称，湘鄂情的机器人炒菜经过了近一年的研制调试，目前在众多的门店已经推出使用，力争达到每年增长近百台机器人的用量。现在湘鄂情已经研发出160多种菜品，机器人炒菜目前已经申请专利200多项。

孟凯表示，机器人炒菜可以更好地达到标准化程度，降低人力成本，增强扩张和复制能力。“湘鄂情引进了机器人炒菜体系，逐步解决了中餐不能迅速扩张的难题——标准化。”孟凯说，“我这个标准化是业态标准化，以前是不可量化的东西，我不能怪我的厨师你的盐、味精多放了多少，但是现在机器人就能够做到，这就是标准化。麦当劳标准化，薯条右手拿起45度往下，45秒钟拿起，这叫标准化，中国最缺的就是标准化。”

近年来不少餐饮企业遭遇到了用工荒，在降低成本方面，孟凯称“公司聘用的高级厨师每人的年薪大多在二三十万，如今采用烹饪机器人，一台机器只需要一次性投入十几万元，这将对餐饮市场和餐饮业的经营方式产生颠覆性影响”。

“我们要做中国的百胜。以现有的门店经营为基础，进行纵向延伸，横向并购，进入学生营养餐和快餐领域，同时在行业内进行合作兼并。”孟凯表示。

2012年4月14日湘鄂情发出公告，以1.35亿元收购上海齐鼎餐饮发展有限公司90%的股权，此次收购是为了进军连锁中式快餐业，获得齐鼎餐饮味之都连锁快餐门店（在股权转让完成时不少于62家）。收购齐鼎餐饮是孟凯优化产业链的重要一步：湘鄂情原本是以湘、鄂、粤菜为主的中高端餐饮公司，按照现有门店业务发展，未来发展速度明显放缓，所以必须开拓新的发展方向。

学生餐同样是湘鄂情非常重视的市场。学生餐通常价格在10元上下，赢利空间2元左右，孟凯称公司学生餐价格无可比拟，而且在食品安全方面十分有保障，学生餐整个流水线有视频监控，学校可以直接监督。

中式快餐、学生餐为湘鄂情提供了更加广阔的市场空间。孟凯以金字塔打比方：金字塔底下最大塔尖很小，湘鄂情目前所处人均消费属较高位置，而真正大的是十几二十块钱的消费领域，由此湘鄂情进入此低价领域。这背后是中国餐饮市场的前景继续向好。

为进一步开拓市场，湘鄂情还建立了电子商务网站天天有菜，在此既可以买到生鲜蔬菜、肉，甚至可以预订湘鄂情中央厨房生产的半成品和成品。“天天有菜没有卖完的蔬菜、肉等商品，可以拿到湘鄂情门店中消化；而客户退回来的菜，只要没变质，还可以给湘鄂情的员工食用，积压的盒饭则可以补充公司正在扩展的团膳业务，所以不会出现其他电商所遇到的库存积压问题。”孟凯说。

三　人性化的人力资源管理模式

俗话说：“三流的企业做品质，二流的企业做连锁，一流的企业做文化。”在湘鄂情上市活动筹备得如火如荼的时候，孟凯仍然非常重视员工“精神文明”的建设。他以独到眼光，毅然决然地投入巨额资金对管理人员进行大规模培训。仅2010年一年，管理人员培训费用就达近千万元。

首先，每一位刚刚进入湘鄂情的员工都必须通过特殊培训，才能真正融入这个集体。湘鄂情的培训动之以情，晓之以理，授之以技。培训中会要求每位新员工将第一个月的工资寄回家，并主动给父母和老师打电话，告诉他们自己已经能够自力更生，同时感谢他们多年来的养育之恩。平日里，职业技能以及专业知识方面的培训必不可少。此外，湘鄂情还对员工进行素质拓展训练，以此来提高员工抗压和心理调节能力。

有位店长曾经向副总裁万钧反映，湘鄂情的大部分年轻员工都是“80、90 后”，他们个性鲜明，管理起来十分困难。万钧则认为，这是目前中国餐饮服务业的现状，如果不能将年轻员工管理好，未来的湘鄂情便无所适从。

“没有不合适的员工，只有不合适的职位，湘鄂情要努力发现孩子的优点，尽其所能，也充分理解他们，用宽容的胸怀包容他们的小错误。”因此，湘鄂情在对店长的培训时就强调，要求他们与下属员工同吃同住，这样更容易培养和融洽彼此的感情，以利于日后的管理。

四　强烈的社会责任感

湘鄂情集团事业成功不忘回报社会，从抗震救灾到扶助孤寡老人、帮助贫困大学生以及捐赠慈善机构等，到处都能看到湘鄂情员工的善举。湘鄂情集团把这些善举视为自己应尽的社会责任。

在“5·12”汶川大地震发生后，湘鄂情积极组织公司全体员工为四川灾区人民进行捐款，董事长、总裁孟凯自己率先垂范，以个人名义向地震灾区慷慨捐赠 100 万元，并冒着余震危险亲自将捐赠款送到地震灾区。

2010 年 4 月 14 日 7 时 49 分许，青海省玉树县发生 7.1 级地震，灾情严重，牵动着全体湘鄂情人的心。在孟凯的倡议下，湘鄂情决定在全公司开展向玉树地震灾区人民献爱心活动。活动开始后，参加捐款的员工积极踊跃，孟凯带头主动多捐。在他的带动下，湘鄂情人共同伸出援助之手，为灾区同胞献上自己的一份爱心。

同时，为了促进欠发达地区的职业教育发展，湘鄂情在贵州威宁、湖南怀化、云南保山等地区的多所职业学校投资捐建了实训教室，捐赠了大量的教学仪器，并针对这些地区缺少职业教育师资的困境，为学校提供了专业的实训师资。湘鄂情还为这些地区的每个就读职业院校的贫困大学生提供了每年每人600元的扶贫补助，并向这些学校捐赠了大量的服装，以帮助这些贫困生完成学业。在此基础上，经过走访，湘鄂情选择了威宁贫困程度最深，贫困面最大，基础设施、自然环境、经济条件最差的贫困乡镇作为公司的帮扶对象，并积极鼓励公司员工与当地贫困生结对帮扶。

孟凯要求到欠发达地区走访的员工要带着真挚的感情做贫困生工作，他告诉大家“在欠发达地区，一个贫困家庭的孩子能上大学，改变的不仅是一个孩子的命运，而是一个家庭的命运”。

为帮助这些地区就读职业教育院校的学生顺利就业，湘鄂情向他们张开了怀抱，这些学生毕业后，就可以在湘鄂情全国各地的分店实习或就业。

2011年6月，孟凯针对大学生就业、立业、创业过程中面临的种种问题、困惑，经他提议，由湘鄂情和共青团青海省委一道，发起了“行健无疆——2011大学自强毕业生公益激励就业活动”。这次活动最初设立了100万元的“自强毕业生激励奖金”，用于奖励在活动中评选出来的自强毕业生。孟凯希望用精神激励与物质扶助的方式鼓励大学毕业生树立正确的人生观、价值观、就业观，促进大学生在就业过程中形成健康的心智模式，既要志存高远，又要脚踏实地，到国家、人民、社会最需要的地方去，磨炼心性，锻炼能力，励志成才。

2012年7月21日，北京降下61年以来最大的暴雨，北京市房山区青龙湖镇是“7·21”特大暴雨受灾最为严重的地区之一，本次暴雨直接引发该区近百年来最大洪水，重创青龙湖镇居民生活和当地经济发展，房屋、基础设施等大部分毁损，多条主要道路也已坍塌，当地居民生活面临困难。

灾害发生后，湘鄂情董事长孟凯对灾民的生活十分牵挂，当他在网上看到灾区人民不能吃到热饭菜，只能靠方便面充饥的报道后，心里非常着急，决定要为灾民尽一点绵薄之力。

当时，孟凯正在国外出差，他打电话，要求把公司的移动配餐车开到灾情较重的青龙湖镇，让大家每天能吃到美味可口的热饭热菜，帮灾区人民解决就餐难题，把湘鄂情全体家人对灾民的关爱送到灾区群众身边，在灾区人民最困难的时候，伸出关爱之手，付以关切之情。

五　筑牢食品安全防线

作为首家在A股成功上市的民营餐饮企业，湘鄂情在提供优质服务和美味菜品的同时，将食品安全作为企业生存和发展的生命线，从食材源头加强管理，原材料遴选层层严格把关，杜绝食品安全隐患，为消费者把好食品入口关。

湘鄂情对所出品的每道菜的食品安全都非常自信。这种自信来源于湘鄂情倾力打造的绿色生态链，在这条健康的链条上，湘鄂情秉承“情聚四海　义满人间”的价值观，用精细的专业管理践行着作为唯一一家上市民营餐饮企业的责任和良心。

湘鄂情在北京市延庆县深山区和大兴区长子营建设绿色、有机蔬菜合作基地，对基地产品的生产、管理和销售实施“九统一”，即统一采购种子、统一供应种苗、统一技术指导、统一培训、统一操作规程、统一农药配送和使用、统一田间档案记载、统一采收标准，最后通过湘鄂情冷链系统配送到公司物资部，在农药残留、重金属含量检测合格后进入全封闭的中央厨房加工处理，此后再通过冷链系统配送至各分店，进入销售环节。

在湘鄂情，一棵蔬菜从采摘到成品，需要7个步骤：指定基地采购原料→原料运到全封闭的中央厨房加工→农药残留、重金属含量检测→消毒→冷却至4℃保鲜→抽真空包装→入冷藏库→冷链方式输送至各服务终端，如此严格、规范而完善的流程，让蔬菜拥有了安全、健康。

湘鄂情在选择肉制品供应商时的条件会非常严格。只要是进入湘鄂情的肉制品，必须检查是否具备畜牧部门颁发的耳标和产地检疫合格证，同时还必须有养殖场、收购商信息和屠宰信息，除此之外还必须是北京著名肉联厂的产品。这些要求只要有一项不合格，就不能进入湘鄂情的物资采购系统。湘鄂情质量管理体系规定，对不符合上述任何一项要求的肉蛋禽制品施行“三不”原则：不申购、不收货、不入库。

为了保证食品安全，湘鄂情在大兴食品加工中心投资建立了设施专业的“食品安全检测室”。

目前，湘鄂情已在菌落总数、霉菌与酵母、大肠菌群方面展开监控，并按照国家标准进行采样和检测，根据国家卫生标准进行判断，若微生物指标中有一项不合格即判定该样品不合格。

湘鄂情还在行业内率先建立中央厨房加工系统、冷链配送运作模式。其最大的好处就是通过集中大规模采购、集约生产来实现成本降低、产品标准和质量稳定，从而摆脱传统厨房加工方式，采取工厂集中生产，全程品质监控，实现标准化、集约化和规模化，保证餐品品质和卫生安全。

中央厨房生产车间实行全封闭式管理。工人进车间要经过九道关卡。从换鞋开始，经过风淋、脱衣、洗澡、二次更换工作服、消毒、风淋、手消毒、鞋消毒、再换鞋后进入生产车间。整个工作车间禁止携带手机，以防止使用手机交叉污染带来的食品隐患。

湘鄂情中央厨房引进了大型蔬菜切分切割设备、清洗设备、土豆去皮设备、二维三维叶菜切割机。这些蔬菜切割机可以根据菜品要求调节大小，不仅菜的形状统一美观，而且最大程度保留汁水，使营养不流失。中央厨房拥有的大型腌制真空滚揉设备改善肉制品品质，使肉制品风味鲜美、嫩滑。

附 录

Appendix

B.20

关于做好餐饮等生活服务类公司首次公开发行股票并上市有关工作的通知

发行监管部函〔2012〕244号

各保荐机构：

为做好餐饮等生活服务类公司首次公开发行股票并上市的有关工作，提高信息披露质量，我们制定了《关于餐饮等生活服务类公司首次公开发行股票并上市信息披露指引（试行）》，现予公布，请遵照执行。

附件：《关于餐饮等生活服务类公司首次公开发行股票并上市信息披露指引（试行）》

二〇一二年五月十六日

关于餐饮等生活服务类公司首次公开发行股票并上市信息披露指引（试行）

为保护投资者知情权，提高餐饮等生活服务类公司首次公开发行股票并上市（以下简称发行人）信息披露质量，依据《首次公开发行股票并上市管理办法》等规定，制定本指引。

餐饮企业可按本指引在招股说明书中对重要事项进行披露；美容、健身等其他生活服务类公司可结合自身经营特点参照执行；其他类型的连锁经营企业或生产经营中存在大量个人客户和现金收付的企业，也可参照本指引相关条款进行信息披露。

一　发行人业务发展状况

为使投资者更好地了解发行人业务发展状况和经营业绩，招股说明书应披露：

（一）发行人设立以来的业务拓展总体情况。

（二）发行人报告期内直营店及加盟店的数量及变动原因。

（三）发行人现有各直营店的经营情况，包括地址、营业面积、开业时间、装修支出及摊销政策，报告期内各直营店的营业收入、利润总额、净利润、桌/座流转率、顾客人均消费等。

（四）发行人现有各直营店的店面租赁情况，包括租赁期限、租金水平、续租权利、产权瑕疵及对门店持续经营的影响。

（五）发行人现有各加盟店的控制人、店面名称、地址、营业面积、开业时间以及报告期内特许经营费、管理费的收取情况。

（六）发行人现有加盟店特许经营到期后的商业合作安排，历史上加盟店到期后不再续约的比例，发行人与现有加盟店相关利益主体是否存在纠纷。

保荐机构及发行人律师应核查发行人报告期内加盟店停业或关闭的原因，核查发行人与现有加盟店相关利益主体是否存在纠纷；会计师应核查披露数据是否准确。

二　发行人主要经营模式及持续发展能力

发行人通过直营及特许经营方式快速扩张，面临较大的市场竞争风险，招股说明书应披露：

（一）发行人的市场定位、定价政策及与主要竞争对手的差异。

（二）发行人的主要市场推广模式及各门店在资产、人员、财务、机构、业务等方面的管理方式。

（三）发行人选择新店地址的条件，以及防范新店与现有门店竞争的措施。

（四）在正常情况下新店达到收支平衡所需的时间。

（五）发行人未来的扩张计划，包括未来三年拟新设门店数量，收购计划、预期投资成本、资金来源。如发行人计划跨区域经营，还应披露在向新地区扩张过程中，外部环境、税收政策、消费习惯等差异对公司新设门店的不利影响。

（六）发行人的市场竞争状况，所在区域及目标区域同类品牌及餐饮门店的数量及竞争情况，发行人与主要竞争对手的比较，包括市场地位、市场占有率、品牌、特征及经营环境等。

（七）发行人采用特许经营方式合作经营的，招股说明书应披露：1. 发行人特许经营模式下的品牌加盟策略，加盟店管理模式，相关各方的权利与义务，加盟费的收取原则等；2. 发行人控股股东或实际控制人、董事、监事及高级管理人员及其直系亲属，以及内部员工持有加盟店股份的情况；3. 特许经营业务对发行人的重要性，报告期各期占发行人营业收入及利润总额的比例；4. 发行人确保加盟店根据发行人的标准经营的措施。

保荐机构应核查发行人报告期内是否存在因管理不善、各直营店或加盟店未遵守公司内部管理制度等因素而导致对发行人品牌和日常经营产生不利影响的情况。

保荐机构应根据发行人的经营现状，结合企业定位、消费人群、门店布局及经营业绩、募投项目等情况，对在新地区开设的直营店和加盟店最近三年及一期的财务状况进行分析比较，说明发行人跨区域发展业务的能力，是否存在跨区域经营的风险。

三　发行人食品安全卫生

发行人应高度重视食品安全卫生等问题，招股说明书应披露：

（一）发行人的食品安全控制体系及采购、加工、存储、配送、人力资源、质量控制等管理措施，比如负责食品安全的高级管理层的身份，从事质量监控的员工人数及有关员工的职位、资历和背景；发行人对供应商进行检测的方式、次数及标准；发行人报告期内是否受到相关部门对食品或餐厅卫生的调查，解决的方案和处理的结果。

（二）发行人及其下属各门店报告期内在食品安全、卫生、环保、消防等方面受到相关部门处罚的情况。

（三）报告期内发行人收到的有关其所提供食品及服务的投诉情况。发生食物中毒等安全事故的，应披露事故原因、涉及的顾客人数、处理结果。

保荐机构及发行人律师应核查发行人报告期内是否存在因食品安全、卫生等问题造成的重大诉讼或纠纷，并向相关消费者权益保护机构查询是否存在顾客投诉或索赔；核查发行人是否受到相关部门对其食品、卫生、环保、消防问题的调查及处理结果。

四　发行人主要管理制度及执行情况

发行人应在招股说明书中披露其主要管理制度及执行情况：

（一）发行人报告期内在采购、付款等方面的内控制度建设及运行情况，包括各直营店和加盟店主要原辅材料的供应方式，不同渠道采购的数量及金额，主要供应商等情况；报告期各期全部店面统一采购、加工、配送的覆盖比率，以及集中采购、统一配送的商品总价值占营业成本的比重。

（二）发行人报告期内在销售、收款、资金管理等方面的内控制度建设及运行情况。如发行人采用了店面集中监控及交易结算系统，应披露系统的主要功能及报告期内的实际运行情况。

（三）发行人应结合自身业务特点披露所采用的主要会计政策，特别是餐饮收入、与餐饮相关的烟酒收入、商品销售收入、特许权及加盟费等收入的确认和计量方法。

（四）发行人报告期各期对个人客户销售收入占全部销售收入的比例，以现金、刷卡方式进行结算的比例。

（五）发行人连锁经营的管理模式和组织管理方法。

会计师应针对发行人的经营及核算特点，关注发行人收入的确认和计量，以及与收入确认相关的打折、发卡、赠券等行为的会计核算方法。

会计师应对发行人的内控制度建设、交易结算系统的应用给予充分关注，核查发行人报告期内内部控制制度的设计及运行是否健全有效，核查范围包括但不限于发行人在采购、付款、销售、收款及资金管理等环节所采取的具体内控措施及执行情况，集中监控系统和交易结算系统的运行情况，申报报表和原始报表存在重大差异的原因等。

五　发行人公司治理

发行人应在招股说明书进一步细化披露公司治理的有关情况，包括：

（一）公司股东大会、董事会、监事会、独立董事、董事会秘书制度的建立时间及主要内容，说明相关制度是否符合中国证监会发布的有关上市公司治理的规范性文件要求，是否存在差异。

（二）报告期公司股东大会、董事会、监事会的实际运行情况，包括但不限于会议召开次数、出席会议情况及决策事项。

（三）独立董事、监事包括外部监事（如有）出席相关会议及履行职责的情况；如独立董事、监事对有关决策事项曾提出异议的，则需披露该事项的内容、独立董事、监事的姓名及所提异议的内容等。

（四）公司战略、审计、提名、薪酬与考核等各专门委员会的设立时间、人员构成及实际发挥作用的情况。

（五）公司针对其股权结构、行业等特点建立的保证其内控制度完整合理有效、公司治理完善的具体措施。

保荐机构、发行人律师应切实履行尽职调查义务，通过访谈、调阅公司内部决策的相关资料等，核查了解发行人内部组织结构、三会实际运行情况等，并就发行人公司治理结构的完备性、有效性发表明确意见。

六　发行人商标及商号

关于发行人的商标和商号，招股说明书应披露：

（一）发行人拥有商标的名称、取得方式和时间、使用情况、使用期限，并说明是否为国家驰名商标；发行人使用的商号是否已登记注册并制定具体的保护措施。

（二）发行人商标、商号对直营店、加盟店的授权使用情况，相应的权利和义务。

（三）发行人报告期内是否存在因商标、商号使用发生纠纷的情况；如存在，应披露进展情况及处理结果，影响较大的，应作重大事项提示。

（四）由于历史原因存在个别企业使用与发行人相同或类似的商标、商号，易导致投资者产生混淆的，应详细披露有关情况，并充分揭示风险。

七　发行人员工及其社会保障情况

餐饮企业人员流动较为频繁，招股说明书应披露：

（一）发行人报告期内各直营店聘用员工的数量及薪酬，社会保险、住房公积金的缴纳情况。

（二）报告期各期的员工流失率，特别是店长、厨师、中层管理人员的流失率；发行人针对核心员工实施的激励计划，员工培训及人才储备计划。

B.21 国家发展改革委关于优化和调整银行卡刷卡手续费的通知

发改价格〔2013〕66号

中国人民银行、中国银行业监督管理委员会、商务部，各省、自治区、直辖市发展改革委、物价局，中国商业联合会，中国银行业协会，中国支付清算协会，各国有商业银行、股份制商业银行、中国邮政储蓄银行，中国银联股份有限公司，各收单机构：

近年来，我国银行卡产业快速发展，对于扩大消费、拉动内需、方便群众生活、节约流通成本、防止税收流失和控制洗钱风险等发挥了重要作用。为更好地促进银行卡产业发展，减轻商户负担，方便群众刷卡消费，根据《国务院办公厅关于印发降低流通费用提高流通效率综合工作方案的通知》（国办发〔2013〕5号）精神，现就优化和调整银行卡刷卡手续费的有关问题通知如下：

一　优化和调整的基本原则

刷卡手续费是指银行卡经营机构为商户提供结算服务而向商户收取的费用。优化和调整刷卡手续费按照有利于鼓励消费、降低流通成本、扩大内需和促进经济发展的总体目标，适当下调部分偏高刷卡手续费标准，减轻商户负担，方便群众持卡消费，促进银行卡产业健康发展，实现多方共赢。

二　优化和调整的具体方案

刷卡手续费由发卡行服务费、银行卡清算组织网络服务费和收单服务费组成。其中，发卡行服务费和银行卡清算组织网络服务费实行政府定价，收单服务费实行政府指导价。刷卡手续费商户类别包括餐娱类、一般类、民生类和公益类四大类。各类商户发卡行服务费、银行卡清算组织网络服务费和收单服务费根据行业刷卡成本和风险等因素确定。对公益类机构免收发卡行服务费和银行卡清算组织网络服务费。优化和调整后的刷卡手续费标准见附表。

三　做好政策衔接转换

人民银行负责组织各商业银行、银行卡清算组织和收单机构做好刷卡手续费政策调整的准备和实施工作。商务部负责组织中国商业联合会向商户做好政策的解释和说明工作。各发卡银行、收单机构和银行卡清算组织要做好刷卡手续费调整的衔接工作，根据调整后的收费标准组织专业人员对收费系统进行改造和测试。各收单机构要在规定时间内与签约商户重新签订收单合同。

四　严格收单市场管理

各收单机构和银行卡清算组织应建立自律约束机制，加强对公益类及低费率商户的审核，防止违规套用低费率，做到刷卡手续费应收尽收。银行卡清算组织应当明确各类商户具体适用费率标准、公益类机构包含的具体范围等，并报国家发展改革委备案。

五　进一步提高服务水平

各发卡银行、收单机构和银行卡清算组织，要不断改善服务质量，提高服务水平，在控制风险的基础上扩大刷卡机具布放范围，促进银行卡的受理和使用，方便群众刷卡消费。为促进刷卡机具的推广应用，鼓励对农村地区和便民支付等新兴业务领域执行优惠费率。

六　做好政策的宣传引导

银行卡刷卡手续费的优化和调整涉及面广，政策性强，各有关单位要做好宣传解释工作，保证政策平稳实施。

上述规定自2013年2月25日起执行，本通知规定的刷卡手续费标准适用于境内发卡银行发行的银行卡在境内银行卡受理终端发起的消费交易。

附表：银行卡刷卡手续费标准

国家发展改革委

2013年1月16日

附表：

银行卡刷卡手续费标准

商户类别	发卡行服务费	银行卡清算组织网络服务费	收单服务费基准价
1. 餐娱类：餐饮、宾馆、娱乐、珠宝首饰、工艺美术品、房地产及汽车销售	0.9%，其中房地产和汽车销售封顶60元	0.13%，其中房地产和汽车销售封顶10元	0.22%，房地产和汽车销售封顶10元
2. 一般类：百货、批发、社会培训、中介服务、旅行社及景区门票等	0.55%，其中批发类封顶20元	0.08%，其中批发类封顶2.5元	0.15%，其中批发类封顶3.5元
3. 民生类：超市、大型仓储卖场、水电煤气缴费、加油、交通运输售票	0.26%	0.04%	0.08%
4. 公益类：公立医院和公立学校	0	0	按照服务成本收取

注：1. 单店营业面积在100（含100）平方米以下的餐饮类商户按一般类商户标准执行；

2. 未在表中列出的行业按照一般类商户标准执行；

3. 收单服务费为基准价，实际执行中可以此为基础上下浮动10%。

B.22

商务部　国家旅游局关于在餐饮业厉行勤俭节约反对铺张浪费的指导意见

各省、自治区、直辖市、计划单列市及新疆生产建设兵团商务、旅游主管部门，有关协会：

为在餐饮业弘扬中华民族优良传统，倡导节约光荣、浪费可耻的思想理念，形成文明、科学、健康的餐饮消费新风尚，现提出如下指导意见：

一　大力支持餐饮节约，反对铺张浪费

（一）各地商务、旅游主管部门、餐饮业协会和餐饮企业要高度重视餐饮业厉行勤俭节约、反对铺张浪费的工作，充分认识厉行节约、科学用餐、合理消费，对于促进餐饮业健康可持续发展，改变不良消费习惯，促进和谐社会建设的重要意义。

（二）各地商务、旅游主管部门要引导和督促广大餐饮企业将餐饮节约落实到加工、经营、消费等各个环节，切实做好节粮、节能、节水、节材和资源综合利用工作。要积极运用财税、信贷等政策手段，加大对餐饮业节约节能工作的支持。

（三）各地商务、旅游主管部门要研究制定政策措施、制度规定，通过各种方式奖励节约、反对浪费，对铺张浪费行为予以限制。各地餐饮企业要认真贯彻落实相关行业标准，推广发展节约型餐饮新理念。

二　大力宣传文明用餐，提倡科学合理消费

（一）各地商务、旅游主管部门和餐饮业协会要充分利用新闻媒体，大力宣传文明用餐、节俭用餐良好风尚，树立“节俭餐饮消费为荣，奢侈浪费为

耻”的理念，协调广大餐饮企业一道提倡文明、科学、健康的饮食习惯，摒弃奢侈消费等恶习，杜绝舌尖上的浪费，让节约光荣、浪费可耻深入人心。

（二）餐饮业协会要在行业内组织发起“厉行勤俭节约，反对铺张浪费”的倡议，在全行业宣传倡导“适量点餐”、“小份菜碟”和“健康消费”的文明消费理念，制止“讲排场”、“好面子”的理念，坚决反对铺张浪费等陋习，号召广大餐饮企业引导消费者适量和科学点餐。

（三）餐饮业协会和餐饮企业要开展形式多样、内容丰富的餐饮节俭宣传活动，提高餐饮业和消费者的节约意识，引导全社会形成节约型消费的理念和氛围，发展节约型餐饮文化。

三　建立提醒提示制度，方便合理点餐

（一）鼓励餐饮企业建立节俭消费提醒提示制度，并在醒目位置张贴节约标识。

（二）鼓励餐饮企业在菜单上标明或标示食材分量，在套餐标准上注明建议消费人数，并根据客人要求提供小分量餐等服务。

（三）鼓励餐饮企业在餐饮经营和服务过程中提供餐盒、建立打包服务制度，推广自助餐和分餐制，引导消费者合理点餐、文明用餐。

四　建立奖惩制度，反对餐饮浪费

（一）鼓励餐饮企业以各种方式对消费者注重节约、减少浪费的行为予以奖励。

（二）各地商务、旅游主管部门要对能有效减少餐厨废弃物的餐饮企业，以及在食品采购、储运和加工等环节勤俭节约的单位和个人进行表彰和奖励。

五　转变发展方式，促进餐饮业实现科学发展

（一）各地商务、旅游主管部门要继续结合本地实际情况，加强管理、采

取有效措施推进餐饮业转变发展方式，大力发展形式多样的餐饮服务，在为广大人民群众提供优质服务的同时，实现可持续发展。

（二）各地商务、旅游主管部门要会同有关部门积极制订优惠办法，鼓励餐饮企业大力发展连锁经营，整合现有餐饮网点，完善大众化餐饮网络，实现规模效益。

（三）各地商务、旅游主管部门要做好社区大众化餐饮网点规划，完善特色餐饮街区布局。鼓励餐饮企业积极发展中式快餐等大众化餐饮，创新服务方式，发展团餐、网络订餐、半成品餐及外卖等形式多样的餐饮服务，发展面向机关团体、企事业单位、学校、医院、写字楼、交通运输、会展等套餐配送服务。

（四）各地商务、旅游主管部门要加强餐饮安全管理，严格贯彻相关食品安全规定，加大督导检查力度；要督促餐饮企业建立和完善餐饮原材料可追溯制度；加强后厨管理，向消费者提供安全可靠的餐饮产品；鼓励餐饮企业开发健康绿色饮食品种，确保安全消费。

六　发挥协会作用，推动行业自律

各地商务、旅游主管部门要充分发挥行业协会的作用，指导行业协会加快制订厉行勤俭节约，反对铺张浪费的标准和行业公约，引导行业自觉开展节约活动；组织企业贯彻落实国家法律、法规、政策和标准，引导行业规范发展；开展督促检查，全面落实并推进餐饮业“厉行勤俭节约，反对铺张浪费”的各项要求；总结先进典型，及时在行业中交流推广，让发展节约型餐饮成为行业、消费者的自觉行动。

商务部

国家旅游局

2013 年 1 月 29 日

B.23
商务部办公厅关于贯彻落实《餐饮业厉行勤俭节约反对铺张浪费的指导意见》的通知

为在餐饮行业倡导节约光荣、浪费可耻的思想观念，形成文明、科学、健康的餐饮消费新风尚，2013 年 1 月 28 日，商务部、旅游局召开了全国餐饮行业“厉行勤俭节约　反对铺张浪费”电视电话会议，1 月 29 日，共同发布了《关于在餐饮业厉行勤俭节约反对铺张浪费的指导意见》（商服贸发〔2013〕29 号，以下简称《指导意见》）。为贯彻落实好《指导意见》，现就有关事项通知如下：

一　高度重视，建立厉行餐饮节约的长效机制

各地商务主管部门、行业协会要高度重视，及时将 1 月 28 日电视电话会议和《指导意见》精神传达至基层、到企业，要以高度的政治责任感，切实做好餐饮勤俭节约、反对铺张浪费工作。

（一）制订行动方案。各地商务主管部门要结合本地实际，制订落实《指导意见》的行动方案。通过召开电视电话会议、组织倡议活动、做好公益宣传、总结推广先进典型等形式，营造开展餐饮节约的良好社会氛围。

（二）明确目标和任务。各地商务主管部门要加快研究制订切合本地餐饮行业实际的实施细则，内容应包括做好餐饮节约工作的总体思路、总体目标和任务、政策保障措施和长效机制等；要细化责任目标，明确进度安排，建立工作量化指标，确保任务落实。

（三）完善措施。各地商务主管部门要积极争取地方财政资金的支持，建立餐饮节约的奖励机制和督导机制，鼓励餐饮企业转变发展方式；充分运用中央内贸财政资金，重点支持餐饮企业转变发展方式，加快实施早餐工程，大力

发展中式快餐等大众化餐饮，创新服务方式，发展团餐、网络订餐、半成品餐及外卖等形式多样的餐饮服务。

（四）加强部门合作。各地商务主管部门要会同财政、旅游、工商、食品药品监管、城管等相关部门和有关餐饮协会组成领导小组，加强部门合作，明确分工，共同做好餐饮节约行动。

（五）充分调动餐饮企业、协会和消费者广泛参与的积极性。各地商务主管部门要密切加强与餐饮企业、行业协会和消费者的联系，加强联动，充分调动社会各界的积极性，共同参与餐饮节约行动。

二　发挥协会作用，推动行业自律

（一）各地餐饮行业协会要积极行动起来，广泛发起倡议，号召当地餐饮企业积极响应，践行餐饮勤俭节约。

（二）要制订餐饮企业行为公约，完善节约用餐、文明用餐的标准，引导企业自觉开展节约活动。

（三）积极配合政府部门，宣传贯彻餐饮厉行勤俭节约、反对铺张浪费的政策措施和行业标准，形成全行业厉行餐饮节约、反对铺张浪费的良好氛围。

（四）开展多种形式的交流活动，推广先进典型，指导企业做好餐饮节约工作。

三　组织餐饮企业积极行动，转变发展方式

各地商务主管部门要组织餐饮企业积极行动，认真贯彻中央精神和《指导意见》要求，响应倡议，结合实际，采取切实措施，推动企业自行节约。

（一）建立提醒提示制度。商务部推荐餐饮企业使用的标语（见附件），以及有关标识餐饮企业应在店堂、菜单、餐桌等醒目位置使用；店堂标识和标语应张贴于餐厅入口处，餐厅应张贴、悬挂标识、标语或循环播放标识、标语内容，菜单标语应印刷于菜单的封二、扉页等位置，餐桌上应有提示标语，收银台应有提醒消费者对剩菜打包的提示标语。

（二）建立奖励制度。对消费者在餐饮消费中注重节约、减少浪费的行为，给予积分返券、有奖餐券、打折优惠或返还现金等奖励。

（三）提高餐饮品质。要在餐饮健康品质上下功夫，制作合理膳食搭配菜单，为消费者提供科学的饮食建议。

（四）加强与国外同行交流。借鉴国外餐饮企业在发展餐饮尤其是科学餐饮、节约餐饮方面的成熟经验和做法，完善服务方式，增强企业可持续发展能力。

四　加大工作力度，确保各项任务落到实处

（一）加强指导检查。各地商务主管部门要认真学习领会中央精神，根据《指导意见》要求，做好对基层商务主管部门、行业协会和餐饮企业的指导工作；要建立督导、检查和考核机制，加大督查和考核工作力度，对进度慢或实施效果不明显的地区，进行专项检查和督导，保证全方位取得实效。

（二）认真总结。各地商务主管部门对落实工作的情况要及时总结，对先进典型要进行表彰奖励和宣传推广，对落实工作不力的单位要限期整改。

对《指导意见》的有关落实情况、餐饮企业在厉行勤俭节约、反对铺张浪费方面好的作法及面临的困难请及时报送商务部服贸司（最迟不晚于2013年2月底）。

附件：推荐餐饮业厉行节约提示的标语

商务部办公厅

2013年2月4日

附件：

推荐餐饮业厉行节约提示的标语

店堂标语：

节约不以微小而不为，浪费不以量小而为之！

合理用餐，点菜适度；剩菜打包，美德无量。

厉行节约　文明用餐　节约为荣　浪费可耻。

文明用餐，杜绝浪费！

菜单标语：

适度点菜有面子，合理膳食保健康。

合理点餐，厉行节俭。

杜绝浪费，从我做起。

餐桌标语：

餐桌前，弘扬勤俭节约传统美德；舌尖上，反对铺张浪费不良风气。

品佳肴不忘锄禾苦，尝美味切忌奢靡风。

文明餐桌，以俭养德。

餐后打包见美德，勤俭节约树新风。